**TIME POWER
잠들어 있는 시간을 깨워라**

TIME POWER :

A Proven System for Getting More Done in Less Time Than You Ever Thought Possible

Copyright ⓒ 2007 Brian Tracy.
Published by AMACOM, a division of the American Management Association,
International, New York.
All rights reserved.

Korean translation copyright ⓒ 2007 by Golden Owl Inc.
Korean translation rights arranged with AMACOM through EYA(Eric Yang Agency)

이 책의 한국어판 저작권은 EYA(Eric Yang Agency)를 통해
AMACOM과 독점계약한 (주)황금부엉이에 있습니다.
저작권법에 의하여 한국 내에서 보호를 받는 저작물이므로 무단전재와 복제를 금합니다.

TIME POWER
잠들어 있는 시간을 깨워라

브라이언 트레이시 지음 · 이성엽 옮김 · 김동수 감수

BM 황금부엉이

한국어판 머리말

 2003년 10월 한국을 방문했을 당시, 나는 서울과 부산에서 강연을 했다. 또 경주에서는 CEO 150여 명과 성공하는 삶의 원리를 주제로 세미나를 열었다. 며칠 동안 진행한 강연은 내게도 보람 있고 의미 있는 시간이었다. 그때 강연에 깊은 관심과 호응을 보내준 분들께 다시 한 번 감사를 표한다. 더불어 그간 출간된 나의 책 중에서 핵심적인 원리가 수록된 이 책을 한국에서도 출간하게 되어 매우 기쁘다.

 "당신에게는 하루에 해야 할 일을 다 할 수 있을 만큼 시간이 충분한가? 매일 업무 목표를 달성하고 취미생활을 즐기면서 휴식을 취할 여유시간까지 남아 있는가?"

 이 물음에 대한 대답은 대부분 '아니오'일 것이다. 그러나 분명 우리에겐 생각하는 것보다 더 많은 시간이 있다. 정말로 자신에게 필요한 것은 시간을 더욱 효율적으로 관리할 수 있는 안정적인 방법이다. 이 책에서 필자는 짧은 시간에 더욱 많은 일을 할 수 있는 실용적인 방법을 설명했다. 누구에게나 동등하게 주어진 하루 24시간, 이 시간을 어떻게 관리하느냐에 따라 인생의 승패가 결정된다. 즉, 효율적으로 시간을 관리하는 자만이 성공할 수 있다.

성공 전략의 가장 중요한 덕목은 미래를 예측하는 능력이다. 우리가 사용하는 제품의 80퍼센트가 5년 전에는 존재하지 않았고, 5년 뒤에는 새로운 제품의 80퍼센트가 시장을 지배할 것이다. 우리는 1년, 2년, 3년 뒤에 다가올 다양한 위기 상황을 설정해보고 거기에 맞는 위기극복 전략을 마련해야 한다. 앞으로 해야 할 일 가운데 가장 중요한 세 가지를 뽑아서 추진한다면 다가올 미래는 이것에 따라 결정될 것이다. 사소한 일로 시간을 낭비하지 말고 핵심 업무에 총력을 기울여야 큰 효과를 거둘 수 있다.

하지만 시간을 관리한다고 해서 인생이 시간에 휘둘리는 것은 아니다. 오히려 정반대다. 시간 정복은 우리가 원하는 것을 원할 때 할 수 있는 절대적인 자유를 부여해준다. 시간을 더 철저하게 관리할수록 우리는 더 많은 자유시간을 누리게 될 것이다.

이 책은 일과 개인적인 삶에서 시간관리를 잘하는 데 필요한 모든 방법을 알려주는 데 초점을 맞췄다. 책을 읽으면서 아이디어를 어떻게 즉시 이용할 수 있을지 생각해보라. 중요한 부분에는 밑줄을 긋고, 필기하라. 각 장이 끝날 때마다 나오는 시간관리법을 이행하라. 이 책의 아이디어를 영원히 외워서 내것으로 만들고 싶다면 책을 한 번 이상 읽어야 한다. 배움에서 반복은 필수적이다. 이러한 기술을 습득하고 나면 당신은 평생 동안 향상된 개인효율성과 높은 성취감을 누릴 수 있을 것이다. 당신이 가늠했던 것보다 훨씬 더 짧은 시간에 더 많은 일을 해낼 것이며, 삶을 완전히 통제하게 될 것이다. 즉, 이전과는 전혀 다른 새 사람이 될 수 있다.

  나는 몇 년 동안 한국의 역사와 경제를 지켜보면서 한국인의 적극성과 지적 능력에 깊은 인상을 받았다. 다른 나라에서 강의할 때도 언제나 한국을 본받으라고 말한다. 한국어판으로 나올 수 있도록 수고한 ㈜황금부엉이와 피닉스리더십센터에 감사를 표한다. 마지막으로 내게 끊임없이 지식과 영감을 불어넣어 준 동료 짐 콜린스, 피터 드러커, 알 리스에게도 끝없는 감사를 표한다.

브라이언 트레이시

머리말

> 성공이란 당신이 반드시 이루고자 하는 일에 전력을 집중하는 것이다.
> – 윌프레드 A. 피터슨

나는 당신이 너무나 바빠 시간관리에 관한 책조차 읽을 시간이 없다는 사실을 잘 안다. 그런데도 이 책을 선택해주어 감사하다. 나는 많은 업무를 더욱 신속하게 처리할 수 있는 매우 실용적이며, 즉시 활용 가능한 아이디어, 방법, 전략, 기술을 이 책에서 배울 수 있다고 확신한다. 강력하고도 실용적인 이 기술을 배워서 적용한다면, 삶의 모든 분야에서 당신이 하려는 일의 질을 월등히 향상시킬 수 있을 것이다.

역사적으로 위대한 인물들은 모두 '행복하게 살려면 어떻게 해야 하는가'라는 질문의 답을 찾느라 일생을 바쳤다. 현대 심리학의 아버지인 지그문트 프로이트는 기쁨을 주고 자신과 삶을 사랑하게 하는 그 무언가를 끊임없이 추구하는 쾌락을 인간의 일차적 동기로 보았다.

궁극적으로 우리는 행복하길 원한다. 그래서 대부분의 시간을 자신이 추구하는 삶의 방식과 인간관계, 일, 돈, 스포츠, 취미 등이 조화를 이루는 데 사용한다.

시간관리는 고도의 성취와 만족으로 정의 내릴 수 있는 '위대한 삶'을 영위하는 데 필요한 하나의 도구로 볼 수 있다. 또 현재 있는 곳에서 당신이 가고 싶은 곳으로 이동시켜주는 수단으로도 볼 수 있다. 한번 습득한 시간관리는 당신 인생에서 최고의 기쁨과 행복을 주는 성공의 원칙을 제공한다.

이 책은 개인효율성 분야에서 25년 넘게 쌓은 연구와 지도의 산물이자 500개 이상의 기업에서 25년 동안 활발하게 해온 영업과 마케팅, 관리 및 컨설팅 경험을 바탕으로 만든 것이다.

성공과 성공한 사람들에 관해 연구할수록 그들의 공통점은 더욱 분명해진다. 성공한 사람들은 모두 시간을 귀하게 여겼고, 시간을 더욱 계획적이고 효율적으로 사용하려고 노력했다는 것이다.

나는 결국 훌륭한 시간관리만이 성공하는 길이라는 결론을 내렸다. 비계획적이고 정돈되지 않은 삶을 사는 사람이 행복하고 충만한 삶을 살기란 어렵다. 당신이 시간에 관한 원칙을 만들 때 높은 성취감과 부, 성공의 밑거름이 되는 다른 많은 습관도 동시에 발전될 것이다.

좋은 시간관리 기술을 계발하는 출발점은 시간관리가 궁극적으로 자신의 인생관리라는 사실을 깨닫는 데 있다. 그것은 당신의 가장 귀중한 재능을 소중히 다루는 길이다. 벤저민 프랭클린은 "삶을 사랑하는가? 그렇다면 시간을 낭비하지 말라. 삶이란 바로 시간으로 이루어져 있기 때문이다."고 했다.

시간을 능숙하게 사용하는 법을 배우면 당신은 삶의 주인이 되고, 미래의 주도권도 완전히 손에 넣을 수 있다.

옮긴이의 말

당신의 ROE를 관리하라!

　시간관리! 변화의 시대를 살아가는 우리에게 한번쯤 화두가 되었던 단어일 것이다. 평범한 샐러리맨으로 직장생활을 하는 사람들은 아침마다 이어지는 지하철에서의 출근경쟁과 거의 매일 지속되는 야근생활을 하면서 하루에 2시간만 더 확보할 수 있다면 얼마나 좋을까 하는 생각을 수없이 해보았을 것이다. 외국어 공부도 할 수 있고, 운동도 할 수 있고, 아이들과 시간을 보낼 수도 있고, 자신만의 시간을 만들어 사색하거나 취미활동을 할 수도 있으면 좋을 텐데 하고 말이다.

　초등학교를 다니는 자녀를 둔 부모는 일상적으로 아이가 잠자기 전 일기를 쓰고 다음 날 계획을 만드는 모습을 본다. 둥그런 원을 그리고 선을 그어가며 하루 24시간을 열심히 쪼개는 모습은 옛날 어린 시절 만들던 생활계획시간표와 다르지 않다. 성인이 된 지금도 하루하루를 치열하게 보내면서 이놈의 삶이란 것을 어떻게 알차고 아름답게 만들어갈 것인가를 고민하는데, 그 고민의 핵심은 '하루, 1주일, 1달, 1년을 어떻게 사용할 것인가'다.

사실 이렇게 움켜쥐고 씨름하던 시간관리는 역자가 조직에서 HR을 담당하던 시절에도 관리자 교육에 빠지지 않는 테마였다. 그렇기에 시간을 일의 중요성과 시급성으로 나누어 '중요한 것을 먼저 하라'는 아이젠하워의 시간관리 기술 등 다양한 시간관리법을 개발하여 그 툴을 제공하는 등 많은 노력을 하였다.

『Time Power 잠들어 있는 시간을 깨워라』 번역을 막 끝낸 지금, 지금까지 읽었던 수많은 시간관리서와는 다른 패러다임으로 이야기하는 저자의 지혜에 감탄하고, 또 이 내용을 독자들과 나눌 수 있다는 것이 행복하다. 하루에 2시간만이라도 더 만들 수 있는 생활을 바라던 상황에서 덜렁 하루 24시간이 생겨버린 요즘, 브라이언 트레이시의 시간관리에 대한 충고는 매우 적절했으며 한편으론 성찰의 기회가 되었다. 번역을 하면서 지난날을 돌이키며 후회하고 앞으로 다가올 시간에 대한 새로운 계획을 세우기도 했다.

책에서 저자는 크게 네 가지를 이야기하고 있다.

첫째, 시간을 지금까지 보았던 양적·물리적인 개념을 넘어 시간의 심리학까지 다룬다는 것이다. 24시간이 중요한 것이 아니라 질적으로 어떻게 사용하는가에 초점을 두고 있다.

둘째, 저자는 이러한 질적인 시간관리의 핵심은 에너지의 활용이라고 말하고 있다. 시간관리의 성공 여부는 ROE$^{\text{Return On Energy}}$, 즉 자신의 에너지 사용의 효율성에 달려 있는 것이다.

셋째, 저자는 삶의 뚜렷한 목표를 이야기한다. 시간을 관리하지 못하는 가장 큰 이유는 승부를 걸어 볼만한 짜릿한 목표가 없기 때문이라고 한다. 그래서 어떻게 인생의 목표를 설정하는지로 시작하는 시간관리는 매우 설득력 있다.

넷째, 저자는 균형 잡힌 목표를 설명한다. 삶에서 소중한 것이 빠져버린 시관관리는 그 의미를 찾을 수 없다고 말하면서 양적·물리적 결합수준인 Work & Life Balance가 아니라 질적으로 높은 화학적 결합인 Work & Life Harmony로 시간관리를 설명하고 있다.

결국 이 책은 '시간관리'가 아니라 '시간 창조'를 통한 '멋진 인생관리'를 말하고 있는 것이다. 이 책을 읽은 독자 여러분의 성공을 기대해본다.

아주대학교 종합관에서
혜주 이성엽 Dream

차례

한국어판 머리말   005
머리말   008
옮긴이의 말   010

Chapter 1.
시간관리의 심리학   017

성공의 출발점 | 시간의 힘을 가로막는 정신적 장애물 세 가지 | 선택은 자유 | 자부심이 인생을 결정한다 | 최고의 성과를 내는 검증된 원리 열두 가지 | 시간의 위력을 발휘할 수 있는 실행방안 일곱 가지

Chapter 2.
목적과 목표로 시간 정복하기   041

3퍼센트에 진입하라 | 목표설정의 핵심 원리 | 목표를 확정하기 전 꼭 필요한 질문들 | 어떤 한계요인도 상상하지 말라 | 목표성취 능력에 터보차저를 장착하라 | 수입과 경력 분야에서 목표달성 | 목표를 더욱더 빨리 성취하는 법 | 제대로 된 목표달성을 위한 반복 질문들

Chapter 3.
탁월한 시간관리의 핵심: 자신을 조직화하기   071

계획에 투자하는 시간만큼 목표달성은 비례한다 | 자기조직화를 위한 네 가지 의견 | 근무공간을 조직화하는 세 가지 조치 | 문서업무를 잘하는 방법 | 시간관리 도구와 기법

Chapter 4.
우선순위 정하는 방법　　　　　　　　　　　　　　　　　　　　　　091

내 가치관에 근거하라 | 자유롭게 선택하라 | 가치순위 | 파레토 법칙을 적용하라 | 급한 일과 중요한 일을 분리하라 | 한계사항을 확인하라 | 미래의 결과를 생각하라 | 우선순위 : 후위순위 | ABCDE 기법 | 업무를 재설계하라 | 개인적인 우선순위를 설정하라 | 우선순위를 설정하는 다섯 가지 핵심 질문 | 강화된 효율성 법칙 | 최대 성과를 지향하라 | 시간을 갖고 생각한 다음 행동하라

Chapter 5.
성취를 위한 업무 습관 계발　　　　　　　　　　　　　　　　　　　　127

생산성이 탁월한 사람들의 습관 | 탁월한 생산성을 내는 네 가지 조치 | 집중의 이점 | 업무 성취의 습관 | 집중력을 계발하는 여러 방법 | 개인생산성 향상 기법

Chapter 6.
일에서 멀티태스크를 실행하는 방법　　　　　　　　　　　　　　　　149

핵심 관리기술 | 습득할 수 있는 기술 | 과업관리에서 피해야 할 네 가지 문제 | 과업을 시각적으로 계획하라 | 성공적인 과업관리 | 무엇이든 배울 수 있다

Chapter 7.
시간절약 기법: 시간낭비 요인 여섯 가지에 대처하는 방법   171

시간을 낭비하는 주요 요인 일곱 가지 | 시간관리 핵심 사항 복습하기 | 오늘 내가 시간을 사용한 방식 | 시간낭비 요인인 전화통화에 대처하는 일곱 가지 방법 | 예기치 않은 방문객에 대처하는 요령 다섯 가지 | 회의시간 절약하기 | 예기치 못한 위기 다루기 | 사교활동은 해가 될 수 있다 | 우유부단함과 형편없는 의사결정 | 시간을 절약할 수 있는 추가 방법 다섯 가지

Chapter 8.
일을 미루는 습관 극복   199

가장 빠른 길로 움직여라 | 신속성과 신뢰성에 대한 명성 얻기 | 긴박감 계발하기 | 일을 미루지 않는 방법 다섯 가지 | 지연요인을 극복하는 방법 열여섯 가지 | 시간관리 도전

Chapter 9.
최대한 시간을 활용하여 앞서 나가기   221

새로운 아이디어가 차이를 만든다 | 새로운 생각과 충돌할 때 | 남보다 앞서 나가고 전문성을 유지하는 방법 | 장밋빛 미래를 설계하는 비법 세 가지

Chapter 10.
다른 사람과 일하는 시간 절약하기　　　　　　　　　　　　　　　251

일반적인 오해 | 불명확한 우선순위 | 부적절한 위임 | 불명확한 권한범위 | 불완전한 정보 | 불분명한 목적의 빈번한 회의 | 업무의 명확성 결핍 | 비교우위의 법칙 | 위임이 핵심 수단 | 효과적으로 위임할 수 있는 실천방안 여섯 가지 | 매일 더 많은 일을 성취하는 방법 여덟 가지 | 성공을 보장하는 방법 | 의사결정의 유형 세 가지 | 해법에 집중하라 | 문제를 효과적으로 해결하는 방법 일곱 가지 | 기여에 집중하라 | 참여관리를 실행하라 | 역위임을 피하라 | 자연적인 습성을 극복하라 | 다른 사람을 가르치고 훈련시켜라 | 명확성에 초점을 맞춰라

Chapter 11.
영업사원을 위한 시간관리 기술　　　　　　　　　　　　　　　285

영업실적을 배로 늘려라 | 명확한 수입목표와 판매목표 | 내가 해야 할 일 | 업무를 더 잘하라 | 현재 수준을 분석하라 | 업무를 미리 계획하라 | 지역별로 통화계획을 세워라 | 바로 팔아라 | 시간낭비 요인 제거하기 | 시간을 잘 사용하여 영업 효과성을 증대시키는 방법

Chapter 12.
시간관리의 철학　　　　　　　　　　　　　　　　　　　　　315

최고의 성공 지표 | 인생을 장기적으로 계획하라 | 단기적으로도 생각하라 | 시간은 가장 가치 있는 자원 | 잘못된 직업이 시간낭비의 주범 | 인생 전체를 고려하라 | 가장 큰 시간낭비 요인 | 내 시간과 인생은 소중하다 | 삶을 변화시키는 방법 네 가지 | 삶을 두 부분으로 나누어라 | 시간은 가치의 척도 | 오직 자신만 관리할 수 있다

CHAPTER 01

The Psychology
of Time Management

시간관리의 심리학

탁월한 시간관리는 하고자 하는 욕구에서 출발한다.
익숙한 기존 방식을 버리고 타성을 극복할 만큼 열렬히 성과를 원해야 한다.

한계는 마음에서 나온다.
스스로 할 수 있다고 100퍼센트 믿는다면, 그것을 할 수 있다.
- 아널드 슈워제네거

상응의 법칙 The Law of Correspondence

에서는 외적인 삶이 내적인 삶을 투영하는 경향이 있다고 본다. 내가 보는 모든 곳에 내가 있고, 내가 보는 모든 곳에서 투사된 나 자신을 본다. 나는 이 세상을 있는 그대로 보지 않고 마음의 눈으로 본다. 내 주변에서 일어나는 인간관계나 결과물, 보상 등을 바꾸고 싶다면 내면에서 진행되고 있는 것부터 바꿔야 한다. 다행스럽게도 이것은 삶에서 유일하게 나만이 완벽하게 통제할 수 있는 부분이다.

성공의/출발점

탁월한 시간관리는 하고자 하는 욕구에서 출발한다. 대부분의 사람들은 자신의 시간관리법이 앞으로 훨씬 더 나아질 거라고 믿는다. 중요한 업무에 초점을 맞추고, 더 나은 우선순위를 정하고, 미루는 습관을 극복해서 시간관리를 훌륭히 하고자 매번 결심한다. 하지만 안타깝게도 지옥으로 향하는 길이 늘 더 매력적인 법이다.

동기부여의 핵심은 '동기'다. 시간의 힘Time Power을 계발하려는 욕구가 가득 차게 하려면 그것으로 누릴 수 있는 혜택과 이득 등의 강력한 동기가 있어야 한다. 그러니 익숙한 기존 방식을 버리고 타성을 극복할 만큼 열렬히 성과를 원해야 한다. 책에서 제시하는 방법을 실천하면 다음 네 가지 혜택을 얻을 수 있다.

1. 매일 추가적으로 2시간씩 더 확보   책에서 제시한 방법을 실천하면 매일 적어도 생산적인 시간을 2시간씩 추가적으로 확보할 수 있다. 높은 가치의 직무를 완수하는 데 집중할 수 있어 매일 2시간이 더 생긴다면 나는 무엇을 하고, 무엇을 성취할 수 있을까?

매일 2시간씩 5일이면 10시간, 1년은 50주이므로 10시간에 50주를 곱하면 무려 500시간이나 더 생긴다. 한 주의 노동시간을 40시간으로 계산했을 때 500시간이면 12주가 넘는데, 이것은 매년 3달이나 되는 생산적인 시간이 추가적으로 생긴다는 의미다.

매일 2시간씩 생산적인 시간을 확보함으로써 개인적으로나 업무적으로 커다란 삶의 변화를 경험할 수 있다. 목표를 달성할 수 있고, 2~3년 안에 엄청나게 소득을 증대시킬 수도 있다.

2. 성과와 생산성 개선   추가적으로 생긴 2시간으로 생산성이 향상되면 그

다음해 성과와 소득은 최소한 25퍼센트 정도 증가할 것이다. 매일 회사에서 보내는 업무시간이 8시간이라고 했을 때 2시간이면 전체 업무시간의 25퍼센트에 해당하므로, 최소한 그만큼 생산성도 증대될 것이다.

오늘 내가 올린 수입은 오늘 나의 생산성의 결과로 받는 대가이다. 내가 생산성을 25퍼센트 이상 증가시킨다는 것은 소득도 그만큼 증가한다는 뜻이다. 지금 당장 증가된 생산성의 보상을 받지 못한다고 해도 언젠가는 반드시 보상의 대가를 받게 될 것이다.

3. 통제력 증가   시간의 힘을 잘 활용하면 스트레스는 줄고 생활에 활력이 생겨 개인적인 삶과 업무에서 통제력이 증가할 것이다. 즉, 내 삶의 주인은 나라는 사실을 새삼 깨닫게 된다.

심리학자들은 몇 년 전부터 '통제 소재$^{locus\ of\ control}$' 영역을 광범위하게 연구했다. 그 결과 삶의 통제력이 높을수록 더 삶을 긍정적으로 바라본다는 것을 발견했다. 우리에겐 '내적' 통제의 중심과 '외적' 통제의 중심이 있는데, '내적' 통제의 중심을 지닌 사람은 내 삶은 나에게 달려 있으며 스스로의 행동과 결정에 책임을 지려고 한다.

반면, '외적' 통제의 중심을 지닌 사람은 삶에 부정적이며, 자주 화를 내거나 의기소침해진다는 것이다. 이들은 자신을 둘러싼 여러 문제의 원인을 외부로 돌려 좌절감과 무력감에 빠져 이른바 '학습된 무능력'을 키우고, 자신을 '환경의 창조자'가 아닌 '환경의 창조물'로 인식한다. 즉, 스스로를 희생자로 여기는 것이다.

더욱 강력한 '내적' 통제의 중심을 계발하는 방법 중 하나는 자신의 시간과 인생을 잘 관리하는 것이다. 시간관리를 잘할수록 삶은 더욱 행복해지고, 자신감은 높아지며, 더욱 긍정적이고 원만한 자아상을 갖게 된다.

4. 가족에게 더 많은 시간 할애 자신의 시간과 삶을 잘 통제하면 개인적인 삶과 가족에게도 더 많은 시간을 할애할 수 있다. 친구들과 더 많은 시간을 보낼 수 있고, 휴식을 취할 수 있고, 자신이 원하는 것을 위해 더 많은 시간을 보낼 수 있다.

시간의 / 힘을 / 가로막는 / 정신적 / 장애물 / 세 / 가지

모든 사람이 시간관리가 꼭 필요함을 인식하고 있다면, '조직적이고 효율적인' 사람의 수는 왜 이렇게 적을까? 그것은 많은 사람이 시간관리를 가볍게 여기기 때문이다. 어떤 것을 진실이라고 믿으면, 그것은 그 사람에게 진실이 된다. 자신이 시간관리를 잘할 수 있다고 믿으면, 그 믿음은 자신을, 세계를, 인간관계를 특정한 방식으로 보게 한다. 믿음이 스스로의 생각과 행동에 영향을 미쳐 결국 현실이 되게 한다. 당신은 당신이 생각한 그대로 될 수 있다.

정신적 장애물 1_경직되고 융통성 없는 사고 걱정
시간관리에 관한 첫 번째 미신 또는 정신적 장애물은 시간을 조직적으로 완벽하게 통제하여 일을 처리하다 보면 냉정하고 계산적인 사람이 된다는 것이다. 효과성과 효율성만 우선하다 보면 자율성을 잃어버려 경직되고 융통성 없는 사람이 될 거라고 생각하는 것이다.

그러나 이런 부정적 인식은 전혀 근거가 없다. 많은 사람이 이런 부정적인 인식 뒤에 숨어 자신이 알고 있는 방식대로 스스로를 단련하지 않고 있다. 오히려 시간관리를 잘 못하는 사람이 자율성도 없다. 그런 사람들은 그저 정신없이 바쁘기만 할 뿐이다. 반면, 시간을 조직적으로 관리하면 더 많은 기회와 여유를 가질 수 있어 진정 편안하고 행복한 삶을 영위할 수 있다. 훨씬 더 큰 '내적' 통제의 중심을 지니게 되는 것이다.

핵심은 내가 할 수 있는 모든 것을 구조화하고 조직화하는 것이다. 미리 예측하고, 우발적인 상황에 각각의 대응책을 마련하여 특정한 일의 결과에 집중하라. 그러면 상황이 언제 어떻게 변하더라도 편안하고 자유로울 수 있다. 자신의 통제하에 있는 요소들을 더 잘 조직화할수록 자율성과 유연성이 높아져 변화에 신속하게 대응할 수 있다.

정신적 장애물 2_부정적인 생각의 습관화

탁월한 시간관리 기술을 계발하는 것을 막는 두 번째 정신적 장애물은 부정적인 사고의 습관화다. 이런 사고는 부모 등 성장 과정에 영향력을 미친 사람들이 만든 것이다. 자라면서 칠칠맞고 늘 지각하고 시작한 것을 끝마치는 법이 없다는 말을 들은 사람은 어른이 되어서도 이전에 들었던 명령을 무의식적으로 따를 수 있다.

이런 유형의 가장 흔한 변명은 "이것이 내 모습이야." 또는 "나는 늘 이래 왔어."이다. 태어날 때부터 칠칠치 못하고 비조직적인 사람이 없듯이, 태어날 때부터 단정하고 효율적인 사람도 없다. 시간관리와 개인효율성 기술은 훈련과 반복으로 스스로 배우고 계발해야 할 원리이다.

정신적 장애물 3_자기제한 믿음

세 번째 정신적 장애물은 부정적인 자아상, 즉 '자기제한 믿음self-limiting beliefs'이다. 많은 사람이 자신은 성장배경과 유전적인 요인으로 시간관리를 잘 못한다고 생각한다. 그러나 시간관리에 관여하는 유전자나 염색체는 없다. 개인적 조직화에 유전적인 결함을 지니고 태어나는 사람은 아무도 없다. 자신의 개인적인 행동은 자기 자신의 통제를 더 많이 받는다.

사람이 하는 일의 대부분은 자신의 동기나 욕구 수준에 따라 결정된다는 사실을 증명하는 사례가 있다. 앞으로 30일 동안 시간을 효율적으로 잘 관리하면 어떤 사람이 100만 달러를 준다고 가정해보자. 효율성 전문가가 비디오카메라를 들고 한 달 동안 내 주변을 따라다니면서 나를 관찰한다. 30일 뒤에 시간을 효율적으로 잘 사용하여 최우선순위의 업무를 매일, 하루 종일 한다면 나는 포상으로 100만 달러를 받는 것이다. 앞으로 30일 동안 나는 얼마나 효율적으로 생활할 수 있을까?

사실 100만 달러 같은 충분한 동기부여는 우리를 세상에서 가장 효율적이고 조직적으로 일하는 사람이 되게 할 수 있다. 매우 기쁘게도 최고의 시간관리 기술을 한 달 동안 제대로 연습한다면, 우리는 남은 인생 동안 높은 생산성과 최고의 성과를 이루는 습관을 계발할 수 있다.

선택은/자유

시간관리는 바로 선택의 문제다. 우리는 효율성을 선택하거나 비효율성을 선택한다. 높은 가치의 업무에 초점을 맞춰 집중하거나 인생에 별로 도움이 되지 않는 일에 시간을 허비할 수 있다. 물론 언제나 우리는 자유롭게 선택할 수 있다.

매시간, 매분마다 시간을 효율적으로 사용하기로 확고하게 결심하는 것은 자신에게 주입된 정신적 장애물을 제거하는 출발점이다. 지금 바로 여기에서 시간관리 전문가가 되기로 결심해야 한다. 내 목표는 시간을 효율적으로 잘 활용하여 사람들이 나를 존경하고, 자신의 업무 습관을 개선하는 역할모델로 삼는 것이다.

잠재의식을 구조화하는 여섯 가지 기법

최고의 성과를 내도록 스스로를 구조화할 수 있는 여러 가지 정신적인 기법이 있다.

1. 긍정적 자기대화를 사용하라

잠재의식을 구조화하는 첫 번째 기법은 긍정적 자기대화 또는 긍정적 확언을 활용하는 것이다. 이것은 내가 의식에서 잠재의식으로 보내는 명령이다. 확언은 소리 내어 크게 말하거나 열과 성을 다해 자신과 대화하여 그 말이 잠재의식 속에 새로운 운영 명령으로 자리 잡도록 하는 것이다. 시간관리 기술을 향상시키기 위해 다음처럼 확언적인 명령을 사용할 수 있다.

"나는 시간관리가 탁월하다! 나는 시간관리가 탁월하다!"고 자신에게 반복적으로 이야기하는 데서 출발하라. 신념, 수용, 믿음의 정신을 지니고 반복하는 모든 명령은 결국 잠재의식에 자리 잡는다. 그러면 잠재의식은 그 사람의 말과 행동, 감정 등이 새로운 명령과 일치하도록 조직화할 것이다.

"나는 언제나 약속시간을 잘 지킨다! 나는 언제나 약속시간을 잘 지킨다!"고 지속적으로 반복할 수 있다. 또 "나는 잘 조직화되어 있다!"거나 "나는 최고로 중요한 업무에 쉽게 집중할 수 있다!" 같은 내적 명령을 활용할 수 있다. 내가 가장 좋아하는 시간관리의 자기확언 기법은 "나는 시간을 잘 활용한다. 나는 시간을 잘 활용한다. 나는 시간을 잘 활용한다."이다. 계속해서 사용하면 긍정적 확언은 외부로 나타나는 행동에도 영향을 미치기 시작할 것이다.

2. 고도로 효율적인 사람으로 시각화하라

잠재의식을 구조화하는 두 번째 기법은 시각화다. 잠재의식은 내적 그림에 따라 즉각적으로 영향을 받는다. 자기이미지 심리학에서는 자신이 바라보는 사람은 자신이 닮고 싶은 사람이라고 말한다. 자신을 조직화되고, 효율적인 사람으로 보기 시작하라. 최고의 업적을 달성할 때의 자기 모습을 상상하고, 그런 기억을 떠올려보라. 자신에 관한 긍정적인 그림을 마음의 화면에 반복해서 그려보라.

운동경기 훈련에서는 이 같은 방법을 '마음의 리허설mental rehearsal'이라고 한다. 실제로 육체적인 활동에서는 마음속에서 미리 그 행동을 해보는 예행연습이 필요하다. 마음속으로 최선을 다해 업무를 수행하는 모습을 시각화하면, 잠재의식에 그 명령들이 더욱 빨리 자리를 잡아 내 생각과 행동의 일부로 고착될 수 있다.

마음의 리허설을 연습하는 방법은 간단하다. 우선 혼자 조용히 있을 수 있는 장소를 찾아 앉거나 눕니다. 그러고 나서 다음 회의나 발표, 협상, 데이트같이 앞으로 다가올 중요한 일을 상상한다. 매우 편안하게 앉거나 누운 상태에서 앞으로 있을 일을 마음속에 그리고, 이 그림을 모든 측면에서 완전하게 펼쳐본다. 이때, 내가 아주 평온하고, 긍정적이고, 행복한 상태이며, 완전히 자기 통제하에 있다고 상상해야 한다. 상황이 완벽해졌다면 다른 사람들이 말하고 행동하는 것을 살펴보라. 당신이 원하는 대로 그들이 말하고 행동하는 것을 볼 수 있을 것이다. 이제 심호흡을 하고 편안하고 자연스럽게 상황들이 흘러가게 하여 내가 명령하고 전달한 대로 똑같은 그림이 실현되도록 하라.

이 예행연습을 실행하기에 가장 좋은 시간은 잠자리에 들기 전이다. 잠들기 전에 해야 할 마지막 일은 다음 날 최선을 다하여 성과를 내는 자기 모습을 마음속에 그려보는 것이다. 그러면 다음 날 발생하는 사건이나 경험이 자신이 시각화했던 모습과 자주 일치하는 걸 보고 깜짝 놀랄 것이다.

효과적으로 시간관리를 하려면 이 마음의 리허설을 지속적으로 연습하는 것이 중요하다. 결국 마음속 그림이 '고정화'되어 현실로 나타나기 때문이다.

3. 역할 놀이를 하라

잠재의식을 구조화하는 세 번째 기법은 자신이 되고자 하는 매우 효율적인 사람의 역할을 직접 해보는 것이다. 자신이 영화나 연극에서 배역을 하나 맡았다고 상상하자. 내가 맡은 배역은 모든 면에서 매우 조직적인 사람으로, 일상생활에서 시간관리를 매우 잘하는 사람이다. 그 영화나 연극에서 나는 이미 시간을 매우 효율적으로 잘 사용하고 있는 것이다.

시간관리전문가가 될 때까지 연극을 하는 것이다. 탁월한 시간관리전문가인 것처럼 행동하면, 나의 직접적인 통제하에 있는 행동은 잠재의식에 사고방식과 믿음을 형성하여 그것들과 일치시켜 나아갈 것이다.

4. 최고의 사람을 벤치마킹하라
잠재의식을 구조화하는 네 번째 기법은 '모델링'이다. 모델링은 당신이 아는 사람 중에 시간을 가장 잘 활용하는 사람을 흉내 내어 자신을 패턴화하는 것이다. 모델로 삼은 그가 주어진 상황에서 어떻게 할 것 같은지 상상해보고 그렇게 실행하라.

미국에서 가장 효율성이 높다고 평가받는 많은 사람은 초기단계에서 이 모델링 기법을 활용하여 지금의 자리에 올랐다. 상응의 법칙 때문에 당신은 자신이 가장 존경하는 사람처럼 변하게 된다.

5. 선생님이 돼라
잠재의식을 구조화하는 다섯 번째 기법은 오늘부터 1년 동안 시간관리 강의를 할 것이라고 상상해보는 것이다. 이 기법은 학습촉진 분야에서 발견되었는데, 배우는 동시에 가르친다면 혼자서 학습할 때보다 훨씬 더 빨리 흡수하여 내면화할 수 있다는 것이다.

이 기법은 시간관리에 새로운 아이디어를 적용할 때, 그것을 다른 사람들에게 어떻게 가르칠 것인지 생각해보는 것이다. 내가 배운 것을 가르치면 도움이 될 만한 사람을 떠올려보라. 그 사람에게 내가 배운 것을 가르친다고 상상하기만 해도 그것을 배우는 속도를 증가시킬 수 있다.

새로운 아이디어나 기법을 내것으로 만드는 가장 빠른 방법은 새롭게 배운 것을 즉각적으로 다른 사람들과 공유하는 것이다. 책에서 좋은 아이디어라고 생각되는 것이 있을 때마다 잠시 시간을 내어 가족이나 친구, 회사 동료들과 공유하라. 다른 사람에게 자신의 언어로 설명할 때 필요한 집중력은 내 안의 더 깊은 잠재의식 속으로 그것을 끌어당겨 줄 것이다.

6. 다른 사람의 역할모델이 돼라

잠재의식을 구조화하는 여섯 번째 기법은 탁월한 시간관리의 모범으로 다른 사람들이 나를 존경하는 상황을 상상하는 것이다. 자신을 회사나 조직의 모든 상황을 결정짓는 사람으로 상상하는 것이다. 다른 사람들이 나만 바라보는 상황에서 매일 업무를 어떤 식으로 처리하고 내 시간을 어떻게 조직할 것인가?

자신을 다른 사람이 되고 싶어 하는 탁월한 성과의 모델이라고 생각하면, 개인적으로 효율적인 사람이 되려고 할 때보다 훨씬 더 많은 효율과 성과를 낼 수 있게 된다.

자부심이 / 인생을 / 결정한다

아마도 시간관리 심리학에서 가장 중요한 부분일 것이다. 심리학자는 대부분 자부심이 건강한 인격을 결정하는 중요한 요소라는 데 동의한다. '내가 나를 얼마나 좋아하는가'를 판가름하는 기준이 자부심이다. 내가 나를 좋아하고 존경하면 그렇지 않을 때보다 더 높은 성과를 낼 수 있다. 내가 나를 좋아할수록 자신감은 더 커진다.

자부심은 정신 건강에 매우 중요한데, 자신의 긍지를 높이고 외부 사람들 때문에 약해지려는 의지를 강하게 만들어준다. 자부심은 곧 성공과 행복의 기초 원리이자 당신이 완벽하게 살아있음을 느끼게 해주는 필수 요소다.

자부심은 다른 면에서 자기효능감이라고도 하는데, 이것은 얼마나 효율적으로 업무를 수행하고 성취할 수 있는지 느끼는 것이라고 정의할 수 있다. 어떤 일을 정말 잘한다고 느낄 때 긍정적인 자기효능감을 경험한다.

심리학의 가장 큰 발견 가운데 하나는 자부심과 자기효능감 사이의 연관성이다. 이제 우리는 자신을 좋아할수록 더 많은 것을 할 수 있고, 잘할 수 있다는 것을 안다. 그리고 어떤 일을 더 잘할수록 자신을 더욱 좋아하게 된다는 것도 안다.

자부심과 자기효능감은 서로 강화작용과 상승작용을 한다. 시간을 잘 사용할수록 더 많은 것을 얻게 되어 자기효능감은 증대된다. 증대된 자기효능감은 자부심을 높여 훨씬 더 많은 일도 척척 해낼 수 있게 한다. 즉, 전반적으로 삶의 질이 향상되는 것이다.

자부심에 영향을 미치는 요소 세 가지

시간관리와 관련하여 자부심에 영향을 미치는 요소에는 세 가지가 있다.

1. 나의 가치 결정하기 높은 자부심을 가지려면 자신의 가장 근원적인 가치와 일치하는 방식으로 삶을 살아야 한다. 자신의 믿음과 가치를 명확하게 알고 타협하지 않는 사람은 무엇이 자신에게 중요한지 잘 모르는 사람

에 비해 자신을 더 좋아하고 존경한다.

이것은 "당신은 자신의 인생을 얼마나 소중히 여깁니까?"라는 질문과 직결된다. 자신의 삶을 높이 평가하는 사람은 자신도 높이 평가하며, 자신을 높이 평가하는 사람이 곧 시간도 잘 활용하는 법이다.

반전 법칙은 감정과 행동의 상호작용으로, 자신이 느끼는 방식과 일치하는 방식으로 행동하는 것을 말한다. 내가 어떤 방식으로 행동하면 내부에서는 그 행동과 일치하는 감정을 만들어낸다. 스스로 자신의 시간을 매우 소중하게 여길 때 자부심이 향상되어 모든 일을 더욱 잘할 수 있다고 느끼게 된다.

2. 숙련될 때까지 끊임없이 노력하기 　자부심에 영향을 미치는 두 번째 요소는 삶과 업무를 내가 통제할 수 있다는 감정, 즉 모든 일을 능숙하게 처리할 수 있다는 감정을 갖는 것이다. 매시간 자신의 의지대로 시간을 관리하는 행동은 인생을 더 잘 통제하고 있다는 느낌을 갖게 한다. 이런 느낌은 결국 나를 더욱 효율적이고 생산적인 사람이 되게 한다.

3. 내가 원하는 것 알기　 내 자부심에 직접적으로 영향을 미치는 세 번째 요소는 현재 목표와 그 목표를 달성하는 활동과 관련 있다. 자신의 목표나 활동이 자신의 가치와 일치할수록 만족감은 증대된다(목표에 관해서는 2장에서 더욱 심도 있게 다룬다).

이것은 시간관리 심리학에서 중요한 세 가지 핵심 사항이다. 다시 정리하면 이렇다. 첫째, 자신의 가치를 결정하고 그 가치와 부합하는 삶을 살고자 다짐한다. 둘째, 자신이 하는 일에 충분히 능숙해질 때까지 헌신적으로 노력한다. 셋째, 자신의 목표와 활동이 자신의 진정한 가치와 확신에 일치하도록 분명히 한다.

    이렇게 하면 분명 자부심은 커지고, 더 많은 에너지와 열의를 갖게 된다. 훌륭한 시간관리 기술은 내 인격과 인간관계까지 긍정적인 영향을 줄 것이다. 삶의 질은 시간관리의 질에 따라 결정된다. 매일, 매시간, 매분을 더욱 효율적으로 관리할수록 내적인 삶과 외적인 삶 모두 더욱 윤택해질 것이다.

최고의 / 성과를 / 내는 / 검증된 / 원리 / 열두 / 가지

다음은 성과를 향상시키기 위해 매일 실천할 수 있는 열두 가지 원리다. 이 원리는 나를 포함한 내가 하는 모든 것에서 얻어낼 수 있다.

원리 1_시간관리를 이용해 더 많이 기여할 수 있다

자부심은 삶과 일에서 얻는 것보다 기여하는 것이 더 많음을 아는 데서 비롯된다. 내가 회사나 가족에게 기여하는 것이 많다고 느낄수록 자부심은 더욱 커진다. 시간관리는 모든 면에서 내 능력을 더욱 가치 있는 일에 쓸 수 있도록 해준다.

원리 2_내가 받는 보상은 구체적이든 추상적이든, 항상 다른 사람에게 한 서비스의 가치와 동일하다

언제나 더 많이 투자해야 더 많이 얻을 수 있는 법이다. 파종과 수확의 법칙에 따르면 시간관리는 파종을 잘할 수 있게 하므로, 결국 삶의 모든 영역에서 더 잘 수확할 수 있게 한다. 보상의 양과 질을 높이고 싶은가? 그렇다면 서비스의 가치를 향상시키는 방법을 찾으면 되는 것이다. 이것은 내가 충분히 통제할 수 있다.

원리 3_나를 하나의 '공장'으로 보는 것도 시간관리에 도움이 된다
공장에는 생산에 영향을 주는 세 가지 상황이 있다.

　첫째, 공장에는 원료, 시간, 노동력, 자금, 자원 등 최종 생산물을 제조하는 데 필요한 '생산요소'가 투입된다.
　둘째, 공장 안에서 일어나는 활동이 있다. 이는 제품이나 서비스를 생산하는 데 필요한 생산활동이나 작업이다. 공장 내부를 운영하는 효율성에 따라 공장의 생산성과 생산 과정에 투입된 사람들의 생산성이 결정된다.
　셋째, 공장에서 나오는 것은 공장의 산출물이나 생산물이다. 공장의 가치는 산출의 질과 양에 따라 결정된다. 공장관리의 핵심 목표는 산출의 질과 양을 증대시키는 것이다.

　매우 효과적인 사람과 그렇지 않은 사람의 차이는 산출물 등 결과에 초점을 맞추느냐 그렇지 않느냐에 달렸다. 보통 사람은 투입에 초점을 맞춘다. 높은 성과를 달성하는 사람은 '성취'에 초점을 맞추는 반면, 낮은 성과

를 달성하는 사람은 '행위'에 초점을 맞춘다.

시간을 훌륭하게 관리하려면 지속적으로 나는 어떤 산출물을 기대하고, 무엇을 생산하고 싶은지, 왜 지금 그 직위에 올라 있는지 스스로 자문해야 한다. 직위에서 요구하는 산출물에 초점을 맞출수록 일은 더 잘 된다.

원리 4_모든 영역에서 이룬 성취의 정도는 내가 얼마나 시간을 훌륭하게 관리했는지에 달렸다
어떤 시간관리 기술을 삶에 적용했고, 이 기술을 얼마나 잘 발전시키느냐에 따라 내 성과물의 양과 질이 달라진다.

원리 5_성취에서 시간은 가장 귀한 자원이다
오늘날 많은 사람이 지닌 가장 큰 문제는 '시간 부족'이다. 돈을 벌고 물질적으로 성공할 수 있을지는 몰라도 그것을 즐길 만한 충분한 시간이 없다. 우리는 삶의 거의 모든 영역에서 시간 부족을 경험한다.

시간은 비탄력적이다. 늘릴 수 없다. 또한 시간은 필수불가결하다. 모든 일이나 성취에는 반드시 시간이 필요하다. 시간은 대체할 수도 없다. 시간의 대체재는 존재하지 않는다. 그리고 시간은 소멸한다. 시간은 저장하거나 예약하거나 보관할 수 없다. 시간은 한번 지나가면 다시는 돌아오지 않는다.

원리 6_시간관리 기술을 실천하면 판단력, 통찰력, 자신감, 자기수양 등을 계발할 수 있다
업무 성취율을 높여주는 것은 시간관리 능력으로, 이것에 따라 회사와 세

상에서 받는 자신의 가치가 결정된다.

원리 7_시간관리에 집중하면 매우 성과지향적인 사람이 될 수 있다
성과지향은 성공한 사람들의 핵심 자질이다. 내게 요구되는 가장 중요한 성과에 집중할 수 있는 능력이야말로 더 많이 벌고 더 빨리 승진하는 가장 빠르고 확실한 길이라고 할 수 있다.

원리 8_시간관리는 단지 열심히 일을 하도록 돕는 것이 아니라 더 현명하게 일할 수 있게 한다
실패한 사람 중에는 성공한 사람보다 더 열심히 일한 사람도 많다. 그러나 그들은 개인관리와 시간관리 기술이 부족했기 때문에 시간당 생산성이 낮았다.

원리 9_훌륭한 시간관리는 에너지, 열의, 긍정적인 정신력의 원천이다
생산적인 사람일수록 자신을 더욱 긍정적으로 느낀다.

원리 10_자신의 요구에 부응하는 사람으로 성장한다
시간을 스스로 관리하는 훈련은 성격, 자신감, 자신과 자신의 능력에 대한 확고한 신념 등을 키워준다.

원리 11_성취감만이 지속적으로 동기부여를 한다
더 많은 것을 성취할수록 더 긍정적으로 느끼고, 더 많은 것을 성취하고자 열정을 가지게 된다.

원리 12_지금 흐르는 1분이 내가 지닌 모든 시간이다
나를 분 단위로 관리한다면, 시 단위와 일 단위의 시간은 저절로 관리할 수 있다. 내 시간을 더욱 야무지게 관리할수록 나는 반드시 멋진 삶을 영위하게 될 것이다.

시간의 / 위력을 / 발휘할 / 수 / 있는 / 실행방안 / 일곱 / 가지

시간관리 습관을 계발하는 데 도움이 되는 일곱 가지 실용적인 기법이 있다. 이 일곱 가지 기법을 더 많이 실행할수록 자신을 효율적이고 생산성이 높은 사람으로 구조화할 수 있다.

1. 자아상이 자신의 성과를 결정짓는다는 점을 기억하라
나는 항상 내부에 있는 자아상과 일치하는 방식으로 외부 업무를 수행한다. 과거의 모습이 아니라 앞으로 되고 싶은 모습으로 나를 시각화하고 상상하는 것이다. 자신을 매우 효율적인 사람으로 반복해서 시각화함으로써 실제로 자아상을 완전히 바꿀 수 있다.

　<u>스스로를 자기관리와 시간관리에 매우 뛰어난 사람이라고 생각하라</u>. 잠재의식이 그 생각을 일련의 명령으로 수용할 때까지 마음속에 그림을 반복해서 그려라. 잠재의식 속에 이것이 수용되면 시간관리는 자동으로 효율적으로 이루어진다.

2. 새로운 습관은 21일 동안 반복해서 실행해야 길러짐을 명심하라

현재 모습과 시간을 관리하는 습관을 기르는데, 우리는 평생이 걸렸다. 잠재의식이 새로운 지시와 확신을 새로운 행동 운영지침으로 여기는 데는 많은 시간과 헌신적인 노력이 필요하다. 그러니 인내심을 가져라. 모든 것이 한 번에 변할 거라고는 생각하지 말라.

3. 뛰어나게 시간을 관리하는 사람이 되겠다고 자신에게 약속하라

앞으로 시간을 잘 지키고, 가장 중요한 업무에만 집중하겠다고 자신과 약속하라. 그리고 다른 사람에게 장차 아주 효율적인 사람이 되겠다고 약속하라.

　다른 사람에게 시간을 잘 관리하겠다고 약속하면, 그 약속에 부합하려고 행동하기 때문에 약속을 하지 않았을 때보다 더 많이 지키게 된다. 내가 한 약속을 잘 지키는지 다른 사람이 지켜본다고 생각하면 더 많은 인내심과 굳은 의지를 발휘할 수 있다.

4. 시간관리 습관을 기를 때는 취약한 부분부터 시작하라

모든 것을 한 번에 바꾸려고 하지 말라. 개선이 매우 절실하다고 생각하는 습관이나 행동부터 변화시켜라. 한 부분에서 시작한 개선 행동이 점차 다른 부분으로까지 확대됨을 알게 될 것이다.

5. 새로운 시간관리 습관을 기르기로 했다면 그것에 어떤 예외도 두지 말라

모든 약속에 시간을 잘 지키기로 결심했다면 이것이 행동의 일부로 정착될 때까지 매 순간 자신을 단련하는 것을 멈추지 말라. 또 하루를 일찍 시

작하여 가장 중요한 업무에 집중하기로 했다면, 자연스럽게 업무에 집중할 수 있을 때까지 3주일 동안 꾸준하게 지속하라. 태만한 태도에 그럴듯한 이유를 대거나 합리화를 시키지 말라.

6. '시행착오trial and error' 방법보다는 '시행성공trial and success' 방법을 사용하라
시행성공 방법은 실패와 실수에서 성공하는 방법을 배우면서 자연스럽게 터득하게 된다. 왜 자신이 시간을 제대로 관리하지 못하는지 원인을 분석하라. 조용히 물러나서 삶을 조망한 뒤 시간관리를 잘하지 못하는 부분을 찾아내어 "왜 내가 이 부분에서 이런 방식으로 행동하고, 비효율적으로 업무를 수행할까?" 하고 자문해보라.
　　시간을 갖고 자신의 현재 행동을 성찰하다 보면 자신이 되고 싶은 효율적인 사람이 되는 데 어떤 변화가 필요한지 자연스럽게 알게 될 것이다.

7. 자신이 매우 뛰어난 시간관리자가 될 수 있고, 또 될 것이라고 단호하게 믿는 것이다
이것이 가장 중요한 실행방안이다. 신념의 법칙에서는 "자신이 믿는 것이 현실이 된다."고 했다. 자신이 뛰어난 시간관리자가 될 수 있다고 강력하게 믿을수록 믿음은 더욱 신속하게 현실이 된다. 그리고 그 믿음을 오래 붙들수록 시간관리 습관은 더욱 구체화될 것이다.
　　다행하게도 자전거타기처럼 시간관리도 일종의 기술이라는 점이다.
　　다른 기술과 마찬가지로 이것도 연습과 반복으로 배울 수 있다. 우리에게는 삶의 모든 영역에서 시간관리 습관을 계발할 수 있는 뛰어난 능력이 있다. 우리는 그저 새로운 시간관리 습관이 고착화될 때까지 계속해서 실

행하면 되는 것이다.

시간관리는 개인효율성, 자부심, 자존심, 더욱 큰 개인생산성과 행복 등에 필요한 핵심 요소다. 시간을 잘 관리하면 어떤 난관도 극복할 수 있고, 어떤 목표도 성취할 수 있다. 시간을 관리하여 우리는 삶과 미래를 완벽하게 통제할 수 있다. 성공의 핵심은 시간을 어떻게 관리하느냐에 달렸다.

잠든 시간을 깨우는 시간관리법

1. 당신이 더욱 효율적으로 일하고, 더욱 많은 것을 이룰 수 있도록 하려면 어떤 영역에서 시간관리가 필요한지 정하라. 그리고 그 영역에서 무엇을 실천할 것인지 지금 결심하라.

2. 당신이 최고의 성과를 냈던 때를 되새겨보라. 새로운 일을 시작할 때마다 마음속에서 그 경험을 회상하고 그 당시 어떤 기분이었는지 떠올려보라.

3. 항상 자기 자신에게 긍정적으로 이야기하라. "나는 내 시간을 효율적으로 잘 사용한다." 같은 확언을 반복하라.

4. 주변의 모든 사람이 당신을 개인효율성의 역할모델로 존경하고, 내 방법에 따라 자신의 생활을 조직화한다고 상상해보라. 그리고 그대로 행동하라.

5. 친구와 동료에게 시간관리 강의를 한다고 가정해보라. 그들에게 가르치고 싶은 가장 중요한 것은 무엇인가?

6. 당신에게 가장 큰 만족을 주는 영역을 설정하고, 그 영역에서 생산성을 증대시키는 계획을 수립하라.

7. 자신의 영역에서 가장 효율적이고 생산적인 사람이 될 때까지 업무를 수행하고 실천할 것을 오늘 바로 결심하라. 당신의 결정을 즉각 실행하라.

CHAPTER 02

Mastering Time
Through Goals and Objectives

목적과 목표로
시간 정복하기

최고의 성과를 올리려면 자신의 열망과 주요 가치, 신념에 부합하는
분명한 목표와 대상을 설정해야 한다.
무엇을 달성하려는 것인지 명확하게 정해 가장 중요한
목표나 행동에 정신을 집중해야 한다.
이것이 훌륭한 시간관리의 첫걸음이다.

당신은 원하는 바를 명확하게 할 수 있다.
당신의 주요 목표와 공략대상, 목표지점, 지향점을 확실하게 결정하고
선택할 수 있다.
— W. 클레멘트 스톤

개인이 효율적으로 시간을 관리하는 데 가장 중요한 것은 명확성이다. 이 책의 출발점 역시 목적과 목표를 명확히 하는 데 있다. 성공적인 인생을 가꾸는 데 가장 큰 훼방꾼이자 시간을 낭비하게 하는 것은 바로 뭘 하려고 했고 뭘 성취하려 애썼는지 잊는 것이다. 많은 사람이 매일 열심히 일하지만, 자신의 진정한 목적과 목표는 명확하게 알지 못한다.

    시간관리는 가장 먼저, 목적을 신속하게 달성할 수 있게 시간을 조직화하도록 요구한다. 목적과 목표를 중요도 순서대로 우선순위를 정한 다음 그것을 성취할 수 있는 실천방안을 차곡차곡 실행하는 것이 시간관리에서 가장 중요하다.

3퍼센트에 진입하라

자신의 목표를 분명히 정하고, 그것을 기록하는 사람은 전체의 3퍼센트도 채 되지 않는다. 하지만 그들은 모든 분야에서 가장 많은 성공을 이루었다. 그 3퍼센트 중에서도 목적을 규칙적으로 기록하면서 재확인하는 사람은 전체의 1퍼센트도 되지 않는다. 1990년에 쓴 간행물에서 나는 "자신을 위한 목표가 없다면 영원히 다른 사람을 위해 일하게 될 것이다."는 대목을 강조했다. 그 말은 오늘날에도 여전히 진리임에 틀림없다.

당신은 자신의 목적을 이루려고 일할 수도 있지만, 다른 사람이나 회사의 목표를 위해 일할 수도 있다. 가장 좋은 것은 당신이 속한 회사나 조직의 목표를 성취하면서 동시에 자신의 개인적인 목표를 이루는 것이지만, 보통은 이 두 가지 목표 중에 하나만을 위해 일한다.

목표설정은 성공의 비법이다. 명확하고 체계적으로 목표를 세우고 성취를 위한 계획을 수립하는 능력은 당신이 고안할 수 있는 어떤 방법보다 당신의 성공과 행복을 성취하는 데 도움이 될 것이다.

목표설정은 복잡하지 않다. 종이 한 장과 펜 한 자루, 당신만 있으면 시작할 수 있다. 목표를 기록하는 일은 당신의 인생을 극적이고 뜻밖의 방식으로 바꾼다. 사람들의 의욕을 북돋는 데 탁월한 강사인 지그 지글러^{Zig} ^{Ziglar}는 "목표를 기록하면 그저 그런 평범한 사람에서 인생의 중요한 인물이 된다."고 했다.

목표를 종이에 옮기는 행위는 목표를 잠재의식에 입력하는 행위다. 그 잠재의식은 슈퍼의식과 함께 작용하여 하루 24시간 동안 당신의 목표를 이루는 활동을 한다. 심지어 자는 동안에도 이 과정은 진행되는데, 주변의 사람과 여건을 삶 속으로 끌어들여 당신의 목표와 조화를 이루게 한다.

계속해서 목표설정을 하기 전에는 변화의 힘을 믿기 어려울 것이다. 하지만 책 속에서 제시한 대로 목표설정을 계속해 나간다면 결국에는 당신의 삶 전체가 변할 것이다.

〈USA 투데이〉는 2002년 초에 사람들에게 어떤 신년계획을 세웠는지 물었는데, 당시 응답자들의 대답은 크게 두 가지로 분류되었다. 한쪽 무리는 자신의 계획을 글로 적어두었고, 다른 무리는 머릿속으로만 계획을 생각하는데 그쳤다. 2003년 2월 〈USA 투데이〉는 똑같은 주제로 다시 기획 기사를 진행했다.

1년이 지나 작년 응답자들을 다시 인터뷰해보니 계획을 머릿속으로만 생각한 사람들 가운데 단 3퍼센트만이 계획을 달성한 데 반해, 글로 적은 사람들은 무려 46퍼센트가 계획을 달성했다. 계획을 종이에 적는 행동만으로 성취율은 무려 1100퍼센트 차이가 난 것이다.

목표설정의 / 핵심 / 원리

목표를 성취하는 속도에 지대한 영향을 미치는 핵심 원리가 있다. 이것은 당신이 평생 믿고 지속적으로 실행할 수 있는 일이다.

원리 1 : 꿈을 크게 가져라

오로지 큰 꿈만이 모든 잠재력이 발현되도록 동기를 부여하며 고무할 수 있다. 오직 큰 꿈만이 상상력과 에너지를 해방시켜 목표성취 과정에서 겪을 수 있는 어려움을 극복하도록 자극할 수 있다. 또한 당신을 격려하여 매일 목표성취를 위해 열정적으로 일하게 할 수도 있다.

목표를 설정할 때는 이상화를 연습하라. 당신이 할 수 있거나 될 수 있는 모든 것에는 어떤 한계도 없다고 상상하라. 당신의 목표가 시작단계부터 모든 면에서 완벽했다고 상상하라. 그리고 지금 이 목표를 성취하는 것이 불가능하다는 부정적인 생각을 인정하지 말라. 이러한 정신적인 방해물과 변명은 모두 치워라. 목표가 확실한 이상 원하는 모든 것을 성취할 수 있다고 가정하고 목표를 설정하라.

원리 2 : 목표를 현재형으로 기술하라

목표는 현재형으로, 이미 실현된 것처럼 기술해야 한다. 당신의 잠재의식은 오직 현재형으로 진술된 명령만 받아들인다. 예를 들어, "나는 68킬로그램 나간다." "나는 1년에 10만 달러를 번다." "나는 내가 디자인한 3만 7600제곱미터나 되는 아름다운 집에 살고 있다." 등이다. 이러한 목표는 '나'라는 말로 시작해서 동사로 끝난다. 이것이 잠재의식을 작동시키고 슈퍼의식의 힘을 끌어내는 가장 빠르고 직접적인 방법이다.

현재형의 긍정적인 문장으로 된 목표가 잠재의식에 작용하여 목표를 실현할 수 있다는 확신과 믿음을 만들어준다. 더 자주 반복해서 목표를 읽고 말할수록 당신의 목표는 잠재의식 속으로 더 깊이 들어가고, 빠른 시간 안에 목표를 이룰 수 있게 한다.

목표를 잠재의식 깊숙이 뿌리 내릴 수 있게 하는 기법이 두 가지 있다.

첫째, 목표를 매일 다시 기록하라

이 기법은 매일 현재형으로 목표를 다이어리에 반복해서 적는 것이다. 나는 오래 전에 이 기법을 배웠다. 날마다 목표를 반복해서 적음으로써 내 삶이 놀라운 속도로 향상되었다. 목표를 반복해서 기록하기에 가장 좋은 때는 하루를 시작하기 전이다. 이 작업은 5분밖에 걸리지 않지만 모든 정신력을 하루 종일 가동해서 목표달성의 가능성과 기회에 더 민감하게 만든다.

둘째, 목표를 규칙적으로 확인하라

표준확정 기법이라는 목표달성을 위한 탁월한 기법이 있다. 이 기법을 활용하려면 가로세로 3~5인치 크기인 카드식 수첩에 당신의 목표를 현재형 문장으로 카드당 하나씩 큰 글자로 쓰면 된다.

매일 하루 종일 목표 카드를 꺼내서 한 번에 하나씩 복습하라. 각 목표를 읽을 때 카드 위의 글자를 눈으로 촬영하듯 읽어라. 목표성취를 위해서 한 가지 또는 그 이상의 것을 생각하라. 그리고 나서 다음 카드로 넘어가라.

이 두 가지 기법(목표를 매일 다이어리에 기록, 카드식 수첩에 적은 내용을 규칙적으로 복습)을 활용한다면 깊은 잠재의식 수준에서 목표를 성취할 수 있다고 믿기 시작한다. 목표실현을 확신할수록 그것을 향해 더 빨리 나아갈 것이며, 동시에 더 빠른 속도로 실현할 수 있을 것이다. 이 기법을 30일 동안 꾸준히 사용하면 당신 삶에 일어나는 변화에 놀랄 것이다.

원리 3 : 목표에 균형감각을 유지하라

목표는 균형감각을 유지해야 하며, 삶의 중요한 세 부분에 적용할 수 있어야 한다. 바퀴가 부드럽게 돌아가려면 완벽한 균형을 이루어야 하듯이 각각의 목표는 서로 조화로워야 하며 상충해서는 안 된다. 당신이 원하는 유형의 목표는 다음 세 가지로 축약할 수 있다.

1. 진정 무엇을 원하는가?
당신이 원하는 첫 번째 유형의 목표는 사업, 경력 등과 관련된 재정적인 부분이다. 이것은 당신이 삶에서 성취하고 싶은 '무엇'으로, 실제적이고 측정 가능해서 열심히 일한 노력의 결과로 성취하고 싶어진다. 이런 실질적인 목표를 성취할 때는 얼마를 벌고 싶은지, 어느 시기에 얻고 싶은지 반드시 목표치를 명확하게 정해야 한다. 보이지 않는 목표에 역량을 집중할 수는 없다.

2. 왜 목표를 성취하고 싶은가?
당신이 원하는 두 번째 유형의 목표는 건강 등 지극히 개인적인 부분이다. 이것은 당신 삶의 질과 행복을 결정짓는 가장 중요한 목표로, '이유' 목표라고 한다. 당신이 사업, 경력, 재정적인 목표를 성취하고 싶은 근본 이유이기 때문이다.

많은 사람이 일과 경력, 재정적인 목표에 몰두한 나머지 왜 재정적인 부분에서 성공하기를 원했는지 그 이유를 잊어버린다. 그들은 우선순위를 혼동해 결국 삶의 균형까지 흐트러진다. 스트레스를 받으면서 무언가에 떠밀리는 느낌으로 살고, 때로는 분노하며 절망한다. 열심히 일해서 사업과 재정적으로 성공했음에도 더 이상의 평안이나 행복, 만족 등을 누리지 못한다. 이들에게 필요한 건 목표의 우선순위를 바로잡는 것이다. 성공과 재정적인 성취의 본래 목적은 가족과 삶의 질을 높이는 것임을 깨달아야 한다. 그것 자체가 목표는 아니다.

3. 목표를 어떻게 성취할 것인가?
당신이 원하는 세 번째 유형의 목표는 개인적인 면과 직업적인 면에서 모두 성장하고 발전하는 것이다. 이것은 '방법' 목표다. 새로운 기술을 배우고 연습하는 것은 '왜'에 해당하는 부분을 즐기기 위해 '무엇'에 해당하는 것을 성취하는 방법이다. 자기계발로 사업, 경력, 재정적인 목표를 성취하는 유능한 사람이 되는 것이다.

이 세 가지 목표를 동시에 추구하면 균형 잡힌 삶을 유지하면서 앞으로 꾸준히 나아갈 수 있다.

원리 4 : 주요 목표를 확정하라

당신이 원하는 '주요 목표'가 무엇인지 결정해야 한다. 그것은 인생에서 그 어느 것보다 중요한 목표이자 성취하면 다른 것보다 더 많은 것을 얻을 수 있는 목표다.

 인생에 필요한 주요 목표를 확정하는 것은 곧 성공의 출발점이다. 주요 목표를 확정하면 육체적·정신적 에너지를 한곳에 집중할 수 있어 삶에 엄청난 긍정적 영향을 미친다.

목표를 확정하기 전 꼭 필요한 질문들

주요 목표를 확정하려면 다음 몇 가지 질문을 던져야 한다. 이런 질문을 던짐으로써 당신이 누구고 진정으로 하고 싶은 일이 무엇인지 숙고하게 된다.

내일 100만 달러짜리 복권에 당첨된다면 무엇을 하고 싶은가, 즉 삶을 어떻게 바꿀 것인가? 세금을 내지 않는 복권에 당첨되어 백만장자가 된다면 지금과 다른 어떤 삶을 살고 싶은가? 무엇을 더하고 무엇을 덜하고 무엇을 그만둘 것인가? 어디로 가고 누구를 만나고 싶은가? 손 안에 있는 현금 100만 달러로 무엇을 제일 먼저 바꾸고 싶은가?

스스로에게 이런 질문을 던지면 정말 자신이 원하는 것이 무엇인지 분명하게 알 수 있다. 대부분은 재정적인 문제와 제약 때문에 자신을 한정시키고, 진정 무엇을 원하는지 찬찬히 생각해보지 않는다. 그들은 자신을 희생양으로 느끼며, 자기한계 믿음을 갖는다. 펜실베이니아 대학의 마틴 셀리그먼Martin Seligman 박사는 이런 사람들은 '학습된 무력감'을 키워간다고 말한다. 그들은 돈이 없다는 이유로 무력감을 느끼고 상황을 바꿀 수 없다고 생각한다.

100만 달러가 생기면 무엇을 하겠냐는 질문은 실패할 거라는 두려움이 없다면 무엇을 하겠냐고 묻는 것과 같다. 평생 돈 걱정 없이 살 수 있다면 무엇을 하고 싶은지 결정하라는 것이다. 삶에서 재정적인 걱정이 없어진다면 정신이 맑아져 자신이 진정으로 되고 싶고, 가지고 싶고, 하고 싶은 것이 무엇인지 자연스럽게 알게 된다.

자서전을 쓴다면 어떤 내용으로 채울 것인가?
인생의 마지막에 이르러 자서전을 쓰고 있다고 상상해보라. 어떤 삶을 살았다고 쓰고 싶은가? 어떤 사람이었다고 말하고 싶은가? 어떤 종류의 일을 이루었다고 쓰고 싶은가? 인생의 대본을 직접 쓸 수 있고 그것이 마음에 들지 않으면 찢고 새로 쓸 수 있다고 상상해보라.

또 장례식에서 친구들과 친지에게 들려줄 송덕문을 직접 쓴다고 상상해보라. 어떤 내용으로 채우길 원하는가? 당신을 사람들이 어떻게 기억해주길 원하는가? 이런 질문을 하면서 삶의 이야기를 쓴다고 상상하면 마음이 가벼워져 정말 중요한 것이 무엇인지 알 수 있게 된다.

결코 실패하지 않을 것을 안다면, 어떤 원대한 목표를 세우겠는가? 장기적이든 단기적이든, 크든 작든 간에 아무튼 성공이 보장된다면 어떤 목표에 매진하겠는가?
당신의 정신력은 놀라운 것이다. 놀랄 만한 일이 당신의 머리와 손 사이에서 일어난다. 종이 위에 목표를 분명하게 쓸 수 있다는 것은 언젠가는 그것을 이룰 수 있는 능력이 있다는 것이다. 의욕만이 잠재력을 유일하게 제약할 수 있다. 유일한 질문은 '얼마나 처절하게 그것을 원하느냐'다. 성공이 보장되어 있을 때 주요 목표를 확정하는 최선의 기준은 정말 이루고 싶은 목표가 무엇인지 아는 것이다.

가정이나 직장에서 진정으로 무엇을 하고 싶은가? 무엇이 가장 소중한가? 무엇을 이루었을 때 가장 큰 성취감과 만족감을 느끼는가? 하루 종일 한 가지 일만 할 수 있다면 어떤 일을 하고 있을까?

사람들에게 가장 큰 자부심을 느끼게 하는 일이 천직인 경우가 많다. 언제나 기꺼이 할 수 있는 일에 당신의 천부적인 재능이 숨겨져 있을 수도 있다. 당신이 특별한 재능을 보이는 분야에서 일하는 것이 바로 최고의 성취를 이루는 열쇠다. 이런 분야에서 일하는 것이 다른 분야에서 10년 동안 일하는 것보다 더 큰 발전을 가져다줄 것이다.

지금 가장 중요한 세 가지 목표는?

퀵 리스트 기법을 사용해보라. 펜을 하나 들고 30초 동안 이 물음에 답을 신속하게 기록하라. 가장 중요한 세 가지 목표를 이런 방식으로 기록하면 30분이나 3시간에 걸쳐 기록하는 것만큼 정확한 답을 얻을 것이다. 당신의 잠재의식이 모든 부수적인 목표는 버리고, 중요한 지향점이나 목표만을 당신에게 제시할 것이다.

그리고 나서 "지금 가장 힘든 세 가지 염려나 고민은?"이라는 질문을 해볼 수 있다. 답변을 적기 위해 당신에게 30초 여유를 주라.

이 두 가지 질문에 답은 현재 당신의 삶을 제대로 볼 수 있게 해준다.

당신의 세 가지 목표는 거의 항상 재정, 건강, 인간관계와 관련이 있다. 이 세 가지 목표는 또한 당신이 고민하고 염려하는 문제의 해법이기도 하다. 이 세 가지 목표와 고민은 동전의 양면과 같다. 그래서 목표를 성취하면 문제도 해결할 수 있는 것이다.

이 퀵 리스트 기법을 당신 삶의 모든 핵심 분야에 적용해보라. 사업, 가족, 건강, 재정 등 가장 중요한 세 가지 목표를 신속하게 적어보라. 가족이나 동료에게도 이 기법을 소개하자. 그들에게 30초를 주고 인생에서 가장 중요한 세 가지 목표를 적게 하라.

당신의 세 가지 고민과 염려는 당신의 과거, 즉 당신이 어디에서 왔고 무엇에서 벗어나려고 하는지를 말해준다. 세 가지 목표는 당신의 미래와 무엇을 향해 나아가는지 의식적·무의식적으로 나타낸다. 규칙적으로 이 질문을 던지면 당신이 누구고 진정으로 원하는 것이 무엇인지 그 어느 때보다 분명하게 알게 된다. 그리고 목표를 성취하고 문제를 해결하는 데 도움이 되는 아이디어도 점점 더 많이 얻게 될 것이다.

가장 중요한 목표를 성취하려면 어떤 특별한 조치를 취해야 할까? 실행해야 할 조직적인 세부 실천목록이 없는 목표는 청사진 없이 집을 지으려는 시도와 같다. 확정목표가 세부적일수록 목표는 더 빠른 시일 안에 더욱더 많은 일을 실현할 수 있을 것이다.

어떤 한계요인도 상상하지 말라

여기 당신의 목표를 확인하고 인생을 조직할 수 있는 단순하지만 강력한 훈련이 있다. 종이 한 장을 꺼내 앞으로 5년 동안 당신의 사업과 개인적인 삶에서 이루고 싶은 모든 것을 적어라. 시간, 금전, 재능, 인간관계, 소질, 능력에 관한 그 어떤 한계요인도 없다고 상상하라. 목표가 분명하다면 당신이 무엇을 적든 모두 가능하다고 상상하라.

이것을 당신의 직원들과 함께 브레인스토밍으로 연습해볼 수 있다. 앞으로 5년 동안 사업상의 영업, 성장, 수익성, 인사, 제품, 서비스, 물류, 시장점유 등에서 성취하길 원하는 모든 것을 적을 수 있다. 또 가정에서 배우자와 함께 연습해볼 수도 있다.

성서에서는 "빛이 있으라."고 말한다. 미래의 언젠가 이루고 싶은 모든 실행 가능한 목표를 더 많이 적을수록 당신 삶에 더 큰 빛이 비칠 것이다. 앞으로 몇 달, 몇 년 안에 정말 이루고 싶은 것이 무엇인지 더욱더 잘 알게 된다.

목표를 적을 때는 시간, 돈, 결혼 등 제약요건 때문에 포기했을지도 모르는 것을 생각해보라. 목표들이 실현 가능한지, 논리적인지, 이성적인지 신경 쓰지 말고 상상력을 마음껏 발휘하여 가능한 한 많은 목표를 적는 데 집중하라.

우선순위에 따라 목표를 조직하라

예측 가능한 미래의 목표목록을 작성하고 나면 목표목록으로 돌아가서 우선순위에 따라 조직하라. 각 목록 앞에 A, B, C를 붙여 분류하라. 목표를 적어서 비교해야만 각각의 중요성을 확실하고 명확하게 알 수 있다.

 'A'목표는 정말 이루고 싶고, 목표를 이루면 당신을 엄청나게 행복하게 해주는 것이다. 'B'목표는 'A'목표처럼 중요하지는 않으나 목표를 이루었을 때 즐거움을 주는 것이다. 'C'목표는 성취하고 싶은, 즉 하고 싶은 일이지만 'A'목표나 'B'목표만큼은 아닌 것이다.

가장 중요한 목표를 선택하라

'A'목표들을 다른 종이에 옮겨 적어라. 이 목표들을 음미해보고 나서 그 옆에 'A-1', 'A-2', 'A-3'식으로 기록하여 조직화하라.

 'A'목표 중에서 목표를 성취했을 때 당신 인생에 가장 긍정적인 영향을 줄 수 있는 것을 골라라. "이 목록 가운데 어느 것을 성취하면 다른 것들보다 더 큰 행복, 만족, 보답을 줄까?" 하고 스스로에게 물어보라. 이것이 'A-1'목표이다.

 이런 질문을 하면서 'A'목표들을 쭉 훑어라. "이 목록에서 다른 하나를 더 성취한다면, 그것은 어떤 목표일까?" 그것이 'A-2'목표다. 모든 'A'목표를 우선순위에 따라 조직할 때까지 이것을 반복하라.

 마지막으로 가장 중요한 'A-1'목표를 꺼내서 새로운 페이지의 맨 위에 적어라. 이것이 예측 가능한 미래에서 당신이 중요하게 생각하는 확정목표다.

세부적인 실천계획을 세워라

가장 중요한 목표를 선택했다면, 이제 이것을 성취하는 데 필요한 개별행동 목록을 만들어야 한다. 적어도 10~20개 정도의 목표달성에 필요한 일이 떠오를 것이다. 떠올릴 수 있는 모든 것을 적은 다음 각 항목 앞에 'A',

'B', 'C'라고 표시하여 조직화하라. "이 목록 가운데 한 가지만 할 수 있다면 목표달성에 더욱 도움이 되는 것은 무엇인가?" 하고 스스로에게 물어라. 마지막으로 행위목록을 조직화하여 행동계획이 될 때까지 되돌아가서 A-1, A-2, A-3 등을 처음부터 끝까지 적어라.

이 작업을 각각의 'A'목표에서 반복할 수 있다. 종이 맨 위에 현재형 문장으로 목표를 적은 다음 원칙을 세워 목표성취에 도움이 되는 10~20개의 구체적이고 세부적인 행동을 고안해내라. A-B-C 기법을 사용해서 이 목록을 우선순위에 따라 조직화하라. 이 모든 작업을 하는데 고작 한두 시간 정도밖에 걸리지 않기 때문에 일요일 오후에 해도 된다. 이 작업을 하면 우선순위에 따라 조직화된 행동계획이 포함된 명확한 목표목록을 만들 수 있다.

이 목표와 계획의 목록을 만들면 당신은 상위 3퍼센트에 들어갈 수 있다. 자신의 미래를 통제하여 인생을 다른 방향으로 돌릴 수 있다. 이 작업의 결과로 일어날 일은 당신을 완벽하게 감동시킬 것이다. 그러니 꾸준히 시도하여 확인하라.

목표성취 / 능력에 / 터보차저를 / 장착하라

당신의 목표성취 능력을 향상시키는 다섯 가지 기법이 있다. 그 기법은 당신의 에너지와 능력에 '터보차저^{turbo charger : 엔진 출력을 높이는 보조 장치}'를 달아서 지금까지와는 달리 짧은 시간에 더 많은 것을 성취할 수 있게 해준다.

목표를 실재인 것처럼 시각화하라

목표가 이미 실현된 것처럼 여겨 마음에 선명한 그림을 그려보라. 이미 성취된 결과를 누리고 있다고 상상해보라. 눈을 감고서 목표가 실현되면 당신의 모습이 어떨지, 얼마나 즐거울지 생각해보라. 이렇게 시각화할 수 있는 것은 인간이 지닌 뛰어난 능력이다. 잠재의식은 외부세계를 내부세계와 일치시킨다. 이 능력을 사용하려면 외부세계에서 보고 싶은 것의 '정신적 균형자'를 만들면 된다. 나머지는 무의식이 알아서 할 것이다.

끌림의 법칙을 사용하여 영사기를 돌리듯 마음의 화면에 이 그림을 계속해서 그려야 한다. 이 그림은 당신의 잠재의식을 사용해서 끌림의 법칙을 작동시킨다. 이 법칙에 따르면 당신은 '살아 있는 자석'이어서 가장 강렬하게 원하는 것을 이루는 데 필요한 생각, 사람, 자원 등을 끌어당긴다.

당신의 신념을 변화시켜라. 당신이 확실하게 믿는 것은 곧 현실이 된다. 본 것을 믿는 것이 아니라 당신이 믿고 있는 것을 보는 것이다. 당신의 목표가 실현될 수 있다고 믿는 강도와 현실에서 실현되는 속도는 1:1 관계다. 하버드 대학의 저명한 교수이자 철학자인 윌리엄 제임스[William James]가 말했듯이 "신념은 실재적인 사실을 만들어낸다."

생각은 스스로 구상화된다. 목표를 마음속에서 반복적으로 그리면 목표가 실현될 수 있다고 점점 더 강하게 믿게 된다. 믿음이 커질수록 목표는 당신이 상상할 수 있는 것보다 훨씬 빠르게 외부세계에서 구상화된다.

목표가 실현된 것처럼 긍정적으로 생각하라

목표를 이미 성취한 것처럼 분명하게 말하고 확신하라. 이 확언을 열정적으로 반복하라. 당신의 말에 열정, 확신, 강력한 힘을 불어넣어라. 이런 긍정적인 확언을 반복할수록 목표를 성취하라는 명령은 잠재의식으로 점점 깊이 들어간다. "나는 1년에 7만 5000달러를 벌어."라든가, "나는 탁월한 영업사원이야." 하고 확언하면 자아상과 목표의식을 완전히 재구성하게 된다.

결과에 전적으로 책임져라

목표를 이루는 데 필요한 일에 100퍼센트 책임을 져라. "어떤 일이 생긴다면 그것은 내 몫이다."라고 반복하여 중얼거려라. 일을 진척시키지 못한 것을, 성공하지 못한 것을 합리화하거나 변명하지 말라. 대신 목표와 관련된 모든 것에 책임을 져라.

    목표성취와 관련된 모든 것에 책임을 지면 당신을 성공의 길로 인도하는 도움의 손길이 나타날 것이다. 하지만 변명하고 남을 탓하면 오히려 주위의 따돌림을 당하고 필요한 도움도 얻지 못할 것이다. 다른 사람이 목표성취를 도와주기만 바란다면 당신은 오히려 실망만 하게 될 것이다.

믿음을 갖고 실행하라

당신이 원하는 것을 확실히 알았다면, 그 다음으로 해야 할 일은 그것이 결코 실패할 수 없다고 여기며 실행하는 것이다.

    소로우가 말했듯이, "당신의 꿈을 이룰 수 있는 곳으로 자신 있게 가라." 절대적으로 목표를 달성해야 할 것처럼 행동하라. 어떤 위대한 힘이 목표성취를 보장한 것처럼 일상생활 속에서 말하고 행동하라.

작정한 것을 매일 하라

주요 목표를 성취하게 해주는 일을 매일 하라. 한꺼번에 하려면 힘들지만 조금씩 꾸준히 하면 모든 것이 확실하다. 목표에 도달하는 일을 매일 하면, 결국 목표를 이룰 것이라는 확고부동한 믿음을 갖게 된다.

궁극적으로, 모든 목표설정 훈련은 실행할 수 있는 세부적이고 구체적인 실천계획으로 나누는 데서 출발한다. 매일 어떤 일이든 한 가지씩 하면 목표가 얼마나 크고 멀리 떨어져 있든 상관없이 동기와 집중력을 부여한다. 그것이 잠재의식을 독려하고 움직이게 만든다. 목표를 향한 매일의 움직임이 당신에게 힘을 주고 확신을 더해준다.

수입과 / 경력 / 분야에서 / 목표달성

수입과 경력을 쌓는 목표설정에 필요한 다섯 가지 핵심 사항이 있다.

1. 고객만족에 집중하라

모든 사람은 다른 사람에게 봉사함으로써 생계를 꾸려나간다. 무슨 일을 하며 살아가든 당신은 늘 고객을 만족시키는 업무를 하고 있는 셈이다. 당신의 업무는 회사 안팎에서 가장 중요한 고객을 결정하여 그들에게 더욱 훌륭하고 한층 빠른 서비스를 제공하는 것이다.

당신의 고객은 누구인가? 고객은 당신이 더 많이 벌고 더 빨리 승진하기 위해 만족시켜야 할 사람들이다. 고객의 만족은 경력 면에서 당신의 성공을 좌우한다.

　비즈니스에서 사장은 당신의 1등 고객이다. 사장이 원하거나 필요한 일을 해서 그를 만족시키면 당신은 성공할 것이다. 그러나 회사에 있는 다른 모든 사람은 만족시키고, 사장을 만족시키지 못했다면 당신이 수행한 업무 평가는 위태롭기 짝이 없다. 과연 어떻게 사장을 만족시킬 것인가?

　당신이 관리자라면 직원 역시 당신의 고객이다. 직원은 당신의 고객만족이라는 목표달성을 돕는 사람이다. 직원이 당신과 함께 있길 좋아하고, 당신의 태도를 좋아해야 일을 만족스럽게 처리할 수 있다. 뛰어난 사장에게는 늘 생산력이 뛰어난 직원들이 있다. 당신에게 가장 소중한 직원은 과연 누구인가?

　당신의 직접적인 통제력과 영향력이 미치지는 않지만 동업자나 동료 또한 고객이라 할 수 있다. 그들이 잘 도와주느냐 그렇지 않느냐도 당신의 업무 수행 능력에 중요한 영향을 미친다. 당신의 업무 성과를 극대화하는 데 필요한 도움과 협력을 줄 수 있는 주변 사람은 과연 누구인가?

　사업상 가장 중요한 고객은 당신의 상품이나 서비스를 구매하거나 소비하는 사람이다. 고객이 필요한 제품을 시의적절하게 합리적인 가격으로 제공할 수 있는 능력은 당신의 성공뿐만 아니라 사업 전체의 생존에도 영향을 미친다.

2. 고객이 원하는 것을 찾아내라

고객이 누구인지, 만족을 무엇이라고 정의하는지, 내게 어떤 가치를 기대하는지, 어떻게 하면 가장 완벽하게 그들을 만족시킬 수 있는지 계속해서 자문하라.

발전하는 회사는 계속해서 "당신을 더 만족시키려면 우리가 무엇을 해야 할까요? 당신을 더 만족시키려면 다음번에 무엇을 해야 할까요?"라고 고객에게 묻는다. 회사뿐만 아니라 모든 개인 또한 이런 질문을 해야 한다.

비즈니스 세계에서 가장 큰 걸림돌은 사장을 기쁘게 하기 위해 무엇을 해야 하는지 모른다는 것이다. 당신이 규칙적으로 할 수 있는 일 가운데 하나는 사장에게 가서 "저를 채용하신 이유는 무엇입니까? 사장님께서 보시기에 제가 여기서 할 수 있는 가장 중요한 일은 무엇입니까?"라고 물어보는 것이다.

일을 매우 잘하고 있을 수도 있지만, 당신이 하는 일이 사장에게는 그다지 중요하지 않다면 오히려 그것은 당신의 경력을 방해할 뿐이다. 하지만 사장이 가장 필요하고 중요하다고 생각하는 한두 가지 일을 해낸다면 이 일만으로도 당신의 경력은 빠르게 발전할 것이다. 사장의 눈에는 이 일의 달성이 최고 수준의 '고객만족'이기 때문이다.

일로 성공하려면 회사에서 나를 채용한 이유는 무엇이고, 내가 어떤 성과를 내기를 회사는 원하는지 끊임없이 자문해야 한다.

3. 요구되는 최우선의 책임량을 결정하라

"내가 책임져야 할 주요 산출물은 무엇인가"라고 자신에게, 사장에게, 주변 사람에게 끊임없이 질문하라. 바꿔 말하면, '일을 통해서 나한테 어떤 성과를 요구하는지'를 알고 결정한다는 것이다. 책임량을 정의하는 세 가지 방법이 있다.

첫째, 책임량은 측정할 수 있어야 하고 구체적이며 세부적이어야 한다.

종이 위에서 번호를 매겨 명확하게 정의할 수 있어야 한다. 성과책임은 사장을 포함한 제3자가 정의하고 측정할 수 있는 작업의 성과와 양이다. 예를 들어, '다른 사람들과 잘 지내는 것'은 성과책임이 아니다. 그런 행위는 업무를 매끄럽게 수행하는 데 필요할 수는 있으나, 측정할 수 있거나 구체적이지 않기 때문에 성공이나 실패를 가늠하는 핵심 요인은 될 수 없다.

둘째, 책임량은 당신이 통제할 수 있다. 다른 사람에게 의지하지 않고 처음부터 끝까지 당신이 해낼 수 있는 것이다.

셋째, 책임량은 다른 사람을 위해 투입되는 업무 또는 결과물이다. 당신이 생산해내는 모든 것은 다른 사람의 산출물이 되어 그들 업무의 일부가 된다. 당신이 무언가를 판매하면, 그것은 산출물이 되어 다시 조직에 투입된다. 그러면 조직은 생산하고 운송하여 생산물을 소비자에게 공급한다. 결과적으로 회사에서 생산하는 재화나 서비스는 다른 사람의 생활이나 업무의 투입물이 된다.

예를 들어, 당신 회사에서 컴퓨터나 복사기를 생산한다고 하자. 이 기계들은 당신 조직의 산출물이자 다른 조직의 투입물이 되는데, 다른 조직에서는 자신의 산출물을 내기 위해 그것을 이용한다.

당신이 해야 할 질문은 "내가 생산하는 것을 누가 사용해야 하는가? 내가 생산하는 것을 사용하는 조직이나 사람을 만족시키려면 무엇을 해야 하는가? 어떻게 해야 가장 중요한 고객을 가장 잘 만족시킬 수 있을까?"이다. 가장 성공적인 사람이나 조직은 가장 많은 고객이 원하는 것을 그들이 원하는 방식으로 기꺼이 지불할 수 있는 가격으로 제공한다.

4. 핵심 성과영역을 결정하라

사업목표와 경력목표를 설정할 때 계속해서 "나의 핵심 성과영역은 무엇인가?"라고 물어봐야 한다. 오직 당신만 할 수 있으며, 성공하면 조직에 실질적인 변화를 가져다줄 수 있는 일은 무엇인가? 이 질문은 사업과 경력에서 성공하려면 반드시 해야 하는 질문이다.

오직 당신만 할 수 있는 업무가 무엇인지 생각해보라. 당신 아닌 다른 사람은 그것을 할 수 없다. 보통 어떤 일의 핵심 성과영역은 5~7가지를 넘지 않는다. 성공의 관건은 당신이 특정 직위에서 각 핵심 영역업무를 얼마나 잘 수행하느냐에 달렸다. 당신은 여러 업무를 탁월하게 해낼 수도 있다. 하지만 그것이 핵심 성과영역에 포함되지 않는다면 결국 경력에 해가 될 뿐이다. 그 일을 하느라 소비한 시간만큼 성공에서도 멀어진다.

당신이 하는 모든 일에 80/20 법칙을 적용하라. 당신이 하는 모든 일 중 단 20퍼센트만 가치가 있으며, 이 20퍼센트가 전체 가치의 80퍼센트를 차지한다. 따라서 당신이 하는 일의 가치를 결정짓는 상위 20퍼센트의 일을 하는 것은 매우 중요하다.

5. 목표로 관리하라

기업목표 설정에서 가장 효과적인 방법은 '목표관리'다. 이 기법은 그 일에 능통하여 목표를 달성하려면 무엇이 필요한지 아는 사람에게만 적용된다. 또한 이 기법은 개인에게 업무 전체를 위임하게 된다. 목표관리 방식에는 네 단계가 있다.

첫 번째 단계에서는 업무성취 책임이 있는 사람과 협의하여 요구되는 목표와 성과물을 확실하게 결정하라. 성취목표의 내용에 관해 시간을 갖고 분명하게 합의하라.

두 번째 단계에서는 실행계획을 논의하고 합의하라. 목표를 성취하기 위해 어떤 조치를 취해야 하는가? 그 조치는 어떻게 해야 하는가? 성공확률은 어떻게 측정할까? 어떤 성과기준을 사용할까? 일의 성취 여부는 어떻게 판가름하는가? 특히 효과적이고 시의적절하게 일을 하거나 하지 않았을 때의 결과는 어떻게 달라지는가?

세 번째 단계에서는 완성시기를 합의하고 그 시기에 발전된 점과 문제점에 관해 되짚는 단계가 포함된 계획을 수립하라. 일은 언제쯤 끝마칠 것인가? 분명한 마감일과 작업계획을 설정하는 것은 목표관리의 핵심 부분이다.

네 번째 단계에서는 담당자 혼자 일을 할 수 있게 해주라. 일단 성과책임과 실행기준을 분명하게 정의한 업무를 수행 능력이 있는 사람에게 위임한 다음에는 그가 자신의 방식으로 일할 수 있도록 내버려 두라. 위임의 핵심 요소는 일을 완벽하게 위임하여 번복하지 않는 것이다. 그러니 간섭하지 말라. 업무수행에 필요한 모든 조언과 안내와 도움을 제공하되 그 일이 그의 책임이라는 점을 분명하게 하라.

어떤 사람의 능력을 배양하고 자신감을 키우는 가장 효과적인 방법은 중요한 일을 성취할 때 그에게 전권을 위임해보는 것이다. 사람들은 어떤 일의 책임이 전적으로 자신에게 있다는 것을 깨달으면 권한과 책임을 더 잘 느낀다.

자각은 동기를 부여하고 결심을 제공해 끈기와 신념을 갖게 한다. 이는 부모나 관리자가 사람의 능력을 이끌어내고 제 역할을 할 수 있도록 하는 가장 탁월한 방법이다. 그리고 이 방법을 사용하면 많은 시간이 절약된다.

목표를/더욱더/빨리/성취하는/법

어떤 목표를 성취하는 데 사용할 수 있는 중요한 네 가지 사고 기법이 있다. 이 기법을 사용하면 개인목표나 사업목표를 성취할 수 있는 능력이 엄청나게 향상될 것이다.

1. 장애물을 제거하라 　당신과 목표 사이에 있는 장애물이 무엇인지 알아내라. 무엇이 목표성취를 방해하는가? 어떤 이유로 지금까지 성취하지 못했는가? 당신이 설정한 목표의 성취를 제한하는 장애물이나 문제점을 하나하나 꼼꼼하게 적어라. 여기에는 내부 장애물(자신에게 있는 장애물)과 외부 장애물(주변 상황)에 따른 것이 있다.

당신을 붙잡고 있는 장애물을 규정하고 나면 가장 큰 장애물이 무엇인지 확인하라. 이 업무를 수행하는 데 주요 장애물은 무엇인가? 이 장애물을 제거하기로 결심하여 그것이 제거될 때까지 혼신을 기울여 이 문제에 집중하라.

피터 드러커Peter Drucker는 "모든 복잡한 문제에는 다른 문제에 우선하여 해결해야 할 가장 큰 문제가 하나 있게 마련이다."고 했다. 당신의 과업은 작은 문제에 눈을 돌리기 전에 당신을 붙잡고 있는 가장 큰 문제를 발견하여 해결에 힘을 집중하는 것이다.

2. 한계지점을 발견하라   어떤 목표(수입을 늘리거나 판매량을 2배로 증대시키거나 체중을 줄이는 등)를 성취하려고 노력하다 보면 당신이 원하는 곳에 도달하는 속도를 결정짓는 처음 한 걸음이 있다. 이것은 성취 과정에서 맞닥뜨리는 병목지점이자 난관이다. 이런 병목지점을 발견하여 제거하는 것이 목표를 효율적으로 달성하는 데 꼭 필요하다.

80/20 법칙은 이 구속의 법칙(한계요소)에 특별한 방식으로 적용된다. 이 경우 목표성취를 방해하는 80퍼센트는 당신이나 회사 등 내부에 원인이 있고, 단지 20퍼센트만 외부환경에 원인이 있다.

개인효율성에서 가장 먼저 할 일은 목표를 정하는 것이고, 다음으로 "내 안에서 나를 붙잡고 있는 것은 무엇인가?"라는 자문으로 이어진다. 자신을 꼼꼼하게 분석해보면, 목표나 성과달성을 방해하는 요인은 어떤 기술이나 자질, 행동 부족에 있음을 발견하게 된다. 이것이 가장 먼저 해결해야 할 숙제다.

3. 필요한 지식과 기술을 결정하라   목표성취에 추가적으로 요구되는 지식이나 기술을 확인하라. 배워야 할 것은 무엇이고, 알아야 할 것은 무엇인가? 설정한 목표를 성취하기 위해 가장 많이 필요한 지식과 기술, 경험은 무엇인가?

전문연설가 레스 브라운Les Brown이 말했듯이, "지금까지 이루지 못한 것을 성취하려면 지금까지와는 다른 사람이 되어야 한다." 더욱 크고 나은 목표를 성취하기 위해서는 새로운 기술을 개발하고 새로운 지식을 습득해야 한다. 당신을 더 높은 수준으로 계발하지 않고서는 지금 이룬 것 이상을 이루는 것은 불가능하다.

지식이 힘임을 기억하라. 원하는 목표를 성취하는 데 사용될 수 있는 지식만이 진정한 힘이 될 수 있다. 목표성취와 업무달성을 더욱 신속하게 하기 위해 내게 꼭 필요한 실질적인 지식이 무엇인지 자문하라. 그것이 마케팅일 수도, 사람을 관리하는 기술일 수도 있다. 자신에게 꼭 필요한 지식을 발견하는 것이 쉽진 않지만, 목표성취에 필요한 지식을 얻는 일은 성과에 엄청난 영향을 준다.

4. 누구에게 도움받을지 결정하라   개인적으로 또는 사업상 목표를 성취하기 위해 도움이나 협조를 받아야 할 사람이 누군지 확인하라. 누구의 도움이 필요한가? 목표성취에 도움을 줄 수 있는 사람은 누구인가? 목표성취를 가로막는 사람은 누구인가? 시의적절하게 목표를 성취함에 힘을 합쳐야 할 사람은 과연 누구인가?

시간이 오래 걸리는 목표를 설정한 경우 가족의 협조와 이해가 필요할 때가 많다. 회사나 일터에서 유력한 지위에 오르려면 사장이나 동료, 부하직원의 도움이 필요하다.

누구에게 도움을 받아야 하는지 생각해보라. 그들이 당신을 돕도록 만들기 위해 무엇을 할 것인가? 그런 일에는 어떤 것이 있는가? 당신의 목표성취를 도움으로써 그들이 얻을 수 있는 이익은 무엇인가? 다른 사람이 필요한 것을 늘 먼저 생각한 다음에 당신이 필요한 것을 확인하라.

제대로 / 된 / 목표달성을 / 위한 / 반복 / 질문들

여기 당신이 목표를 분명하게 알고 거기에 집중하여 제대로 된 목표달성의 길로 들어서면서 자문할 수 있는 몇 가지 질문이 있다. 이 질문들은 제대로 된 길을, 제대로 가기 위해 끊임없이 반복해야 할 질문이다.

첫째, "내가 하려고 하는 것은 무엇인가?"를 규칙적으로 질문해야 한다. 당신이 일하고 노력해서 얻고자 하는 결과가 정확하게 무엇인가? 이 질문에 답이 애매하거나 흐릿하다면 계획대로 목표를 성취하는 것은 불가능할 것이다.

둘째, "그것을 하기 위해서 어떤 노력을 하고 있는가?"라고 물어야 한다. 지금의 방법은 효과적인가? 당신이 설정한 가정은 무엇인가? 사실이 아닌 것을 가정하고 있지는 않은가? 지금 사용하는 방법보다 더 나은 방법이 있지 않을까?

셋째, "나의 진정한 목표는 무엇인가?"라고 물을 수 있다. 이 목표들이 내 개인적인 삶에 어떤 영향을 미치는가? 왜 지금 이 일을 하는가? 목표를 추구하는 동안 의욕적이고 정력적인 태도를 유지하려면 목표 이면에 있는 진정한 의도를 아는 것이 필요하다.

넷째, 가장 중요한 질문으로 "내 인생의 궁극적인 목적은 무엇인가?"이다. 내가 하는 일의 목적은 무엇인가? 내 가족의 목적은 무엇인가? 삶의 성과물로 달성하고 싶은 것은 무엇인가? 내 인생에서 진정으로 하고 싶은 것은 무엇인가?

시간관리의 출발점은 당신 삶의 모든 영역과 모든 수준의 사업에서 절대적인 확실성을 획득하는 것이다. 사진사가 렌즈를 맞추듯이 당신의 시간과 행동을 달성하려는 가장 중요한 목표와 그 이유에 집중해야 한다.

모든 시간관리 기술은 목표에 대한 명확한 합의를 요구한다. 달성하려는 것이 무엇인지 명확히 하여 가장 중요한 목표나 행동에 정신을 집중해야 한다. 이것이 훌륭한 시간관리의 첫걸음이다.

잠든 시간을 깨우는 시간관리법

1. 명확함이 핵심이다. 다음 한 해 동안 개인적인 삶과 사업의 모든 분야에서 달성할 10개의 목표목록을 만들라. 이미 그 목표를 달성한 것처럼 현재형으로 기술하라.

2. 목록을 보면서 "달성했을 경우 지금 내 삶에 가장 긍정적인 영향을 미치는 목표는 어느 것인가?"라고 적어라. 이 목표를 다음 장의 첫머리에 적어라.

3. 이 목표달성의 세부적인 시한을 정하라. 필요하면 하위항목의 시한도 정하라.

4. 이 목표를 성취하기 위해 할 수 있는 모든 일의 목록을 만들어라. 새로운 행동을 생각해내면 목록에 추가하라. 완성될 때까지 계속해서 보완하라.

5. 목록을 다듬어 계획을 만들라. 가장 중요한 것이 무엇인지 선택하라. 다른 것을 하기 전에 우선적으로 해야 할 일을 결정하라.

6. 극복해야 할 장애물, 추가적으로 배워야 할 지식과 기술, 도움이 필요한 사람을 세부적으로 규정하라.

7. 가장 중요한 목표를 달성하는 행동을 하라. 목표에 접근하게 해주는 일을 매일 하기로 결심하라. 그리고 결코 포기하지 말라.

CHAPTER 03

The Essence of Good Time Management
: Getting Yourself Organized

탁월한 시간관리의 핵심
: 자신을 조직화하기

목표를 이루려면 업무를 세부적으로 계획하고 스스로를 조직화한다.
일을 시작하기 전에 계획하고 조직화하는 데 투자하는 1분은
실제 업무수행에서 10분을 절약해준다.

내 손을 거치는 모든 일에 최선을 다할 것을 인생의 원칙으로 삼아라.
그것을 인격으로 봉인하라.
탁월함을 나의 특성으로 삼아라.

– 오리슨 스웨트 마든

능률적인 사람은 일을 조직적으로 처리한다. 경제적으로 고수익을 창출하는 능률적인 사람은 개인생활과 회사생활을 탁월하게 조직화하는 능력이 뛰어나다. 그렇다면 탁월한 조직화 능력은 그들만의 전유물일까?

다행스럽게도 조직화는 기술이고, 모든 기술은 학습 가능하다. 따라서 우리도 학습하면 조직적이고 효과적이며 능률적인 사람이 되는 법을 배울 수 있다. 이 기술을 배우면 같은 시간 동안 다른 사람보다 훨씬 더 많은 것을 생산할 수 있게 된다.

생산적인 일을 하기 전에 우선적으로 꼭 해야 할 일은 스스로를 완벽하게 조직화하는 것이다. 이것은 탁월한 시간관리의 핵심 기술로 생산성을 극대화하는 데 꼭 필요한 일이다. 일을 시작하기 전에 필요한 모든 것을 미리 준비해야만 최선의 능력을 발휘할 수 있다.

계획에 / 투자하는 / 시간만큼 / 목표달성은 / 비례한다

상위 3퍼센트에 드는 성공한 사람들은 끈기 있고 꾸준한 계획가다. 그들은 계속해서 목표와 이를 달성하는 세부 행동목록을 적고 또 적는다. 그들은 종이 위에서 생각하며 계속적으로 계획을 분석하고 재평가한다.

나는 한때 성공한 사람들이 아까운 시간을 계획하는데 써버리는 것을 이상하게 생각했다. 하지만 나중에 계획하는데 투자하는 시간이 많을수록 계획은 그만큼 더 훌륭하고 단단해진다는 사실을 알게 되었다. 목표성취를 위해 계획을 반복적으로 보강하면 목표는 점점 더 신뢰할 만한 것이 되고, 성취 가능성 역시 커진다.

세부적인 단계를 구상하여 계획하면서 목표달성에 보이는 자신감도 점점 커진다. 쉽게 접근하기 힘든 커다란 목표도 부분으로 쪼개고, 단계를 나누어 분석하며 훨씬 다루기 쉬워진다. 많은 부분을 계획할수록 잠재의식의 더 깊은 곳에 목표가 뚜렷하게 각인되고, 성취동기도 생긴다.

계획을 잘 세우면 그만큼 수익도 크다. 계획에 1분을 투자하면 실행에서 10분을 절약할 수 있다. 다시 말해, 계획에 투자한 시간과 열정은 수익률이 1000퍼센트다.

인생에서 실질적으로 팔아야 하는 것은 시간이다. 상황이나 조건이 같다면 시간을 효과적으로 활용할수록 더 많은 수익을 얻는다. 당신이 해야 할 일은 최고의 ROL$^{Return\ On\ Life}$, 즉 인생에 도움이 되는 귀중한 곳에 시간을 투자하는 것이다. 1000퍼센트 수익률이 보장되는 투자를 어디서 할 수 있겠는가?

사람들은 너무 바빠 앉아서 계획할 시간이 없다고 말한다. 하지만 실상 모든 업무를 세부적으로 계획하더라도 거기에 쏟는 시간은 매일 몇 분에 지나지 않는다. 필요한 시간을 만드는 방법은 무엇을 할 것인지 신중하게 미리 계획하는 것이다. 기억하라, 일하기 전에 계획을 세운다면 실행단계에서 소요된 1분당 10분씩을 절약할 수 있다는 것을 말이다.

피터 드러커는 "계획 없는 실행이 모든 실패의 원인이다."고 했다. 삶에서 실패했던 순간의 상황을 떠올려보면 거기에는 분명 공통점이 있다. 그것은 어떤 결정을 심사숙고하지 않고 내리거나 여러 조건이나 상황을 차분히 고려하지 않고 일에 뛰어들었다는 점이다. 정보를 충분히 수집하지 않았거나 행동에 옮기기 전에 다양한 측면에서 상황을 살피고 여러 가지 여건의 변화를 감안하지 않았을 것이다. 신중하게 생각하지 않은 대가는 언제나 크다.

마찬가지로 비즈니스든 업무프로젝트든 휴가계획이든 실행에 앞서 계획을 잘 세웠을 때 성공적인 성과를 얻을 수 있었을 것이다. 내가 해야 할 일과 그 일을 하여 얻을 예상결과를 숙고할수록 더욱 효과적인 사람이 되고 성과는 더욱 커질 것이다. 즉, 준비단계에서 더 나은 계획, 더 완벽한 계획을 수립할수록 일단 시작했을 때 예상되는 성공 가능성은 더 커진다.

"성공은 많은 양의 훈련에서 나온다."는 속담이 있다. 가장 훌륭한 자기단련은 시작하기에 앞서 모든 것을 곰곰이 생각하고 계획하는 것임을 잊지 말자.

자기조직화를 위한 네 가지 의견

스스로를 조직화하는데 도움이 되는 네 가지 의견이 있다.

1. 단정함은 매우 핵심적인 습관이다   단정함은 개인의 생산성을 높이는 핵심 습관임을 명심하라. 단지 근무공간을 청결하게 하여 조직화하는 것만으로도 생산성과 성과는 엄청나게 늘어날 수 있다. "질서는 천국의 첫 번째 법"이라는 말이 있다. 질서는 이 땅에서도 첫 번째 법이다. 안정감을 느끼고 주변 환경과 자기 삶을 통제하려면 질서의식이 필요하다. 삶에서든 일에서든 작은 부분이라도 정돈을 할 때 우리는 실질적인 기쁨과 만족을 느낄 수 있다.

집이나 서재를 정리하면서 개인적인 삶을 책임지고 있는 듯 느낄 수 있고, 서류가방을 정리하면서 훨씬 능률적인 사람이 된 듯 느낄 수 있다. 개인영역과 회사영역이 잘 정리되어 있으면 자부심과 자존심이 커져 개인으로서도 더욱 큰 힘을 감지하게 된다. 어떤 일이든 잘 헤쳐 나가려는 의지가 더욱 굳어진다.

2. 한 발짝 물러나서 평가해본다   여기 좋은 훈련이 있다. 당신의 책상이나 일터에서 한 발짝 물러나서 "이 책상에서 어떤 사람이 일하고 있을까?"라고 자문해보라.

지갑이나 서류가방을 들여다보며 "어떤 사람이 이런 지갑이나 서류가방을 가지고 다닐까?"라고 질문하라. 차를 들여다보라. 서재를 들여다보라. 당신의 집을, 마당을, 차고를 들여다보며 "어떤 사람이 이렇게 살까?"

라고 질문하라.

그는 중요한 업무를 맡을 만한 사람인가? 맡을 만하다면 왜 그렇고, 아니라면 또 왜 그런가? 중립적인 제3자의 눈으로 자신을 정직하게 평가하라. 무엇이 보이는가?

고위관리자 52명을 인터뷰했더니 그중 50명이 책상이 어질러졌거나 근무환경이 혼란스러운 사람은 승진에서 제외시키겠다고 했다. 아무리 좋은 성과를 낸다고 해도 자신조차 조직화할 줄 모르는 사람에게는 책임 있는 자리나 일을 맡기지 않겠다는 말이다. 이런 일이 당신에게 일어나지 않도록 주의하라.

3. 자신의 상황을 변명하지 않는다   환경이 어수선한 상황에서 일하는 많은 사람이 자신의 지성을 자신에게 해가 되는 일에 사용한다. 그들은 총명함을 이용하여 어지럽혀진 일터를 정당화하거나 상황을 변명한다. 그들은 "뭐가 어디에 있는지 다 알고 있어." "청결한 책상은 병든 마음의 표시야."라는 말도 안 되는 이야기를 한다.

그러나 작업장의 효과성에 관한 시간-동작연구는 이를 자기기만이라고 결론짓는다. 모든 것의 위치를 아는 사람은 자신의 집중을 일이 아닌 물건 위치를 기억하는 데 사용한다는 것이 밝혀졌다.

흐트러진 환경에서 일을 더 잘할 수 있다는 사람들의 말은 대개 옳지 않다. 깨끗하고 훌륭하게 조직화된 환경에서 장시간 일해보라. 자신이 얼마나 효율적이고 생산적일 수 있는지 알면 그들은 놀랄 것이다. 당신 또는 주변 사람이 어지럽혀진 책상이나 근무환경을 정당화하는 경향이 있다면 하루 동안만 깨끗한 책상에서 일해보라. 그 결과에 놀랄 것이다.

4. 깨끗한 책상에서 일한다　다이렉트 메일^{DM} 사업가인 조 슈거먼은 성공에 관한 다섯 가지 법칙을 설명하는 책을 썼다. 그 다섯 가지 법칙 가운데 하나가 "깨끗한 책상으로 매일매일 마감하라."다. 그는 이 법칙을 회사 전체에 철저하게 적용했다. 이러한 정책 덕분에 모든 직원의 능률이 더욱 향상되었고, 그날 할 일을 그날로 마무리 지을 수 있게 되었다. 또한 회사의 성공적인 발전에도 크게 기여했다.

　이 사례를 보고, 나는 이 법칙을 우리 회사에도 소개했다. 모든 직원에게 책상을 늘 깨끗하게 유지할 것과 하루 일과를 마친 다음에도 잘 정돈할 것을 요구했다. 처음 이 요구에 직원들은 반발했다. 그래서 나는 이 법칙을 따르지 않으면 퇴근 후 사무실마다 돌아다니면서 책상 위에 있는 것을 모조리 쓰레기통에 넣어 버리겠다고 엄포를 놓았다. 이 엄포를 실행에 옮기자 모두 내 요구의 심각성을 받아들였다.

　회사에서 가장 지저분한 책상과 환경에서 일하는 간부 한 명은 늘 갖가지 구실로 변명을 늘어놓았는데, 그 역시 더는 변명을 늘어놓을 수 없는 상황에 처했다. 1주일이 채 못 되어 그는 내게 사과했다. "저는 정말 어수선한 분위기에서 일을 더 잘할 수 있다고 생각했습니다. 그런데 정리정돈을 열심히 한 지난주에 평소보다 두세 배 더 많은 일을 해냈습니다. 모든 것이 제자리에 있을 때 훨씬 더 많은 일을 할 수 있다는 사실에 몹시 놀랐습니다."

근무공간을 조직화하는 세 가지 조치

1. 책상을 청소한다 책상에서 지금 하는 일에 필요한 것 외에는 모두 치운다. 필요한 물건은 서랍이나 수납장, 쓰레기통, 선반이나 바닥에 둔다. 책상을 조직화하는 작업을 시작함으로써 깨끗하고 안정감 있는 작업공간으로 만드는 데 모든 노력을 기울인다. 당신 앞에는 일을 시작할 때 품었던 오직 한 가지 가장 중요한 목표만 존재해야 한다.

2. 필요한 것을 모두 갖춘다 어떤 업무를 시작하기 전에 나한테 필요하다고 생각되는 모든 것을 근처에 둔다. 훌륭한 요리사는 요리를 시작하기 전에 필요한 모든 재료를 미리 갖춰둔다. 당신도 전문가로서 어떤 일을 시작하기 전에 필요한 모든 도구를 갖추어야 한다. 일을 시작하면 작업에 필요한 모든 것이 손에 닿는 거리에 있어야 한다.

3. 서류는 단 한 번만 다룬다 모든 서류는 단 한 번만 다루기로 한다. 일단 서류를 집으면 무엇을 할지 결정하고, 그렇지 않으면 아예 집지 않는다. 하나를 들고 질질 끄는 것보다 옆에 쌓아두었다가 다음에 제대로 처리하는 게 더 낫다.

문서업무를 / 잘하는 / 방법

1. 버린다   가정이나 사무실에서 사용할 수 있는 최고의 시간관리 도구는 쓰레기통이다. 읽을거리에서 시간을 절약하는 가장 빠른 방법은 그걸 버리고 아예 안 읽는 것이다. 이 방법은 스팸메일, 불필요한 기부금 목록, 상품안내문 등 목표와 무관한 모든 것에 적용할 수 있다.

몇 달 동안 굴러다니는 인쇄물을 처치하는데 쓰레기통을 사용한다. "이걸 안 읽어 생기는 피해는 없을까?" 하고 질문한 뒤 피해가 없다는 결론이 나는 즉시 최대한 빨리 버리는 것이 상책이다. "이 정보가 필요한 것이라면 다른 곳에서 얻을 수는 없을까?"라는 생각이 든다면 과감하게 버리는 것이다.

내 근무공간을 청결하게 유지하는 원칙은 "미심쩍으면 과감히 버리라!"다.

2. 다른 사람에게 맡긴다   내 업무를 다른 사람에게 맡길 수 있다. 서류를 집으면 이 일을 더 잘 처리할 수 있는 다른 사람은 없는지 자문한다. 개인의 업무관리에서 성공하는 핵심 사항 가운데 하나가 그 일을 더 잘할 수 있는 다른 사람에게 맡기라는 것이다. 이 방법을 사용하면 시간이 좀 더 자유로워져서 중요한 일을 더 많이 할 수 있다.

3. 행동으로 옮긴다   일부 문서는 행동으로 옮길 수 있다. 편지쓰기, 제안하기, 메시지 전달하기 등 개인적으로 처리해야 하는 것들이다. 파일 하나에다 '행동'이라는 이름표를 달아둔다. 더 좋은 방법은 붉은색 파일을 구해서 모든 행동사항을 모아서 눈에 잘 띄는 곳에 두는 것이다. 이 파일을 가

까이 두고 처리해야 할 일이 생기면 파일에 꽂아두고 다음에 처리한다. 즉시 처리해야 할 일은 곧바로 실행하고 치운다.

4. 나중에 참조할 수 있도록 모아둔다 문서를 모아둘 수도 있다. 그러나 무엇을 모아두기 전에 언제나 서류의 80퍼센트는 불필요하다는 점을 명심하라. 서류를 파일에 넣어두면 일거리만 쌓인다. 서류를 파일에 넣기 전에 "이 서류는 다음에 꼭 필요한 것인가?" "이 정보를 사용할 수 없을 때 어떤 손해를 보는가?" 하고 자문한다.

피해가 없거나 다른 곳에서 얻을 수 있는 정보라면 그 서류를 버린다. 책상을 깨끗하게 유지하고 파일 역시 그렇게 한다.

넘쳐나는 서류, 간행물 등의 인쇄물을 처리하기 위해 쓰레기통을 사용하는 초기에는 어려움이 있을 수 있으나, 실행하다 보면 버린 것 가운데 지극히 일부만이 다음에 필요하다는 사실을 알게 된다. 서류를 모아두기보다는 버림으로써 많은 시간을 절약할 수 있다.

가장 중요한 것은 서류를 집었을 때 무엇인가 해야 한다는 점이다. 서류를 집으면 어떤 행동이라도 해야 한다. 그렇지 않을 거면 조금 옆으로 치워두는 것이 현명하다. 가장 심각한 시간낭비는 계속해서 같은 서류를 읽었다 내려놓았다를 반복하는 것이다.

5. 치운다 무엇이든 끝내고 난 것은 완전히 치워 업무를 끝마쳐라. 업무가 완전히 끝날 때까지 거기에 집중하는 훈련을 하라. 청결한 작업공간에서 일을 시작하고 마쳐야 한다는 것을 명심하라.

업무완성과 관련하여 아주 재미있고 심리학적으로도 검증된 사실이 있다. 인간의 두뇌는 일이 크든 작든 간에 무엇인가를 끝마치면 '엔도르핀이 쇄도'하도록 설계되어 있다고 한다. 크고 중요한 일을 해내면 행복감과 환희는 더 클 것이다. 일을 마칠 때마다 부수적인 업무도 마무리한다는 원칙을 세운다면, 머지않아 성취동기가 고취되어 빨리 더 중요한 일을 시작해서 완성하고 싶어질 것이다.

시작한 것은 끝마치는 습관을 들여라. 일을 끝마치고 치우도록 다른 사람에게도 가르치고 권하라. 특히, 자녀에게 모범을 보여줌으로써 자신의 일을 성취하도록 하고, 그것을 끝마쳤을 때는 그에 맞는 적절한 보상을 하라. 일을 처리한 뒤에 치우는 습관은 가장 배우기 힘든 것이기는 하나 평생 도움이 된다.

시간관리 / 도구와 / 기법

최고의 생산성과 탁월한 조직화를 위해 실행해야 할 다섯 가지 시간관리 도구와 기법이 있다. 짧은 시간 안에 익힐 수 있는 것으로, 평생 동안 효과성과 능률을 향상시켜주는 고마운 기법이다.

괴테가 말했듯이 "쉬워지기 전에는 모든 것이 어렵다." 좋은 습관도 기르기는 어렵지만 일단 기르고 나면 생활이 편해진다. 당신이 사업을 하는 내내 도움이 된다.

1. 플래너를 사용하라   가장 먼저 필요한 시간관리 도구는 계획을 세우고

인생을 조직화하는 데 필요한 모든 것이 포함된 시간계획시스템이다. 고리로 된 수첩이든 전자식이든 탁월한 시간계획표는 1년이면 1년, 1달이면 1달, 1주일이면 1주일 등 기간에 상관없이 계획을 세우는 데 큰 도움이 된다. 좋은 시간계획표에는 업무, 목표, 필요 행동 등을 기록할 수 있는 주요 목록란이 있고, 이 주요 목록이 시간계획시스템의 핵심이다. 여기에서 월별, 주별, 일별 업무할당이 이루어진다.

두 번째로 필요한 시간관리 도구는 달력이다. 이것을 활용하면 시간을 조직화하고 몇 달 앞의 계획을 세울 수 있다. 제대로 된 시스템을 사용하면 주요 목록의 업무를 해당 날짜에 정확하게 할당할 수 있다.

마지막으로 필요한 도구는 매일의 목록이다. 이 일별목록은 개별목록 중 가장 중요한 도구이다. 어떤 이는 이를 '실천사항'이라고 부르는데, 윈스턴 처칠은 자신의 일별목록을 '오늘의 행동'이라고 표현했다.

2. 작성한 리스트에 근거해 일하라 잘 나가는 임원들은 모두 그날 해야 하는 일의 목록을 기준으로 일한다. 해야 할 일을 목록으로 정리하는 것은 생산성을 극대화하는 데 필요한 매우 뛰어난 도구라 할 수 있다.

일은 엄청나게 많은데 시간은 부족해서 늘 쫓기는 비능률적인 임원은 목록이 없거나 있더라도 잘 활용하지 않는다. 그들은 모든 것을 기록하자는 제안에 반대한다. 그들은 언제나 울려대는 전화와 긴급 상황과 전자우편 때문에 정신이 없다.

일별목록의 올바른 활용은 그날 하루 동안 해야 할 모든 업무를 기록하는 것에서 시작한다. 당신이 목록을 사용하는 첫날 효율은 25퍼센트 증대될 것이다. 일을 시작하기 전에 목록을 만들기만 해도 8시간에 2시간 꼴로 생산적인 시간을 확보할 수 있다. 일의 목록이 생기면 그 어떤 시간관리 도구보다 신속하게 혼란에서 벗어나 질서를 찾을 수 있다.

지금 엄청나게 많은 일에 질려 있다면, 곧 해야 할 모든 일을 목록에 적어 순서를 정하라. 당신의 시간과 삶을 통제할 수 있고, 일에 안정감을 느낀다.

작성한 일별목록에 따라 일을 하는 도중에 새로운 일이 발생하기도 한다. 전화로 회신을 해야 하는 일이 생기기도 하고, 새로운 우편물을 처리해야 하기도 한다. 이러한 경우라도 모든 일을 실행하기 전에 목록에 적어라.

간혹 급해 보이는 일이나 요구사항이 생길 때도 있다. 그럴 때 다른 사항들과 함께 목록에 적어보면 중요도를 정확하게 파악할 수 있다. 다급해 보이는 일도 막상 그다지 중요하지 않음을 깨닫기도 한다.

3. 목록에 우선순위를 매겨라 매일매일 행동해야 할 목록을 만들고 나면 다음 작업은 우선순위에 따라 조직하는 것이다(우선순위를 결정하는 여러 방법은 4장에서 소개한다).

목록 조직화는 아침부터 저녁까지 효율적인 방법으로 당신을 안내할 것이다. 이 안내로 당신은 무엇을 해야 하고 어떤 것이 중요한지 알 수 있고, 이 목록을 하루의 청사진으로 사용하는 습관을 기를 수도 있다. 그러니 목록을 조직화하기 전에는 일하지 말라.

4. 시간관리 도구는 어떤 것이든 상관없다 PDA나 컴퓨터에서 제공하는 시간관리시스템은 정말 훌륭하다. 어떤 분야에서 무엇을 하건 컴퓨터를 이용한 디지털 시간관리시스템의 도움을 받을 수 있다. 자유자재로 정보나

파일을 올리고 다운로드 받을 수 있고, 정보를 해체하거나 병합할 수도 있다. 게다가 목표와 계획을 직접 기입할 수 있는 틀을 제공하는 시간관리시스템도 많이 있다.

어떤 시간관리시스템과 계획표를 선택하느냐는 그렇게 중요한 문제가 아니다. 대부분 기능이 뛰어나며, 생산성을 2배, 3배로 향상시키는 데 필요한 모든 여건을 갖추고 있다. 정말 중요한 것은 자연스럽게 시간관리시스템을 사용하는 습관이 생길 때까지 계속해서 사용하는 것이다. 어느 정도 시간관리시스템에 익숙해지려면 시간이 필요하지만, 한 번 익숙해지면 생산성과 효율성은 날로 증대될 것이다.

5. 45-파일시스템을 구축하라   앞으로 2년 동안의 시간과 일정을 미리 조직화할 수 있는 간단한 방법이 있다. 이름 하여 '45-파일시스템'이라 한다. 이것은 앞으로 2년 동안의 활동을 계획하고 조직화하는 비망록이다. 기능은 다음과 같다.

먼저, 파일이 14개 첨부된 파일상자 45개를 구한다. 파일상자 45개를 1부터 31까지 일별로 해당하는 숫자를 붙인 31개와 1월부터 12월까지 12달에 해당하는 숫자를 붙인 월별 파일 12개로 나눈다. 남은 두 파일은 다음 두 해를 위한 것이다.

향후 6개월 이내의 약속이나 업무가 있다면 월별 파일에 적어둔다. 그리고 매달 초에 그 달의 할 일을 가져다가 일별 파일에 1부터 31까지 번호를 붙여 날짜별로 분류하여 적는다. 매일 파일을 꺼내보고 하루의 계획을 시작하면 된다.

이 시스템을 구축하는데 걸리는 시간은 몇 분이다. 이 '45-파일시스템'

을 사용하면 장거리전화나 업무, 약속 따위를 빠뜨리는 일이 없을 것이다. 시간을 통제하는데 매우 유용하고, 이후 해야 할 일의 질서도 잡아준다.

개인생활을 조직화하는 일곱 가지 방법

자신의 개인생활을 조직하여 생산성을 극대화하는 일곱 가지 방법이 있다. 이 방법을 학습하면 매일 더 많은 일을 해낼 수 있을 것이다.

1. 전날 밤에 미리 준비하라   저녁이나 밤에 다음 날 할 일의 목록을 만든다. 가장 좋은 훈련은 퇴근하기 전에 그날의 일과를 마무리하면서 다음 날 계획을 세우는 것이다. 전날 밤에 계획을 세우면 잠을 자는 동안에도 잠재의식이 계획과 목표에 작용한다. 그렇게 자고 아침에 깨어나면 그날 일에 도움이 되는 착상과 영감을 얻는 경우도 많다.

때로는 일을 준비하다가 문득 해법이 떠오르기도 한다. 그것은 문제점이나 일에 새로운 관점을 발견했거나 더 나은 접근법을 깨달았기 때문이다.

하루 일과를 전날 준비하면 좋은 다른 이점은 잠을 더 편안하게 잘 수 있다는 것이다. 불면증의 주요 원인은 다음 날 해야 할 일을 잊지 않기 위해 깨어 있으려는 데 있다. 목록에 해야 할 일을 모두 적어두면 마음이 맑아져 깊이 잠들 수 있다.

2. 시간표를 작성하라   시간계획을 세우면 스트레스가 줄고 기운이 난다. 하루, 한 주, 한 달 단위로 계획을 짜서 조직화하면 안정감과 행복감을 느낄 수 있다. 삶이 든든해지고, 자존감이 향상되고 자신의 능력을 더욱 신

뢰하게 된다.

3. 하루를 일찍 시작하라 앉아서 차분히 생각하고 계획하는 일에 많은 시간을 투자할수록 삶의 모든 분야가 훨씬 정돈되고 조직화된다. 성공한 사람들의 전기나 자서전을 보면, 대다수가 적당한 시간에 잠자리에 들어 일찍 일어나는 습관이 있었다. 성공한 사람들은 아침 5시나 5시 반에 일어나서 하루계획을 충실하게 세웠다.

어떤 일을 하기 전에 짧은 시간 동안 묵상하면 실제로 일에 소요되는 몇 시간을 절약할 수 있다. 일찍 일어나 하루계획을 미리 세우면 하루 종일 머리가 맑고 평안하며 창의력을 발휘할 수 있다.

4. 조직적인 파일시스템을 사용하라 가정과 직장에서 계획적으로 조직적인 파일시스템을 사용하라. 하루 근무시간의 30퍼센트가 부적절한 일거리를 골라내는 데 소비된다. 그렇게 소비된 시간은 제대로 분류·정리되지 않았기 때문에 버려지는 아까운 시간이다.

가장 간편하면서 효과가 뛰어난 파일시스템은 인덱스시스템이다. 파일시스템에는 모든 목록을 한눈에 볼 수 있는 상위목록이 있어야 한다. 상위목록에는 각 파일의 이름과 위치가 표시되어 있다. 이 인덱스시스템 중 가장 훌륭한 도구가 바로 롤로덱스(회전식 명함정리기)인데, 가정에서도 다양한 용도로 사용할 수 있다.

5. '최고의 시간'에 가장 중요한 일을 하라 '최고의 시간'에 창의적인 일을 할 수 있도록 삶을 구축하라. '최고의 시간'은 생체시간 중에서 머리가 가장

맑고 생산적인 때다. 대부분 '최고의 시간'은 아침시간이지만, 사람에 따라 저녁이 될 수도 있다. 작가나 예술가, 연예인 중에는 '최고의 시간'이 이른 아침인 경우가 많다.

따라서 가장 중요한 사업계획을 작성하려면 자신의 '최고의 시간'을 알아야 한다. 중요한 일을 하기 위해서는 마음이 평안하고 머리가 맑고 창의력이 활발해야 하는데, 당신은 하루 중 어느 시간대가 이런 상태인가?

외부적인 최고의 시간도 알아야 한다. 이 시간은 고객이 기꺼이 응해주는 때를 말한다. 내부적으로나 외부적으로 '최고의 시간'을 구성하는 데 노력해야 한다.

6. 답변과 메모에 녹음기를 사용하라　녹음기는 시간을 절약하는 매우 탁월한 장비이다. 이 기계를 익히면 필기시간의 80퍼센트를 줄일 수 있다. 손으로 쓰거나 타이핑하는 시간의 20퍼센트 또는 그 이하의 시간이 소요된다. 녹음기는 타이핑 시간도 절약해준다. 녹음된 테이프를 듣고 옮겨 적는 것이 필기된 내용을 해석하는 것보다 훨씬 쉽다.

녹음기를 사용할 때 최고의 효율성을 확보하기 위해 기억해야 할 세 가지 핵심 사항이 있다. 첫째, 구술할 내용의 개관을 적어라. 시작하기 전에 주제목과 부제목을 적어라. 테이프에 녹음하기 전에 머릿속에 문장구조를 생각해보라. 더 나은 말을 찾을 때까지 되돌아가서 지우고 다시 녹음하는 작업을 반복하라.

둘째, 완벽주의자가 되려 하지 말라. 때때로 자연스러운 대화체 목소리가 가장 훌륭하고 문법적으로도 정확하다. 언제든지 되돌아가 주요한 실수를 바로잡을 수 있다. 처음부터 완벽하게 적거나 구술하는 것보다는 옮겨 적은 것을 편집하는 것이 훨씬 쉽다.

    셋째, 당신의 생각을 가능한 한 빨리 구술하는 데 집중하라. 그 뒤에 되돌려서 다듬어 완성하라. 오래지 않아 교정이나 편집이 전혀 필요 없는 완벽한 편지나 보고서를 구술하게 될 것이다.

7. 여행의 생산성을 높여라   개인적인 조직화가 가장 중요한 부분이 바로 여행이다. 특히, 항공기 여행이 그렇다. 휴스 에어웨스트 항공사는 몇 년 전 컨설팅회사에 의뢰하여 일등석과 일반석, 일반사무실의 업무효율성을 비교한 적이 있다. 1시간 동안 방해받지 않는 비행기 안에서 일하는 것이 일반사무실에서 3시간 일하는 것보다 더 낫다는 사실을 발견한 것이다. 여기서 핵심 요인은 '방해받지 않는 상황'이다. 공항으로 떠나기 전에 업무를 미리 잘 계획하면 여행 중에 많은 일을 해낼 수 있다.

잠든 시간을 깨우는 시간관리법

1. 업무를 누구보다도 훌륭하게 조직화하겠다고 오늘 당장 결심하라. 잠재의식이 이 명령을 받아들일 때까지 "나는 훌륭하게 조직화하여 모든 업무에서 효과적이다!"고 반복해서 말하라.

2. 시작하기 전에 모든 것을 적어라. 언제나 목록을 보고 일하라. 그리고 새로운 항목이 생기면 실행하기 전에 목록에 추가하라.

3. 사용하기에 편한 시간계획표를 고른 뒤(예를 들어, 디지털이나 종이 등) 시간을 투자하여 사용법을 배워라. 절약한 시간과 증가된 생산성은 엄청날 것이다.

4. 책상이나 근무공간을 청소하여 늘 청결한 상태를 유지하라. 스스로를 독려해서 최우수 실적 사원의 표상이 돼라.

5. 일을 시작하기 전에 필요한 모든 것을 갖춰라. 그리고 한 번에 가장 중요한 일 한 가지만 하라.

6. 각 서류는 두 번 이상 다루지 않도록 집어 들면 어떤 조치라도 취하라. 될 수 있는 한 맡기고 보류하며 버려라. 그게 아니면 즉시 처리하라.

7. 특히, 항공여행을 할 때는 시간을 잘 활용하라. 잘 조직화하면 한 번의 여행에서 하루의 성과 전체를 얻을 수도 있다.

CHAPTER 04

Establishing Proper Priorities

우선순위 정하는 방법

손에 잘 맞는 장갑이 편하듯이,
내 신념과 지금 내가 하고 있는 일이 잘 맞아야 한다.
최고의 업무성과를 올리는 첫걸음은 내 가치관에 근거하여
중요하다고 판단되는 목표와 업무를 결정하는 것이다.

성공은 흩어진 힘을 한 방향으로 집중시키는 과정이다.
- 제임스 앨런

당신의 목표, 과제, 해야 하는 활동의 우선순위를 정하는 일은 개인효율성을 제고하는 데 핵심이다. 물론 우선순위를 정하는 것은 쉽지 않다. 하지만 굳이 하지 않아도 되는 일을 목숨 걸고 열심히 하는 경우도 많다. 당신은 이런 관행이란 물결을 거슬러 헤엄치는 법을 배워야 하며, 최소저항의 법칙을 깨는 법을 익혀야 하며, 당신의 인생을 진정으로 바꿀 수 있는 것에 집중하는 법을 배워야 한다.

여기에 개인적인 일과 비즈니스의 우선순위를 정하는 이미 입증된 여러 가지 방법이 있다. 그것은 무관한 일보다는 관련된 일을, 그저 급하기만 한 일보다는 중요한 일을, 쉽고 재미있어서 즉각적인 효과를 볼 수 있는 일보다는 장기적인 성과를 가져오는 일을 선택할 수 있도록 조직적으로 사고하는 방법이다.

내 가치관에 근거하라

올바른 우선순위를 정하는 일은 자신의 가치관에서 출발한다. 내게 정말로 중요한 것은 무엇인가? 중요한 것 가운데서도 가장 중요한 것은 무엇인가? 내가 신봉하는 것은 무엇인가? 무엇을 지지하는가? 개인영역과 사업영역에서 우선순위를 정하기 전에 내가 무엇에 가치를 두는지 명확히 하는 것이 필요하다. 이것은 효율성 증대에 매우 핵심적인 사항이다.

내 활동과 가치관이 일치할 때 업무수행은 최고조에 이르고, 자존심은 더욱 강력해질 수 있다. 손에 잘 맞는 장갑이 편하듯이, 내 신념과 지금 내가 하는 일이 잘 맞아야 한다.

반면에 내 가치관과 활동이 부합하지 않거나 관련성이 부족하면 스트레스를 받고 불만이 쌓인다. 일을 할 때마다 갈등을 느끼고 스트레스를 받는다. 그러므로 최고의 업무성과를 올리는 첫걸음은 내 가치관에 근거하여 중요하다고 판단되는 목표와 업무를 결정하는 것임을 잊지 말라.

자유롭게 선택하라

우리는 늘 무엇인가를 선택한다. 언제나 후한 점수를 주어야 할 것과 그렇지 않은 것을 고른다. 가치관과 관련된 선택을 잘못하면 크게 좌절하거나 실패할 수도 있다.

내가 가장 가치를 두는 것이 무엇인지 아는 가장 좋은 방법은 자기 행동을 살펴보는 것이다. 우리는 언제나 그때그때 가장 중요하게 여기는 가치에 근거하여 행동한다. 행동만이 나의 진정한 신념을 말해준다.

자신을 알고 싶으면 자기 행동을 살펴보라. 매일 그리고 매시간 자신이 하는 선택을 주의 깊게 관찰하라. 특히 시간을 활용하는 방식을 집중해서 살펴보면, 그 사람의 진정한 가치관과 우선순위를 가장 잘 알 수 있다. 내 선택이 진정한 나를 말해준다.

가치순위

우리는 가족, 일, 인간관계, 사적인 삶 등에서 다양한 가치판단을 하고 있고, 당연한 이야기지만 늘 낮은 순위의 가치보다는 높은 순위의 가치를 선택한다. 그 상황에 맞춰 가장 중요한 가치를 골라내는 것이다.

두 가지 대안에서 하나를 선택해야 할 때 자신이 가장 중요시하는 가치가 무엇인지 밝혀진다. 가치의 순위에 따라 내가 하는 선택은 곧 내 인격과 개성을 결정한다. 가치의 우선순위를 바꾸는 것은 나 자신을 바꾸는 것이다.

유사한 가치를 지녔더라도 우선순위에 따라 얼마든지 다른 사람이 될 수 있다. 빌과 톰이라는 사람이 있다. 그들은 가족, 건강, 사업성공이라는 같은 목표가 있으나 우선순위는 서로 다르다. 빌의 우선순위는 가족, 건강, 사업성공이다. 가족이 건강보다 우선이고 건강이 사업보다 우선이다. 시간분배를 고민할 때마다 가족을 항상 우선시한다. 톰은 빌과 중요 가치는 같지만 우선순위는 사업성공, 가족, 건강이다. 사업성공이 가장 중요하고, 그 다음이 가족, 마지막이 건강이다.

여기서 한 가지 의문을 가져볼 수 있다. 빌과 톰의 개성과 인격에는 차이가 있을까? 큰 차이가 있을까 아니면 사소한 차이에 지나지 않을까? 당신 같으면 두 사람 중 누구를 친구로 삼고 싶은가? 누구를 더 신뢰하고 더 편하게 대할 수 있을까? 사람을 가치관이라는 관점에서 평가하면 해답은 늘 명확하다.

내 가치관이 바로 나 자신

진정으로 소중하게 여기는 것은 행동과 선택으로만 표현된다. 많은 사람이 가족이 우선이라고 말한다. 하지만 시간과 생활을 조직하는 방식을 살펴보면 일, 골프, 사교, 기타 활동을 가족보다 더 중요하게 여김을 분명히 알 수 있다. 그 사람의 시간분배로 중요도가 확연히 드러나기 때문이다.

결혼하기 전과 결혼해서 아이가 있는 경우의 가치관 또한 크게 다르다. 다른 이들에 대한 의무가 없는 독신일 때는 일, 사교, 여행, 오락, 스포츠, 기타 활동 등이 중요 가치가 될 수 있다. 하지만 결혼해서 아이가 생기면 중요 가치는 엄청나게 변한다. 거의 매일 밤 배우자나 자녀가 다른 일보다 더 우선한다. 그래서 중요 가치가 변하면 다른 사람이 되는 것이다.

시간관리와 우선순위 설정의 출발점은 내가 누구인지, 내가 정말 중요하게 여기는 것이 무엇인지 곰곰이 생각해보는 것이다.

직관에 귀 기울여라

지금 하는 일이 가장 잘 맞는 일인지는 '내적 평화 테스트 inner peace test'로 확인할 수 있다. 중요 가치와 일치하는 일을 할 때면 사람은 언제나 내적 기쁨을 느끼기 때문에 그 일이 나한테 적합한지 판별할 수 있다.

보통 직장에서 좋아하지 않는 일을 많이 하게 된다. 결과적으로 직장에 절망하고 만족하지 못하게 되는데, 그 일이 잘못돼서 그런 것이 아니다. 단지 어떤 특정한 일이 그에게 적합하지 않기 때문이다.

이 점을 이해하는 것이 매우 중요하다. 좋아하지 않기 때문에 본능적으로 피하는 일이나 작업이 있다. 이런 경우 일이나 회사가 잘못 되었다고 생각하기 쉽다. 하지만 그 일이 틀린 것이 아니고 다만 나한테 잘 맞지 않을 뿐이다. 회사는 좋은 회사지만 그 속에서의 내 지위가 나의 중요 가치, 신념, 재능 등과 부합하지 않을 뿐이다.

자신을 성찰하라

나는 삶의 어떤 부분에서 가장 큰 기쁨과 만족을 느끼는가? 내 삶의 어떤 부분이 가장 성공적인가? 나의 기본 가치와 신념에 부합하는 활동은 어떤 것이 있는가? 또 어떤 점에서 부합하는가?

우선순위를 정하여 삶을 조직할 때 모든 것을 원하는 방식으로 변화시킬 수 있다고 생각하라. 회사가 내 소유여서 하루 종일 즐겁게 할 수 있는 일로 업무를 설계할 수 있다고 상상해보라. 나는 어떻게 회사를 변화시킬 것인가?

업무에 제로베이스 사고$^{\text{zero-based thinking}}$를 적용해보라. "현재 있는 정보로 오늘 그 일을 하지 않는다면, 나중에도 이 일을 할까?"라는 질문을 반복적으로 하라.

세미나에서 나는 자주 'C' 단어를 강조한다. 이 단어는 '용기^{Courage}'를 나타낸다. 중요 가치와 중요하게 여기는 것들에 근거하여 자신과 삶을 점검할 때는 사고의 과정이 어디로 향하건 그것을 따를 수 있는 용기를 지녀야 한다. 삶과 업무방식을 근본적으로 변화시킬 수 있는 일이기 때문이다.

마음의 평화나 개인적인 행복을 중요하게 여긴다면 조용히 물러나서 객관적으로 자신의 삶을 성찰해야 할 것이다. 삶을 체계적으로 살펴본 다음 내면의 평화와 개인적인 행복을 빼앗는 상황이나 활동이 있다면 이를 조정하거나 제거할 필요가 있다.

중요 가치가 명확해야 우선순위도 명확해진다

가정이나 직장에서 중요 가치를 명확하게 정하고 나면 우선순위는 수월하게 설정할 수 있다. 얼마 전에 대규모 사업장에서 중요 가치를 설정하는 훈련을 진행한 적이 있었다. 훈련을 시작할 당시 그 회사에는 250개의 사업이 진행 중이었다. 그런데 진정한 중요 가치와 능력을 결정한 뒤에는 진행 중인 250개 사업 가운데 80퍼센트가 중단되었다. 중요 가치를 명확화하는 작업을 실행하면서 회사는 더 만족을 느끼고, 가장 잘할 수 있는 일에 집중하게 되었다.

파레토 법칙을 적용하라

일단 중요 가치를 결정하면, 삶의 모든 영역에 80/20이라는 파레토 법칙을 적용해야 한다.

   이 법칙은 1895년에 이 이론을 처음 정립한 이탈리아 경제학자 빌프레도 파레토Vilfredo Pareto의 이름을 따서 파레토 법칙이라고 명명되었다. 파레토는 몇 년 동안 연구한 끝에 인간을 두 부류의 집단으로 구분할 수 있다는 결론을 내렸다. 전체의 20퍼센트에 해당하는 첫 번째 집단을 '중요한 소수'로 명칭했는데, 이 집단이 이탈리아 전체 부의 80퍼센트를 지배했다. 나머지 80퍼센트는 '하찮은 다수'로, 이들은 전체 부의 20퍼센트만 차지할 뿐이었다.

   실험이 진행되면서 이 80/20 법칙을 모든 경제활동에도 적용할 수 있음이 밝혀졌다. 이 법칙에 따르면, 당신이 하는 모든 활동 중 20퍼센트만 가치가 있으며, 이 20퍼센트는 전체 중요 가치의 80퍼센트에 해당한다는 것이다. 즉, 하루를 시작할 때 실행목록에 10개의 사항이 있다면 그 가운데 2개가 나머지 모두를 합친 것보다 더 가치 있고 중요하다는 것이다. 그래서 일을 시작하기 전에 상위 20퍼센트의 업무를 우선적으로 결정해야 하는 것이다.

80/20 법칙

비즈니스를 하다 보면 고객의 20퍼센트가 매출의 80퍼센트를 책임지고 있음을 알게 된다. 상품이나 서비스의 20퍼센트가 수익의 80퍼센트를 담당하는 것이다. 전체 영업사원의 20퍼센트가 실적의 80퍼센트를 달성하고, 고객의 20퍼센트가 전체 문제의 80퍼센트를 일으킨다. 이처럼 80/20 법칙은 뛰어나다.

개인적인 삶에서도 이 법칙은 적용된다. 가족에게 제공하는 서비스 중 20퍼센트만 80퍼센트의 성과, 보답, 만족을 가져온다. 외식하러 나갈 때도 익숙한 20퍼센트의 식당만 찾고, 좋아하는 식당에 가서도 80퍼센트 비율로 같은 메뉴를 주문한다.

일을 시작하기 전에 "지금 내가 하려는 일이 전체 만족의 80퍼센트를 가져다주는 상위 20퍼센트에 드는 일인가?" 늘 자문하라. 매일매일 모든 시간에 이 법칙을 적용하여 일하라. 행동하기 전에 시간을 갖고 생각해서 당신과 회사에 가장 큰 이익을 주는 상위 20퍼센트 일에 집중하라.

급한 / 일과 / 중요한 / 일을 / 분리하라

우선순위를 정할 때는 먼저 급한 일을 중요한 일에서 분리해야 한다. 긴급한 일이 중요한 일인 경우는 거의 없으며, 중요한 일이 긴급한 경우도 거의 없다.

긴급한 업무는 즉시 처리되어야 하는 일일 뿐이다. 긴급한 일은 사장이나 고객처럼 외부에 존재하는 세력 때문에 긴급한 사항으로 결정된 것이다. 전화통화나 동료의 간섭이 이에 해당한다. 이러한 상황은 모두 '면전에서 일어나기 때문에' 긴급하다. 하지만 장기적인 시각에서 보면 상황은 크게 달라져 보인다.

우선순위 결정에서 가장 중요한 단어는 '중대성'일 것이다. 중요하다는 것은 당신의 실행 여부에 따라 심각한 잠재결과를 내포한다는 뜻이다. 중요하지 않은 것은 그에 따른 수반결과가 없는 것이다. 실행 여부가 전혀 문제되지 않는 경우도 있다.

반면에 중요한 일은 잠시 연기될 수도 있다. 이것은 당신 인생에 장기적으로 더 크고 중요한 결과를 수반하는 중요한 일이다. 그러나 시작단계에서는 좀처럼 긴급하지 않다.

내 목록에서 가장 비중 있는 것은 긴급하면서 중요한 일이다. 그것은 즉시 실행되어야 한다. 실행에 따른 중요 잠재결과가 있기 때문이다.

먼저 일과를 조정하여 긴급하면서 중요한 일부터 하라. 이는 즉시 실행해야 하며 시한이 빡빡한 경우가 많다. 긴급하면서 중요한 일을 한 다음에는 중요하지만 긴급하지 않은 일에 집중하라. 장기적으로 중요한 잠재결과를 수반하는 일에 시간을 투자할수록 더 큰 효율과 성과를 얻을 수 있다.

한계사항을 확인하라

우선순위를 정하는 주요 기법은 '제약요인법칙 limiting step principle'을 따른다. 나와 성취목표 사이에는 성취속도를 좌우하는 병목 같은 한계요인이 늘 존재한다. 일을 할 때마다 던지는 "내가 이 일을 빨리 완수하는 데 결정적인 요인은 무엇인가?"라는 질문이 효율성을 결정한다.

이 제약요인분석 법칙을 매일 매시간 업무에 적용하라. "이 업무를 신속하고 정확하게 성취하는 데 제약이 되는 것은 무엇인가?"라고 지속적으로 질문하라. 그것이 무엇이든 즉시 제약을 완화할 조치를 취하라. 이것이 최우선순위의 업무이고, 이 제약요인을 완화하는 것이 목표달성의 지름길이다.

예를 들어, 직장에 정시에 도착하고 싶다면 집과 직장 사이에 존재하는 교통량이 제약요인일 수 있다. 그러나 교통량은 늘 같다. 그러니 제약요인을 없애려면 교통량을 감안해서 그만큼 일찍 집을 나서면 되는 것이다.

모든 업무에 제약요인분석을 적용하라

크건 작건, 단기건 장기건 당신의 목표를 점검하여 목표달성 속도를 결정짓는 제약요인을 확인하면 일정대로 목표를 달성하는 데 필요한 행동을 구체적으로 알 수 있을 것이다. 또한 제약요인을 확인하고 나면 모든 힘을 기울여 이것을 극복할 수 있다. 목표를 더욱 빨리 달성하고 싶은가? 그렇다면 모든 지성과 창의력을 동원하여 제약요인을 제거하라.

이 작업을 하면 첫 번째 요인 뒤에 숨어 있던 다른 요인을 곧 발견할 것이다. 효율성의 핵심은 이렇게 지속적으로 제약요인분석 작업을 수행하는 것이다. 계속해서 "이 목표를 달성하는 속도를 결정짓는 것은 무엇인가?"라고 질문하라.

자신과 회사를 살펴보라

80/20 법칙은 제약요인분석에 특별한 방법으로 적용된다. 가정이나 직장에서 성공에 관여하는 제약요인 80퍼센트는 바로 당신에게 있다. 단, 20퍼센트만이 상황, 회사, 환경에 있다. 이는 중요한 발견이다. 대부분의 사람은 문제의 원인을 외부에서 찾는다. 반면에 지혜로운 사람은 자신이나 자기 회사에서 문제를 찾는다.

대부분의 경우 개인적인 목표를 달성하지 못하는 이유는 기술, 능력, 자질, 재능 등이 부족하기 때문이다. 외부에서 겪는 문제나 좌절은 언제나 내부의 결핍이 반영된 결과다.

내가 가진 원칙은 "이룬 적이 없는 목표를 달성하려면 이전에 배우지 못한 기술을 계발하여 숙달하라."다. 이는 중요한 목표를 달성하려면 지금까지와는 전혀 다른 사람이 되어야 한다는 말이다. 결핍된 기술과 자질을 계발해야 한다는 것이다.

자신을 외부에서 고용된 컨설턴트라 생각하고, 조용히 뒤로 물러나서 현재 상황을 객관적으로 분석해보라. 그리고 "나를 또는 우리 발목을 붙잡고 있는 것이 무엇인가?" 하고 자문해보라.

나를 붙잡고 있는 다른 요인

나는 영업 컨설턴트를 할 때 이 과정을 처음부터 끝까지 해볼 수 있게 도와준다. 우선 영업목표 2배라는 가상목표를 설정한다. 그리고 나서 "이 회사에서 영업목표를 2배 달성하는 데 방해가 되는 요인은 무엇인가?"라고 묻는다.

    가장 자주 듣는 답변은 "우리가 달성한 영업량"이다. 이 답변이 옳다면 영업량 2배라는 잠정목표를 설정한다.

    그 다음에 "당신의 영업량을 제약하는 요인은 무엇인가?"라는 질문을 한다. 이 질문에 여러 각도에서 다양한 답변을 제시할 수 있다. "우리는 충분한 영업활동을 하지 않았다."고 생각하면 영업횟수를 증가시키는 방법을 찾는 것이 해답일 것이다.

    또 "우리 영업사원이 잠재고객에게 충분한 영업활동을 하지 않고 있다."고 답한다면 훈련과 자기계발로 영업사원의 기술과 능력을 향상시키면 되는 것이다.

제약요인을 정확히 확인하라

영업실적이 부진한 이유가 "잠재고객이 경쟁사 제품을 더 많이 구입하기 때문"이라고 한다면 상품이나 서비스에 변화를 주거나 품질을 향상시키거나 새로운 다른 고객과 시장에 집중하거나 새로운 상품과 서비스를 개발하거나 다른 유통망을 활용하거나 하는 것 등이 부진을 완화하는 방법이 될 수 있다.

    또 그 이유가 "고객이 우리 제품을 찾지 않는다."일 수도 있다. 이런 경우에는 광고가 더욱 효과를 발휘할 수 있도록 한다거나 영업의 전문성을 더욱 강화한다거나 잠재고객에게 상품을 설명하는 방법을 보강하는 등의 해답을 구할 수 있다. 마찬가지로 영업실적을 향상시키려고 광고 효과를 높이거나 광고 매체를 바꾸는 등의 방법을 취할 수도 있다. 가격이나 구매조건, 상품

크기, 포장 등의 변경도 가능하다. 이처럼 모든 답변을 얻는 노력, 즉 한계요인을 발견하는 데 투자한 시간은 제약요인을 완화하여 영업실적 향상이라는 소기의 목표를 달성할 수 있는 구체적인 행동을 결정한다.

제약요인분석에 관심을 기울일수록 제약요인을 극복하고 달성하는 데 집중해야 할 분야와 목표를 더 정확하게 선택할 수 있다. 우선순위를 제대로 결정하여 많은 시간과 노력을 아낄 수 있다. 기억하라, 최악의 시간활용은 필요하지도 않은 일을 매우 잘하는 것이라는 사실을 말이다.

미래의 / 결과를 / 생각하라

우선순위를 설정하면서 우리 사고는 다양한 훈련을 거치는데 '미래효과', 즉 미래의 결과를 고려하는 것 또한 훌륭한 방법이다. 업무의 가치와 중요성을 평가하는 방법에는 업무의 실행 여부에 따라 수반되는 결과를 살펴보는 것이 있다. 삶이나 업무에 고도의 잠재적인 영향을 미치는 것은 우선순위가 높은 일이다. 장래에 영향을 거의 미치지 않는 일은 우선순위와 가치가 낮은 업무다.

예를 들어, 시간관리를 알려주는 이 책을 읽고 여기 제시된 의견을 당신 생활과 업무 방식에 도입하면 생산성, 업무수행, 성과를 배가시킬 수 있을 것이다. 목표를 훨씬 더 많이 달성하여 회사에도 기여하고, 분야에서 최고가 될 수도 있을 것이다. 이런 전제하에서는 이 책을 읽고 적용해 시간관리에 유능해지는 것은 당신에게는 최우선순위의 일이다. 이것은 당신의 장기적인 미래에 중요한 영향을 미치기 때문이다.

가족과 함께 시간을 보내는 것은 가족의 행복과 건강이라는 분야에 잠재적으로 장기적인 영향을 미친다. 그래서 인생에서 중요한 사람에게 투자한 시간은 최고의 우선순위를 차지하는데, 내 미래에 큰 영향력을 미치기 때문이다.

반면에 텔레비전 보기, 신문 읽기, 인터넷 검색하기, 친구와 함께 나가서 식사하기 등은 우선순위가 낮은데, 그 행동들이 장기적인 면에서 내 미래에 큰 영향력이 없어서다.

"이 업무를 수행하면 어떤 결과가 일어날까?"라는 질문을 계속하라. 이 행동으로 발생하는 결과가 중요하다면 우선순위 목록의 맨 위를 차지해야 한다. 이 일을 하는 것이 다른 어떤 일보다 뛰어난 시간활용인 셈이다.

창의적으로 미루어라

해야 할 일은 많으나 시간은 너무 적기에 모든 사람은 삶에서 무언가는 실행을 뒤로 미룬다. 한 연구에 따르면, 회사 임원들에게는 지금 당장은 시간이 없어 하지 못하나 언젠가 마무리해야 할 사업, 책임업무, 독서자료 등에 평균 300~400시간이 필요하다고 한다.

모든 것을 할 수 없기 때문에 우리는 많은 일을 뒤로 미룬다. 나한테 정말 중요한 일을 하기 위해서는 지금 당장 하지 않아도 될 일을 합리적인 수준에서 미루는 것이다. 미룰 때도 80/20 법칙을 적용해야 한다. 중요도가 낮은 80퍼센트의 일을 연기하여 확보한 시간을 가장 중요한 20퍼센트의 업무를 수행하는 데 써야 한다.

투자한 시간에서 얻는 수익을 생각하라

중요 가치와 투자시간 대비 수익이라는 관점에서 보면, 업무가 10개 적힌 목록에서 언제나 2개가 나머지 8개보다 더 중요하다. 이 업무 2개가 거의 중요하지 않은 나머지 업무 8개에 비해 500퍼센트의 투자시간 대비 수익률을 올려준다. 즉, 5배는 더 중요하다는 의미다. 이 중요한 업무 2개에 집중하면 투자한 시간 대비 가장 높은 이익을 얻을 수 있다.

효과성은 제대로 된 일을 하는 것이고, 효율성은 일을 제대로 하는 것이라고 한다. 리더와 관리자의 큰 차이는 리더는 제대로 된 일을 하고, 관리자는 단지 일을 제대로 할 뿐이라는 것이다. 우선순위 설정에서는 일을 제대로 하는 것보다는 제대로 된 일을 하는 데 더 집중해야 한다. 피터 드러커에 따르면, 지식노동자로서 당신의 첫 번째 업무는 '해야 할 일'을 결정하는 것이다. '방법'과 '시기'에 관한 질문은 그 다음이다. 기억하라, 할 가치가 없는 일이라면 제대로 할 가치도 없다는 것을 말이다.

우선순위 : 후위순위

우선순위를 설정하는 작업에서 중요한 부분은 후위순위도 결정하는 것이다. 우선순위가 높은 일은 좀 더 많이 하고 더 빨리 하고, 후위순위가 높은 일은 더 적게 하고 늦게 해야 한다. 즉, 우선순위는 빨리 시작하여 가능한 한 빨리 완수하고, 후위순위는 일을 중단하거나 더 이상 진행하지 않는다.

우리는 한 번에 한 가지 일만 할 수 있다. 매일, 매주를 시작할 때 "내가 그만두어야 할 일은 무엇인가?" 하고 물어봐야 한다. 무엇을 제거할 것인가? 어떤 활동을 없앨 것인가? 오늘 하는 일 가운데 다시 선택하지 않을 일은 무엇인가?

멈춰라

지금 하는 일을 멈추는 만큼만 내 시간을 통제할 수 있다. 뒤로 한 걸음 물러나서 삶과 일을 객관적으로 바라보며 "내 인생에 중요한 일을 하기 위해 어떤 일을 멈춰야 할까?"라고 물어야 한다.

새로운 일을 시작하기도 전에 내 일정은 이미 꽉 차 있다는 것을 명심하라. 나는 이미 엄청난 양의 일에 치여 잠시의 짬도 없다. 나는 "어떤 일을 한다는 것은 다른 것을 하지 않는다는 뜻이다."는 '배타적 선택 법칙'의 영향력 아래에 있다.

새로운 업무나 일을 하기 전에 곰곰이 생각해서 지금 당장 하지 않아도 될 일이나 제외할 일을 결정해야 한다. 더 중요한 일을 하려면 업무목록에 있는 일을 어떻게 연기하고 누구에게 위임할 것인지 결정해야 한다. 새로운 일에 들어선다는 것은 오래된 일에서 벗어난다는 의미다. 업무를 시작하기 전에 무엇을 그만둘지 곰곰이 생각해보면 정확한 우선순위를 정하는 데 큰 도움이 된다.

ABCDE 기법

우선순위에 따라 업무를 조직화하는 방법 가운데 매우 큰 조력자는 ABCDE 기법이다. 이 기법은 날마다 일을 시작하기 전에 활동목록을 재검토하라고 요구한다. 활동목록을 재검토한 다음 각 활동 앞에 알파벳 ABCDE 가운데 하나를 적는다. 잠재적인 결과라는 관점에서 업무를 조직화한다.

'A'목록

A업무는 꼭 해야 하는 매우 중요한 일이다. 하지 않으면 심각한 결과가 발생한다. 긴급하고 중요하며 하지 않았을 경우 심각한 결과를 초래하는 일 앞에 'A'라고 적어 두라.

여러 개의 'A'업무가 있을 경우에는 중요도에 따라 각 항목 앞에 A-1, A-2, A-3 등을 적어 조직화하라. 일을 시작할 때는 언제나 A-1업무부터 하라. 이것이 가장 중요하다.

'B'목록

B업무는 해야 하는 일이다. 하지 않거나 실패하면 그리 심각하지 않으나 좋지 않은 결과가 뒤따른다. 마치지 못한 A업무가 있다면 B업무를 해서는 안 된다는 법칙이 있다. 동료의 질문에 답하거나 편지에 회신하는 일 등이 B업무다.

'C'목록

C업무는 하면 좋으나, A업무나 B업무만큼 중요하지는 않아 하지 않아도 되는 일이다. 실행 여부에 따라 큰 변화가 초래되지 않는다. 신문을 읽거나 점심을 먹으러 나가는 일 등이 해당한다.

가능한 한 모든 것을 위임하라 – 'D'목록

'D'는 위임을 나타낸다. 무엇을 하기 전에 나만이 할 수 있는 중요한 일을 할 시간을 확보하기 위해 이 일을 다른 사람에게 맡길 수는 없는지 생각해 봐야 한다.

가능한 한 모든 것을 제거하라 – 'E'목록

'E'는 제거를 나타낸다. 당신과 다른 사람에게 별로 중요하지 않기 때문에 제거해도 되는 많은 일이 매일 업무목록에 끼어든다. 그리 중요하지 않은 일을 그만둘 수 있는 만큼만 내 시간을 제어할 수 있다. 더 많은 일을 그만둘수록 일의 성패에 영향을 미치는 A업무에 더 많은 시간을 투자할 수 있다.

업무를 / 재설계하라

개인적인 업무재설계 과정 역시 우선순위를 결정하는 데 꼭 필요하다. 재설계에서 주안점을 둘 것은 단순화다. 지속적으로 '단순화' 작업에 노력을 기울여 복잡하거나 분주한 일을 처리하는 과정을 개발해야 한다.

　업무재설계 과정에서 끊임없이 위임, 연기, 축소, 외부위탁, 제거 등을 모색해야 한다. 위임할 때는 최소한 당신만큼 일을 잘하면서 비용은 더 저렴한 사람을 찾아야 한다. 그리고 즉시 할 필요가 없는 일을 미룰 수 있는 방법을 찾아야 한다. 업무 규모나 복잡성을 줄이는 축소 방법을 찾아야 한다. 외부위탁을 할 때는 그 업무에 정통한 사람이나 조직을 찾아서 업무의 일부분을 완전히 넘겨줘야 한다. 제거할 때는 일을 중단할 수 있는 방법을 찾아야 하는데, 특히 현시점에서 더 이상 중요하지 않은 경우에는 더욱 그러하다.

　외부위탁, 위임 등으로 업무를 다른 사람에게 넘기면 나 아니면 안 되는 일에 오롯이 집중할 수 있는 여유가 생긴다. 이것은 최우선순위 업무를 성취하려면 반드시 해야 할 작업이다.

개인적인 / 우선순위를 / 설정하라

일에서 주요 목표(자존감, 자긍심, 자부심을 불러일으키는 핵심)는 개인적으로, 조직적으로 효과성을 증대시키는 것이다. 한층 효율적이며 생산적인 사람이 될수록 나는 더 행복해지고 더 승승장구한다. 이것이 시간관리의 초점이다.

스스로에게 다음 질문을 던져라. 개인적인 우선순위를 훌륭하게 결정할 수 있을 것이다.

1. 내 고유한 재능과, 장점, 능력은 무엇인가?
2. 내가 잘했던 일은 무엇인가? 지금까지 어떤 기술, 능력, 성과 등이 내 성공을 이끌어 왔는가?
3. 다른 사람에게는 어려운 일인데, 나는 신속하게 잘해낸 일이 있는가?
4. 지식과 기술을 향상시킬 경우 두각을 나타낼 수 있는 분야는 무엇인가?
5. 내가 진정으로 하고 싶은 것은 무엇인가?

대부분 인생의 성과는 자신이 잘할 수 있는 몇 안 되는 제한적인 분야에서 이룬다. 리더의 특징 가운데 하나는 매우 잘할 수 있는 분야의 지위와 업무만을 선택한다는 것이다. 즐겁게 할 수 있거나 아주 잘할 수 있는 일이 아니면 거절하는 것이다.

어느 분야에서 잘할 수 있는가

자신의 과거 경험과 성공, 업무수행 등을 깊이 검토하여 무엇을 정말 잘했는지 확인하라. 자신이 아주 탁월하게 수행했던 일을 확인하는 것은 삶,

일, 에너지 등을 당신과 당신 직장에서 필요한 분야에 집중하는 데 매우 중요하다.

　업무수행에 도움이 되는 핵심적인 능력과 기술을 계발해야 어떤 일에서든 성공할 수 있다. 자신이 하는 분야에서 최고가 되려면 어느 한 부문에서 아주 뛰어나야 한다. 이런 의미에서 '잘하는 것'은 '탁월한 것'의 적이다. 많은 사람이 자기가 하는 일을 잘하게 되면 자만하여 더 이상 성장하려 하지 않는다. 자신이 정말 잘해보고 싶은 일에 집중하기보다는 자기보다 못한 사람과 비교하여 자만하는 것이다.

가치증대 방법을 찾아라

모든 일과 역할의 이유는 '가치증대'다. 당신이 채용된 이유도 어떤 종류의 가치로 회사에 기여하기 위해서다. 이 가치가 다른 사람의 가치와 결합하여 소비자에게 판매되는 제품이나 서비스가 된다. 가치를 제공하는 능력이 성과물, 보답, 사업의 성공을 결정짓는다.

　"내가 하는 일 가운데 어떤 일을 어떻게 했을 때 회사에 가장 큰 가치를 기여할 수 있는가?"라고 자문하라. 당신의 일을 꼼꼼하게 분석해보면 당신이 회사에 기여하는 가치의 90퍼센트 이상을 제공하는 중요한 업무가 세 가지 있음을 알 수 있다.

　"하루 종일 한 가지 일만 한다면 어떤 행동이 회사에 가장 크게 기여할까?"를 자문하라. 일단 이 질문에 답변한 다음, "다른 일 한 가지를 더 한다면 어떤 일일까?"라고 질문해보라. 마지막으로 한 가지를 더 한다면 그게 무슨 일일지 질문함으로써 세 번째 핵심 영역에 이를 수 있다.

삶을 조직화하여 우선순위를 정하는 목적은 이 세 가지 업무에 더 많은 시간을 투자하기 위해서다. 이 세 가지 업무를 다른 것보다 잘해내면 회사에 더욱더 많은 기여를 하게 돼 당신은 핵심 인재로 거듭날 수 있을 것이다.

성공의 비밀

몇 해 전, 나는 세계 최고의 보험영업사원을 만났다. 그는 매년 100만 달러 이상의 생명보험을 계약했다. 그에게는 같이 일하는 직원이 42명 있었는데, 이들은 계획에서 제안준비, 행정업무, 은행업무, 광고, 판촉, 고객서비스까지 모든 업무를 담당했다. 그리고 그는 자신이 세계에서 제일 잘할 수 있는 일이라고 판단한 대면계약과 잠재고객 접촉에만 집중했다.

그는 대면회의와 접촉을 연구하고 준비하는 시간으로 매일 2시간씩 할당했다. 그는 생명보험과 자산설계에서 최고의 전문가가 되었다. 그만의 고유한 재능은 생명보험과 자산설계 영역에서 고객의 니즈에 맞게 조언하고 고객에게 가장 탁월한 결정을 하도록 돕는 것이다. 그 밖의 나머지는 모두 위임했다.

어느 분야에서 탁월한가

스스로를 분석하면서 다음 질문을 던져라.

1. 내가 다른 사람보다 잘할 수 있는 일은?
2. 경쟁력이 높은 나의 장점은?

3. 내가 탁월한 분야는?
4. 나만의 영업계획은?
5. 나는 어느 분야에서 탁월해질 수 있는가?
6. 나는 어느 분야에서 탁월해져야 하는가?
7. 최대한의 기여를 하기 위해 개발해야 할 기술은?

이 질문에 하는 답변은 개인효율성과 훌륭한 업무수행에 꼭 필요한 핵심 요소다.

탁월한 업무수행에 전력을 기울여라. 내가 일하는 분야에서 최고 10퍼센트 안에 들겠다고 지금 당장 다짐하라. 내가 상위 10퍼센트에 들기 위해 배우고 개발해야 할 핵심 기술이 무엇인지 결정하라. 이 기술습득을 목표로 설정하여 기한을 정하고 계획을 세워서 매일 학습하라.

핵심 업무를 더 잘하라

우선순위 설정과 시간관리의 핵심은 내가 하는 많은 일 가운데 다른 것보다 중요한 몇 가지 일을 더 잘하는 것이다. 당신이 하는 일에 능숙해질수록 더 짧은 시간 안에 일을 완수할 수 있다.

'일에 정통하는 것mastery'을 경력목표로 설정하라. 하고 있는 일에 정통할 때 진정으로 행복하고, 성공적이며, 진짜 얻고 싶은 것을 얻을 수 있다. 누구나 전문가가 될 수 있지만, 결코 쉽지 않다. 내가 하는 일에서 최고가 되려면 매일 몇 시간씩 연구하고 훈련하면서 5~7년 동안 열심히 노력해야 한다. 지름길은 없다.

미래에 시간을 투자하라

세미나와 회의장에서 이 주제를 거론할 때마다 많은 참석자가 한숨을 쉬며 눈을 감는다. 그들은 성공한 사람들이 기꺼이 지불했던 노력이란 대가 없이도 인생의 선두로 껑충 뛰어들 수 있다고 생각하는 것 같다. 그 자리에 오르기 위해 애써야만 하는 수백, 수천 시간의 노력을 건너뛰는 쉽고 빠른 길만 찾으려고 한다.

때때로 이런 말도 한다. "5년은 너무 길어!" 그러면 나는 "어찌 됐건 시간은 흘러가게 되어 있다."고 말한다.

오늘부터 5년 뒤에 당신은 얼마나 더 늙어 있을까? 정답은 5년 더 늙는다는 것이다. 다른 말로 하면, 어떻든 간에 시간은 흐르게 마련이다. 정곡을 찌르는 유일한 질문은 "5년 뒤에 당신은 그 분야의 어디쯤에 있을 것인가?"다.

다행히도 장기적인 목표 아래 그 분야의 전문가가 되려고 노력한다면 반드시 그 분야의 최고가 된다는 점이다. 희생을 각오하고 성공의 대가를 미리 제대로 치른다면 결국 성과를 얻을 것이다. 나 자신 외에는 최고의 길에 오르는 것을 방해하는 사람이 없으며, 오직 나 자신만이 포기라는 이름으로 그 길을 막을 뿐이다.

하루 종일 우선순위에 따라 사고하라

사업의 모든 분야에 80/20 원리를 적용하라. 당신 회사가 제공하는 제품과 서비스 가운데 가장 유익한 것이 무엇인지 확인하라. 최고의 가치를 제공하는 상위 20퍼센트 사람이 누구인지 확인하라. 회사에 최고의 가치를 제공하는 직원 20퍼센트에 누가 속하는지 찾아보라. 앞으로 당신의 영업 실적 80퍼센트를 책임질 20퍼센트의 기회는 어떤 것이 있을까? 당신의 사업을 80/20이라는 렌즈를 통해 보라. 가장 큰 변화를 가져올 수 있는 이 활동을 꼭 이루어내라.

어떤 상품, 어떤 서비스, 어떤 경쟁력이 회사에 가장 큰 성과와 수익을 안겨줄 수 있는가? 무엇이 회사를 지금의 모습으로 만들었는가? 미래에 크게 성공할 수 있는 확실한 방법은 지금 이룬 성공의 원인을 확인해보는 것이다. 이것은 앞으로 더욱더 우월하고, 그 우월함을 유지하는 디딤돌이 된다.

우선순위를 설정할 때는 업무를 분명하게 분석하고 완벽하게 이해하라. 어느 분야에서 어떤 방식으로 경쟁사보다 우월한가? 신제품을 개발하거나 기존의 상품을 향상시키려면 어느 분야를 개척해야 하는가? 회사가 잘해낼 수 있는 영역을 정하고, 회사가 가진 탁월한 영역과 경쟁력 있는 분야를 확인하라.

회사의 우선순위를 분석하라

일관된 기준으로 회사와 제품, 서비스 등에 관한 '전체적인 선별 과정'을 거친다. 선별 과정이라는 개념은 제1차 세계대전에서 기인한다. 서부전선 전투에서 부상자가 너무 많아 의료부대가 모두를 소화할 수 없었다. 의사와 간호사도 부족했다. 난관을 극복하기 위해 기존의 병실을 세 부류로 나눴다. 첫 번째 부류는 치료 여부에 관계없이 죽을 사람들이었다. 이들은 따로 모아 편안하게 해주었다. 두 번째 부류는 경상을 입어 치료 여부에 크게 좌우되지 않고 살아날 사람들이었다. 이들은 신속하게 처리되었다. 세 번째 부류는 즉각적인 의료 조치가 있어야 살아날 수 있는 사람들이었다. 이들은 치료를 받지 않으면 죽을 것이기에 의료진의 모든 관심이 이 부류에 집중되었다.

제품과 서비스를 세 부류로 나누어라

이 집단적 선별 과정을 제품과 서비스에도 적용할 수 있다. 제품과 서비스를 승자, 생존자, 패자(또는 캐시카우$^{cash\ cows}$, 별^{stars}, 개^{dogs}로 불린다) 세 분류로 나눈다.

어떤 제품과 서비스가 승자로 분류되는가? 매출이 크고 이윤을 많이 내서 안정적인 현금수입을 보장하는 종류가 승자로 분류된다. 이 상품은 많은 정성을 기울여야 하지만 즉각적이거나 긴급한 관심이 필요한 것은 아니다.

매우 큰 잠재력을 지닌 제품이나 서비스는 생존자로 분류된다. 영업이나 마케팅에서 이 상품에 투자하거나 이 상품을 재설계, 재포장하면 시장에서 승자가 될 수 있는 상품을 말한다. 이런 종류의 상품에 즉각적으로 관심을 쏟고 유능한 인재들의 고급 능력이 투입되어야 한다.

마지막으로 패자 또는 '개'로 분류되는 상품이나 서비스가 있다. 이러한 상품이나 서비스는 영업과 마케팅에서 많은 노력을 기울여도, 다시 포장하고 재설계하더라도 시장에서 여전히 돋보일 수 없다. 이런 상품이나 서비스는 재정과 시간, 유능한 인재들의 노력이 낭비되는 통로다. 어떤 이유에서건 시장이 원하지 않기 때문에 곧 사라질 상품들이다.

탁월한 성과를 얻을 수 있는 곳에 집중하라

사업의 우선순위를 정할 때 승자로 인정받은 상품은 기업활동의 최고 20퍼센트를 나타낸다. 그 상품들이 그저 주어진 것으로 생각해서는 안 된다. 계속해서 그 상품을 업그레이드 하여 회사의 베스트셀러이자 회사 재정 안정의 파수꾼이 되도록 노력을 기울여야 한다.

잠재적인 '별'이란 시간, 관심, 돈을 투자하면 히트상품이 될 수 있는 것들이다. 앞으로 승자가 될 수 있는 '잠재적 승자 상품'이다. 이 상품에 시간과 돈을 투자하는 것은 우선순위가 높은 일이다.

많은 시간과 돈을 투자하더라도 사라질 수밖에 없는 상품은 '후위순위'를 차지한다. 특히, 시장 규모가 줄어들고 수입이 적어지면, 예전에는 훌륭한 상품이었을지라도 현재는 성공적이라고 평가할 만큼의 수익을 내지 못하고 있음을 받아들여야 한다. 이 사업은 중단하거나 폐기시키고, 사업의 장래를 짊어질 승자 상품을 찾아 에너지를 쏟아야 한다.

삶의 우선순위를 정하라

개인의 삶에서 '개인적인 선별 과정'을 실행해볼 수 있다. 삶에는 엄청난 기쁨과 만족을 주는 일이 있다. 이는 가족과 지내는 시간이나 취미활동처럼 높은 우선순위를 차지하는 시간활용이다. 여기에 세밀한 관심을 기울여야 하며, 경시해서는 안 된다.

미래의 가능성을 보이는 시간활용과 활동과 소비도 있다. 이러한 종류의 일은 활동 가능성을 극대화하는 데 더욱 많은 시간과 노력을 투자해야 한다.

마지막으로 지금 그 정보가 있다면 다시 시작하지 않을 일이나 관계 맺지 않을 사람이 있다. 이는 시간낭비 요인이므로 큰 만족과 기쁨을 주는 일을 위해 줄이거나 제거해야 한다.

미래를 조망하라

개인적인 시간관리의 핵심 요소는 미래를 내다보는 시간을 갖는 것이다. 5년 앞을 투시하여 내가 원하는 분야를 생각하라. 이상적인 미래상을 마음에 그려본 다음에 실천방안을 생각하여 지금 바로 그것을 실현시켜라. 기억하라, 당신이 어디에서 왔는지는 중요하지 않다. 정말 중요한 것은 당신이 어디로 가느냐다.

과거보다는 미래에 집중하라. 문제보다는 기회에 집중하라. 잘못된 일이나 비난받을 사람보다는 해결책과 구체적인 실천방안을 생각하라. "우리는 여기에서 어디로 가고 있는가?"라는 질문을 지속적으로 하라. 메이나드 케인즈Maynard Keynes가 말했듯 "우리는 미래를 더 많이 생각해야 한다. 거기서 우리 삶의 남은 여생을 보낼 것이기 때문이다."

많은 회사에서 임원들은 시간의 80퍼센트를 미래의 기회보다는 어제의 문제에 소비하고 있다. 미래를 당신의 소망과 일치시키기 위해 지금 하고 있는 일에 변화를 줄 수 있는 방법을 모색하라.

『코아 컴피턴스 경영혁명Competing for the Future』을 쓴 전략기획가 게리 해멀Gary Hamel과 프라할라드C. K. Prahalad는 의사결정자들은 7~8년 앞을 내다보는 전략기획을 하라고 권고한다. 임원들은 회사가 미래에 그 분야의 최고가 되어 있을 것이라고 상상한다. 그런 다음 지금부터 5년 안에 회사를 업계의 선두로 만드는 데 필요한 제품, 서비스, 시장, 기술, 재능, 능력 등을 확인한다. 마지막으로 경영자에게는 회사가 미래의 시장을 이끌 선두주자가 되는 데 필요한 핵심 경쟁력의 즉각적인 개발을 촉구한다. 당신도 이러한 작업을 해야 한다.

처음 20퍼센트에 집중하라

우선순위를 설정할 때 어떤 일의 처음 20퍼센트가 그 업무 가치의 80퍼센트를 담당한다는 것을 기억하라. 일단 일을 시작하면 계획을 세우고 업무를 달성하는 데 필요한 자원을 조직화하는 데 보내는 처음 20퍼센트의 시간이 성공의 80퍼센트를 결정한다. 우선순위를 정할 때는 언제나 처음 20퍼센트 일에 집중하라. 이 일을 진행시켜 성취하라. 일단 처음 20퍼센트가 완성되고 나면 나머지 80퍼센트는 물 흐르듯이 자연스럽게 해결된다.

영업에 종사하고 있다면 의사결정자와 대면하여 만나는 첫 만남이 거래의 처음 20퍼센트에 해당한다. 이것은 영업 과정의 80퍼센트를 차지한다. 제품설명, 영업절차 마무리, 후속조치, 제품과 서비스 배송 등의 업무는 가치의 20퍼센트를 차지하는 80퍼센트의 일에 해당한다.

사소한 일에 신경 쓰지 말라

우선순위를 설정할 때 사소한 일을 먼저 해결하자는 유혹에 넘어가지 말라. 목록의 아랫부분에서 시작하여 중요한 윗부분으로 진행하지 말라. 낮은 순위목록의 늪에 빠지지 말라. 괴테가 말했듯 "아주 중요한 일을 별로 중요하지 않은 일에 좌우되게 할 수는 없다."

인간의 본성은 최소저항의 법칙을 따르게 되어 있다. 시간관리와 개인 업무는 작은 일을 먼저 시작해서 몸을 푼 다음, 큰일을 본격적으로 열심히 하면 생산성이 더 높아진다는 생각이 바로 이 법칙의 예다.

내가 발견한 것은 이렇다. 작은 일은 봄날의 토끼처럼 하면 할수록 엄청나게 늘어난다는 것이다. 작은 일은 점점 더 많은 일을 끌어들인다. 더 오래 더 열심히 일할수록 사소한 일은 점점 더 늘어만 갈 것이다. 하루를 마무리할 때 보면 중요한 일을 전혀 하지 못한 채 녹초가 되어 있을 것이다. 그러니 가장 중요한 일부터 시작하라.

우선순위를 / 설정하는 / 다섯 / 가지 / 핵심 / 질문

당신이 우선순위에 따라 최대의 생산물을 얻고 있는지 확인하기 위해 규칙적으로 물어야 할 핵심 질문이 다섯 가지 있다.

1. 내가 채용된 이유는 무엇인가?

나는 지금 고용목적에 부합하는 가장 중요한 일을 하는가? 사장이 맞은편에 앉아 일하는 것을 지켜본다면 지금 하는 일을 어떻게 바꾸겠는가?

여기 연습문제가 있다. 내 고용목적에 해당하는 일의 목록을 만들어 사장에게 가져가라. 사장에게 이 목록에 우선순위를 매겨달라고 요청하라. 제일 중요한 일과 중요하지 않은 일이 무엇인지 말해달라고 부탁하라. 그리고 사장이 가장 중요하다고 하는 일부터 집중해서 하라.

2. 내가 하는 일에서 가장 가치 있는 활동은 무엇인가?
기억하라. 우리가 하는 일의 가치를 결정하는 것은 단지 세 가지뿐이라는 것을 말이다. 어떤 활동이 가장 큰 가치로 회사에 기여하는가? 잘 알 수 없다면 주변 사람에게 물어보라. 모든 사람은 다른 사람이 해야 할 가장 중요한 일을 잘 알고 있다.

3. 나의 핵심 성과영역은 무엇인가?
업무를 잘하기 위해 획득해야 하는 구체적인 성과는 무엇인가? 이러한 핵심 성과영역에서 가장 중요한 것은 어떤 것인가?

4. 성공했을 때 실질적인 변화를 가져올 수 있는 일 가운데 내가 할 수 있고 나만이 할 수 있는 일은 무엇인가?
매시간, 나만이 할 수 있으며 성공했을 때 사업에 중요한 공헌을 하는 일은 무엇인가? 이것은 다른 사람이 대신할 수 없다. 내가 하지 않으면 안 된다. 이 일을 지금 즉시 잘하면 사업경력에 큰 영향을 준다.

5. 바로 이 순간 가장 가치 있는 시간활용은 어떤 것인가?
이것이 시간관리의 핵심 질문이다. 계획하고 관리하는 기술은 언제나 바로 이 질문에 올바른 답변을 하는 데 도움이 되도록 설정된다. 바로 지금 나의 시간을 가장 잘 활용하는 방법은 무엇인가?

강화된 / 효율성 / 법칙

이 법칙에 따르면, 성과를 내도록 엄청난 압박을 받으면 나의 우선순위 설정과 업무성취가 한층 더 효율적으로 이루어진다고 한다.

이런 상황을 상상해보라. 사장이 일등석 비행기표 2장을 가지고 와서는 5일 동안 모든 것이 공짜로 제공되는 아름다운 휴양지에서 시간을 보내라고 한다. 그것도 월요일 아침 9시에 말이다. 사장은 전날 밤에 복권에 당첨되어 이 표를 얻었지만 그것을 사용할 수 없다. 그는 당신이 한 주 동안 할 일을 저녁 5시까지 다 마치면 이 표를 주겠다고 한다.

당신이 저녁까지 업무를 마치는 것이 가능해서 제안을 받아들인다면 일하는 방식이 어떻게 변하겠는가? 떠나기 전에 반드시 마무리하고 싶은 업무는 무엇인가? 두 번째로 마무리 지어야 할 업무나 활동은 무엇인가? 이런 상황에서 당신은 얼마큼 커피를 마시고 동료와 잡담할 수 있겠는가? 5일 동안의 가치에 부합하는 일을 하루에 해내기 위해 평소와 달리 어떻게 일을 하겠는가?

우선순위를 결정하는 데 도움이 필요하다면 "한 달 동안 일터를 떠나야 하고 떠나기 전에 한 가지 일을 마칠 수 있다면 내가 마쳐야 할 가장 중요한 일은 무엇인가?"라고 자문하라.

스스로에게 우선순위의 압박을 가하라. 규칙적으로 이 질문을 하라. 답변이 무엇이든 간에 이 핵심 업무에 최우선순위를 부여하라. 즉시 가서 그 일을 하고 완수할 때까지 정신을 집중하라.

최대 성과를 지향하라

내 생명은 내 삶이다. 최우선순위의 업무를 하고 있을 때 나는 삶에서 최대의 것을 얻는다. 최우선순위 이외의 업무를 하는 것은 상대적으로 시간낭비다.

제일 대단한 성과는 내가 최우선순위의 업무를 하고 있을 때 무한한 에너지, 열정, 자존감을 느끼는 것이다. 나는 기운이 솟고 자신감이 넘친다. 나 자신과 내 삶이 황홀해진다.

내가 낮은 우선순위의 일을 하고 있다면 많은 시간을 투자한다고 하더라도 기쁨과 만족감을 느낄 수 없을 것이다. 하루를 마칠 때마다 피곤하기만 하고 스트레스만 받을 뿐이다.

시간을 갖고 생각한 다음 행동하라

일을 시작하기 전에는 시간을 갖고 이 장에서 제시한 여러 가지 기법과 의견을 사용하여 우선순위를 설정하라. 가장 소중한 시간활용이라고 판단한 것을 선택한 다음 바로 그 일부터 시작하라. 그것을 완수하기까지 자신을 독려하여 그 일에 집중하라. 반복적으로 최우선순위에 집중하면 곧 탁월한 업무수행 습관이 형성될 것이다. 이 습관이 생기면 주변에서 일하는 사람들보다 두세 배 더 많은 일을 성취할 것이다. 그리고 자신의 능력에 매우 흡족해할 것이다.

잠든 시간을 깨우는 시간관리법

1. 오늘 당장 내게 가장 우선되는 일에 철저히 몰입하여 생각하고, 오로지 그것에만 집중하여 탁월해지겠다는 다짐하라. 이것이 습관이 될 때까지 예외를 인정하지 말라.

2. 매일 일하기 전에 활동목록을 만들고 신중하게 우선순위를 설정하라. 시작하기 전에 ABCDE 기법을 사용하여 항목을 분류하라. 언제나 A-1 업무부터 시작하라.

3. 사업과 삶의 모든 부분에 80/20 법칙을 적용하라. 활동, 고객, 제품, 서비스, 업무 가운데 전체 가치의 80퍼센트를 차지하는 상위 20퍼센트가 어떤 것인지 확인하여 그 일에만 집중하라.

4. 사업과 개인적인 성공에 핵심적인 제약요인이 무엇인지 확인하라. 특정한 목표를 달성하는 속도를 결정하는 요인은 무엇이며, 개인적인 삶과 그 상황에서 한계를 극복하려고 무엇을 할 수 있는가?

5. 어떤 일의 실행 여부에 따른 잠재적인 결과를 생각하라. 긴급한 일을 중요한 일과 구별하고 나의 미래에 주요한 영향을 미칠 수 있는 일에 더 많은 시간을 할애하라.

6. 다른 사람보다 더 빠르게 잘할 수 있는 경쟁부문을 결정하라. 이 활동이 회사에 기여할 수 있는 부문이다.

7. 매일 매시간 '지금 가장 가치 있는 시간활용은 무엇인가'를 자문하라. 답변이 무엇이든 다른 무엇보다 훨씬 더 중요한 그 일을 하라.

CHAPTER 05

Developing the Work
Habits to Get Things Done

성취를 위한
업무 습관 계발

좋은 업무 습관은 어떤 영역에서든 성공을 보증하는 백지수표다.
좋은 업무 습관을 기르려면 초점과 집중이 필요하다.
목표를 성취하는 데 꼭 필요하다고 판단한 것에
초점을 맞추고 에너지를 집중한다.

인간은 환경의 창조물이 아니다. 환경이 인간의 창조물이다.
우리는 자유인이고, 인간은 문제보다 더 강하다.
- 벤저민 디즈레일리

좋은 업무 습관은 어떤 영역에서든 성공을 보증하는 백지수표다. 훌륭하고 믿음직한 직원이 되는 것이 상급자의 관심을 끄는 가장 빠른 길이다. 일하는 방법에 따라 성과의 질과 양이 결정된다. 소득, 효율성, 평판, 업무만족도 등은 일하는 방식에 따라 결정된다.

안타깝지만 대다수 직원의 능력은 별 볼일 없다. 조직적이지 못하고 업무에 초점도 없으며 쉽게 산만해진다. 자신이 지닌 능력의 50퍼센트로 일을 한다. 더욱 안타까운 것은 그들은 자신이 아는 업무방식 외에 다른 업무방식은 알지도 못한다는 점이다. 혹시 알고 싶어서 그것을 접하더라도 마치 다른 나라 말처럼 생소할 뿐이다. 먼저 배우지 않고서는 그 방식을 이해할 수 없다.

형편없는 업무 습관은 학교교육이나 학업성적에 관한 선생님들의 태도와 가정교육에 대한 부모의 태도 등에서 기인한다. 학교에 다니며 몇 년씩 집중적으로 일해서 좋은 성과를 내는 법만 배운 사람들이 실전에 뛰어들어 그제야 일 잘하는 법을 배우느라 고전하는 것은 전혀 이상한 일이 아니다.

생산성이 / 탁월한 / 사람들의 / 습관

이 장에서는 생산성이 탁월한 사람들의 업무 습관을 계발하는 방식을 배운다. 좋은 업무 습관은 초점과 집중 두 단어로 요약할 수 있다.

가장 중요한 목표를 성취하는 데 꼭 필요한 것에 초점을 맞춰라
기대성과와 각 실행단계에서 상대적인 우선순위를 분명하게 알아야 초점을 잡을 수 있다. 업무에서 정말로 효율적인 사람이 되려면 자신의 렌즈를 잘 조절하여 지금 하는 일이 가장 중요한 목표달성을 위해 그 순간에 내가 할 수 있는 가장 중요한 일이 되게 해야 한다. 최악의 시간낭비는 할 필요가 전혀 없는 일을 아주 잘하는 것이다.

에너지를 집중하라
집중하려면 그 일이 완벽하게 완성될 때까지 일에 매달리는 능력이 필요하다. 집중이란 내가 원하는 곳에 도달하기 위해 흐트러짐 없이 계속해서 일하는 것을 의미한다. 집중하려면 별로 중요하지 않은 일을 하느라 옆길로 새지 않고 지속적으로 업무를 수행해야 한다.

고대 그리스에 한 여행가가 있었다. 그는 길을 가는 중에 만난 한 노인

에게 올림푸스 산에 오르는 방법을 물었다. 뒤에 소크라테스로 밝혀진 그 노인은 "정말로 올림푸스 산에 오르고 싶다면 모든 발걸음이 거기를 향하도록 하라."고 대답했다.

목표를 성취하고 싶다면 내가 하는 모든 일이 그 일을 향하도록 해야 한다. 이 결정을 해야만 자신이 매일 하는 업무의 질과 양이 큰 폭으로 향상될 수 있다.

탁월한 / 생산성을 / 내는 / 네 / 가지 / 조치

탁월한 생산성을 달성하는 네 가지 조치가 있다. 이 네 가지 조치는 무한 반복을 요구한다.

1. 명확한 목표와 대상을 정하여 필기하라　일을 시작하기 전에 성취하려는 대상이 무엇인지 곰곰이 생각해보라. "내가 하려는 일은 무엇인가? 어떤 방법으로 하려는가?" 같은 질문을 하라. 좌절감을 경험할 때마다 이 질문을 반복하라.

2. 목표를 성취하기 위해 업무와 실행의 세부적인 계획을 세워라　명확한 목표를 설정하면 "내가 하려는 것은 무엇인가?"에 답변이 된다. 세부적인 실천 계획을 세우면 "그것을 어떤 방법으로 달성하려고 하는가?"에 답변이 된다.

3. 기대성과에 관한 가치와 중요성에 따라 모든 업무의 우선순위를 체계적으로 확립하라 어떤 일이나 행동에 착수하기 전에 매일, 매시간 반복적으로 80/20 법칙을 적용하라. 다른 일을 하기 전에 최우선순위의 일을 하도록 자신을 독려하라.

4. 목표를 성취하기 위해 할 수 있는 가장 중요한 일에 흐트러짐 없는 한결같은 마음으로 집중하라 이것이 일을 성취하는 실질적인 비법이다.

집중의/이점

집중하는 법을 배움으로써 얻을 수 있는 여러 가지 이점이 있다. 우선 중요한 일의 성취는 힘과 열정, 자존감 등의 원천이다. 반면 중요한 일을 실패하거나 일부만 성취하면 스트레스를 받을 뿐만 아니라 열정과 자존감도 고갈된다.

중요한 일을 성취하면 기운이 나고 행복감이 밀려오는 것을 경험한다. 그러나 별로 중요하지 않은 일은 잘해내고도 만족감이나 개인적인 보상은 전혀 받지 못한다.

일을 마칠 때까지 집중하는 훈련은 자신감, 유능함, 숙달 등의 유익한 요소를 제공한다. 이는 자기통제력을 갖게 하여 운명을 스스로 개척하고 있다는 느낌을 준다.

업무성취의 습관

일을 성취하거나 시작한 일을 끝까지 마치는 습관은 인격 형성의 핵심적인 부분이다. 시작한 일을 잘 마무리하지 못하면서 성숙한 인격을 가졌다거나 제 역할을 다 하고 있다고 할 수 있는 사람은 없을 것이다. 이 습관의 계발은 장기적인 성공의 핵심 사항이다.

높은 성취에 초점을 맞추고 집중하는 자신의 모습을 주기적으로 마음에 그려봄으로써 탁월한 성취자가 되는 과정을 가속화할 수 있다. 자신이 아주 생산적이고 효율적인 사람이라고 생각하라. 이것이 명령으로 받아들여질 때까지 잠재의식에 그림을 그려보라. 내가 그려보는 그 사람이 미래의 내 모습이라는 것을 잊지 말자.

잠재의식은 진짜 경험과 구체적인 상상을 구분하지 못한다. 내가 효율적인 방식으로 업무를 수행하고 있는 상황을 머릿속에 뚜렷이 그리면 잠재의식은 그 일이 실제로 발생한 것처럼 반응한다. 내가 가장 일을 잘하는 모습을 반복해서 그릴 때마다 잠재의식은 반복해서 일어난 것으로 기억한다. 이 잠재의식은 내 말과 행동을 조정해서 외부에서 일어나는 일이 내면의 그림과 일치하게 만들어준다.

내가 자신 있게 일해서 최고의 성과를 낼 때마다 자아상에 반영된다. 자신을 최고라고 생각할수록 행동도 더 빨리 자동으로 변한다. 머릿속에 내가 만든 이미지나 전에 있었던 최고의 성취 경험 같은 긍정적인 그림을 투입하여 자기 자신을 만들어나가는 것이다.

사고와 감정을 결합하라

감정화의 원리는 시각화와 결합해서 사용하면 강력해진다. '사고 곱하기 감정은 성과(T×E=R)'라는 공식이 있다. 이것의 의미는 효율적으로 열심히 일하는 자신의 모습을 선명하게 그린 다음 열정과 즐거움과 결합하면 잠재의식은 더 빨리 이 모습을 명령으로 받아들인다는 사실이다. 그리하여 더 빨리 현재의 행동이 된다.

잠재의식을 이용해서 더욱 효율적이고 생산적인 사람이 되는 방법은 내가 이미 그런 사람이 된 것처럼 행동하는 것이다.

바른 자세를 취하라

거의 모든 정신적·감정적 상태는 그에 해당하는 물리적인 자세가 있다는 것이 밝혀졌다. 훌륭한 업무 습관에도 몸짓언어가 있다. 예를 들어, 책상에서 일할 때 앞쪽으로 몸을 약간 기울인 채 반듯한 자세로 일한다면 생산성을 자극할 수 있다. 또한 의기양양하게 어깨를 쫙 펴고 고개를 든 채 활달하게 걷는다면 더욱 자신감 넘치고 생산적인 사람이 된 듯한 느낌을 받을 수 있다.

반전의 법칙에 따르면, 내면에서 내가 느낀 방식으로 외부의 행동도 바뀐다는 것이다. 또한 내가 원하는 것을 이미 이룬 것처럼 행동하면 통제하에 있는 행동이 더욱 그런 느낌을 갖게 해준다고 한다.

자신감을 갖고 싶으면 자신 있게 행동하라. 용감해지고 싶으면 용감하게 행동하라. 효율적인 사람이 되고 싶으면 이미 그런 사람이 된 것처럼 행동하라. 감정과 믿음이 행동에 영향을 미치는 것처럼 행동이 감정과 믿음을 만든다.

　반면에 의자에 비스듬히 기대거나 머리를 숙이고 걷는다면 정신이 흐릿해지고 생산성은 떨어질 것이다. 다리를 올린 채 뒤로 기대어 편안한 자세를 취한다면 에너지 수준은 낮아지고 생산적인 일을 해낼 만한 열정은 잃어버릴 것이다.

　한 주 내내 자신이 업무할 때의 자세를 규칙적으로 살펴보라. "생산적인 사람이 이런 자세로 앉을까?"라는 질문을 스스로에게 해야 한다. 답변이 부정적이라면 내가 생각하는 생산적인 사람의 자세로 바꿔야 한다.

천재처럼 일하라

몇 해 전, 〈리더스 다이제스트〉에서는 천재들에 관한 기사를 실었다. 그들은 천재들의 공통적인 특징을 밝히려고 수세기 동안 조사했는데, 모든 천재는 다음 세 가지 면에서 동일하게 행동한다는 결론을 내렸다. 다행히도 평균 지능을 지닌 보통 사람도 이 세 가지 자질이나 행동을 개발하여 정신적인 생산성을 증폭시킬 수 있다.

　첫 번째 특징은 모든 천재들이 문제를 해결할 때 체계적이고 질서정연한 접근법을 사용한다는 것이다. 문제가 발생할 때마다 속단하고 바로 업무해결에 착수하기보다는 일을 멈추고 주의 깊게 차근차근 분석한다. 즉, 깊은 생각 없이 문제에 반응한 사람보다 훨씬 더 나은 답을 내놓는다.

　두 번째 특징은 경이감(상황을 거의 어린 아이 같은 눈으로 신선하게 파악하는 능력)이었다. 천재들은 모든 주제에 관해 열린 마음과 유연한 태도를 유지했다. 그들은 자신의 생각이 '자유롭게 흘러 다니도록' 했으며 결론을 내리기 전에 언제나 문제해결이나 상황파악에 관한 모든 접근법을 검토했다.

'다른 해결책은 없는가'를 계속해서 자문했다.

세 번째 특징은 보통 사람들보다 훨씬 더 큰 심도와 강도로 집중하는 능력을 지녔다는 것이다. 토머스 칼라일Thomas Carlyle은 "천재성이란 무한한 인내력이다."고 했다. 자신의 업무를 완전히 마칠 때까지 한 가지 주제에 한 마음으로 집중하도록 훈련할 수 있는 사람은 그 분야에서 곧 두각을 드러낼 것이다.

정신을 모아 집중하는 능력은 영업, 경영, 육아, 협상, 기타의 분야에 적용할 수 있다. 모든 위대한 업적은 장기간 한 마음으로 그 일이나 업무에 초점을 맞춰 노력한 결과다.

집중력을 계발하는 여러 방법

모든 사람에게 예외 없이 적용할 수 있는 여러 가지 집중력 계발 방법이 있다. 습관이 될 때까지 반복적으로 실행할 수 있는 결단력과 인내심이 있는 사람이라면 누구나 배울 수 있다.

첫째, 일을 시작하기 전에 최우선순위의 목표를 달성하는 데 필요한 것 외에는 모두 작업공간에서 치워라. 단순함과 질서는 생산성을 달성하는 데 도움이 되는 좋은 조력자이다.

둘째, 중요 업무를 달성하는 데 필요한 일정 시간을 확보할 수 있게 매일매일 계획하고 일을 조직화하라. 다른 부문에 쓰는 시간을 모아 60분이나 90분 단위로 시간을 만들 수 있는 방법을 찾아라. 사람이나 사업에 관한 회의를 하거나 보고서나 제안서를 작성하는 일 등 창의적인 업무를 하는 데 최소한 60~90분의 시간이 소요되기 때문이다. 중요한 일은 대부분 일정 시간 동안 지속적으로 집중해야 성취할 수 있다.

중요한 대화, 토의, 협상 등을 되는 대로 마구 처리할 수는 없다. 일정한 시간이 필요하다. 정신을 집중하기 위해서는 창조적인 자세로 이런 시간의 덩어리를 찾아야 한다. 이를 찾는 데에는 여러 방법이 있다.

일찍 자고 일찍 일어나라

아주 효과적인 기법은 아침 일찍 일어나 집에서 일하는 것이다. 하루 중 그 어느 때보다도 아침 시간에 한층 더 맑은 정신으로 집중적으로 일할 수 있다.

예를 들어, 일찍 잠자리에 들어 아침 5시에 일어나자마자 일을 하는 것이다. 그렇게 하면 회사 가기 전 서너 시간 동안 집중적으로 일할 수 있다. 이른 아침 편안한 마음으로 최고의 상태인 시간에 할 수 있는 일의 양은 의외로 많다.

수많은 위인들이 이 방법으로 일했는데, 토머스 제퍼슨(Thomas Jefferson)은 "태양은 나를 침대에서 본 적이 없다."고 했다.

일찍 일어나 아침 5시부터 8시까지 일한 다음 출근하면 이미 전체 업무 중 주요 업무를 파악하게 된다. 그리고 그날 성취하는 다른 업무는 보너스가 될 것이다.

방해받지 말고 일하라

대도시에 있는 여러 회사들은 사무실 근처에 있는 아파트에 사무실을 꾸려 임원들이 전화나 우연한 방문객 때문에 방해받지 않고 일할 수 있도록 해준다. 이러한 조치는 일정량과 기한이 있는 중요한 업무나 사업을 추진할 때 특히 생산성을 증대시켰다.

    방해받지 않는다는 것은 그만큼 집중할 수 있도록 도와주어 업무의 생산성을 높여준다. 집에서 일한다면 전화를 차단해서 통화 때문에 방해받지 않도록 해야 한다. 오랜 시간 동안 방해 없이 일하는 것은 생산량을 늘리고 질을 높이는 아주 뛰어난 방법이다.

일찍 시작해서 더 열심히 일하고 더 늦게까지 머무르라

생산성을 높이고 성과를 향상시키는 데 사용할 수 있는 세 가지 기법이 있다.

1. 일과 시작 한 시간 전에 출근하라   집에서 일찍 나와 회사에 일찍 도착하면 교통 혼잡을 피할 수 있다. 그곳에는 자신을 방해할 사람이 없기 때문에 즉시 일을 시작할 수 있다. 그 한 시간 동안에 하루 일을 다 처리하는 경우도 많다.

2. 거의 모든 사람이 사무실을 비우는 점심시간에도 이어서 일하는 습관을 계발하라   회사 정책상 12시에서 1시 사이에 반드시 식사할 필요가 없다면 점심을 12시 전이나 1시 이후에 먹는다. 둘 모두 점심시간의 혼잡이나 지체

를 피할 수 있어 시간낭비 없이 빨리 식사를 할 수 있다.

3. 모든 사람이 퇴근한 다음에도 남아서 한 시간 더 일하라 이것이 바쁜 업무를 잘 처리할 수 있는 최고의 방법이다. 이 자유로운 시간 동안 (알다시피, 이 시간은 다른 3시간과 맞먹는다) 보고서를 쓰거나 편지에 답장을 하거나 내일의 세부계획을 짜는 등의 일을 할 수 있다. 중요한 것은 60~90분의 시간을 만들어 방해받지 않고 일하는 것이다. 문을 닫고 전화선을 뽑고서 고개 숙인 채 중단 없이 일하라.

여담을 줄여라

다루는 방식에 따라서 부하직원과 나누는 대화는 가장 큰 시간 낭비요인이 될 수도 있고, 절약요인이 될 수도 있다. 대화나 상호작용은 불가피하기 때문에 이를 다루는 방식은 나의 전체적인 생산성과 산출물에 중요한 영향을 미친다.

 어떤 사람과 회의할 때는 사무실을 정리하고 시간을 조직화하여 그 사람에게 집중하라. 대화가 엉뚱한 곳으로 새지 않게 하라. 상대방이 말할 때는 주의 깊게 듣고 주제에서 벗어나고자 하는 유혹을 물리치라.

 온통 집중해서 들으면 의사소통하는 시간이 줄어든다. 걸려오는 전화나 오가는 사람 등의 방해로 낭비되는 시간은 엄청나다. 이러한 방해요인을 잘 통제할수록 목표달성에 필요한 대화를 하는 데 걸리는 시간은 훨씬 줄어든다.

마감을 위한 강박관념을 계발하라

인간의 뇌에는 완결된 업무에 전율하게 하는 부분이 있다. 내가 계발할 수 있는 가장 중요한 습관은 마감 또는 완성 습관이다. 구체적인 시한을 정하여 이것을 내가 업무에 집중할 수 있도록 해주는 '강제시스템 forcing system'으로 삼아라. 한 번에 한 가지 일을 하는 원칙을 정하여 다른 것을 시작하기 전에 그 일을 완성하라.

내 뇌가 지닌 마감 욕구를 만족시킬 때마다 엔도르핀이 방출된다. 이것은 기쁨과 행복감을 주어 에너지와 창의성을 증대시켜준다. 자신을 독려하여 중요한 일을 성취하면 삶의 전체적인 질이 향상되고 생산성이 매우 증가한다.

자신에게 규칙적으로 보상하라

업무를 성취하기 위해 자신을 조절할 수 있는 좋은 방법은 자신이 해낸 일에 걸맞은 보상체계를 수립하는 것이다. 어떤 묘기를 해냈을 때 각설탕이나 비스킷으로 보상받는 동물처럼 내가 일정한 업무를 해낼 때마다 작은 보상을 함으로써 스스로를 훈련시킬 수 있다. 전체 업무를 모두 마쳤을 때는 큰 보상을 할 수도 있다.

심리학자들은 어떤 행위에 참가하려는 욕구의 85퍼센트는 그 행위의 결과로 얻을 수 있는 이득에 갖는 기대감으로 생긴다고 말한다. 자신을 위한 보상체계를 수립하면 의식과 무의식이 동시에 자극되어 흐트러짐 없이 집중적으로 일하게 된다.

자신에게 긍정적으로 말하라

긍정적 확언 방법을 사용하여 업무에 집중력을 향상시킬 수 있다. 자신에게 반복적으로 하는 명령은 결국 잠재의식에 받아들여진다. 잠재의식은 동기를 부여하고 힘을 실어 내 행동이 명령과 일치되게 만든다.

열정과 확신을 갖고 자신에게 긍정적으로 말하면 내면의 생산성은 크게 향상된다. 집중하기 힘들 때는 동기유발 문구를 개발해볼 수 있다. 주의가 흐트러지거나 일이 늦춰질 때마다 "일로 돌아가라! 일로 돌아가라! 일로 돌아가라!" 같은 구호를 반복해서 외쳐라. 이렇게 하면 업무로 복귀해서 끝마칠 때까지 일에 집중하는 데 큰 도움이 된다.

다른 사람이 말을 걸거나 일에 집중하지 못할 때 "다시 일해야 될 것 같아!"라고 말하기만 하면 상황을 타개할 수 있다. 다시 일에 집중해야겠다는 말을 할 때마다 상대방은 이야기를 멈추고 나를 내버려 둘 것이다. 이 말을 반복적으로 사용할 때마다 업무를 재개하여 집중하는 것이 얼마나 쉬운지 확인하고 놀랄 것이다.

싱글 핸들링을 연습하라

일을 잘 처리하는 가장 강력한 방법은 이른바 싱글 핸들링 single-handling 을 습관적으로 행하는 것이다. 싱글 핸들링이란 일단 업무를 시작하면 100% 완벽하게 달성할 때까지 집중하기로 결심하는 것이다.

편지나 보고서, 제안서 등을 쓰거나 판촉을 위해 전화나 대화를 시작하면 그 일을 끝마칠 때까지 집중할 수 있도록 훈련하라. 이렇게 단순한 방법만으로도 첫날 생산성은 50퍼센트나 향상될 것이다. 가장 습득하기 좋은 효과적인 시간관리 습관이다.

학습곡선을 적용하라

시간-동작 연구가들이 이야기하는 '학습곡선'의 이점을 활용하라. 비슷한 일을 하면 일을 할 때마다 소요되는 시간은 점점 줄어든다. 이 일 가운데 하나를 할 때마다 점점 더 잘하게 되어 다음에는 더 짧은 시간에 마칠 수 있다.

학습곡선은 비슷한 일을 순서에 따라 반복적으로 할 때만 적용된다. 이것이 업무를 묶어서 한꺼번에 해결하는 것이 하루 종일 조금씩 하는 것보다 나은 이유다.

개인생산성 / 향상 / 기법

개인적인 생산성과 업무수행력을 증대시키고 업무성취율을 증대시킬 수 있는 여러 기법이 있다. 이것은 각 분야에서 가장 돈을 많이 벌고 탁월한 생산성을 자랑하는 사람들이 사용하는 기법이다.

1. 힘을 집중시켜라 '힘의 집중concentration of power' 원칙을 사용하라. 이 원칙은 내가 그 순간에 최고의 성과를 낼 수 있는 능력에 모든 힘을 집중할 것

을 요구한다. 이것은 개인생산성의 핵심 사항이고, 전략기획의 성공 여부에 꼭 필요한 요소다.

기업 전략 과정에서는 관리자들이 '자기자본이익률$^{ROE, Return On Equity}$'을 증대시킬 수 있는 목표에 집중한다. 사업 전략의 목표는 기업의 자원을 투자에 비례하여 재정수익을 최고로 올릴 수 있는 방식으로 배분하는 것이다.

여기 또 다른 ROE가 있다. Return On Energy가 그것으로 개인의 인생 전략 수립에서는 내가 지닌 에너지 대비 최고의 수익을 얻는 것을 목표로 해야 한다. 내가 해야 할 일은 업무에 투자한 정신적, 정서적, 육체적 각 부문의 에너지로 최고의 성과를 얻을 수 있도록 재능과 능력을 배분하는 것이다. 최고의 에너지 소득은 나의 고유한 재능과 능력을 그 상황의 구체적인 필요와 결합하는 것이다. 그리고 그 업무에 집중하는 것이다. 이것이 높은 생산성을 달성하는 비법이다.

새로운 일이 생길 때마다 "이 업무는 내가 투자한 에너지로 최고의 성과를 얻을 수 있는 것인가?"를 자문하라. 나와 회사에 가장 큰 성과를 가져다줄 수 있는 분야에 내 기술을 발휘할 수 있도록 훈련하라.

2. 뛰어난 성과 획득이 가능한 분야에 집중하라   탁월하게 업무를 수행하여 남다른 성과를 낼 수 있는 영역에 집중하라. 대개 5퍼센트도 안 되는 일이 내가 이루는 성과의 대부분을 결정한다. 계속해서 "나 아니면 안 되고, 잘 해내면 정말 큰 성과를 낼 수 있는 것은 무엇인가?"를 자문하라.

열심히 해서 좋은 성과를 내봤자 경력에 도움이 되지 않는 일은 하지 않도록 훈련하라. 이런 일은 투자한 에너지에 비해 성과가 매우 낮다.

3. 내가 더 잘하는 일을 하라   내 능력이 뛰어난 분야의 일을 하면 실수 없이 더 많은 일을 하여 더욱 큰 생산량을 달성하게 된다. 그뿐만 아니라 내가 잘하는 일을 하면 일을 즐길 수 있다. 내가 다른 사람보다 더 잘할 수 있는 핵심 분야는 무엇인가? 다른 사람에게는 어려운데 나는 잘할 수 있는 일은 무엇인가? 나의 고유한 재능에 초점을 맞춰서 탁월한 성과를 낼 수 있는 분야에 집중하라. 이것이 최고의 업무수행 비법이다.

4. 기회에 초점을 맞춰라   자신과 다른 사람의 능력을 자신의 중요한 기회에 집중시켜라. 어제의 문제보다는 내일의 기회에 집중하라. 나와 유능한 직원들의 재능과 힘을 모아 달성 가능한 중요 해결책을 찾는 데 집중하라.

많은 회사들이 유능한 인재를 내일의 기회를 개발하는 데 투입하기보다는 어제의 문제를 해결하는 데 쓰는 큰 실수를 범하고 있다. "미래에 나의 가장 큰 기회는 무엇인가? 집중하면 해결책이 생길 수 있는 분야는 무엇인가?"를 자문하라.

5. 고래를 낚아라   피라미 말고 고래를 낚아라. 1000마리의 피라미를 잡으면 한 양동이 분량이라는 것을 기억하라. 그러나 고래 한 마리를 잡으면 항해 전체를 보상받을 수 있다.

사업할 때는 시장을 둘러본 다음 어떤 일이나 사람이 내 고래가 될 것인지 판단해야 한다. 그런 다음 그들을 좇아야 한다. 큰 고객을 모시거나 고래 규모의 주문을 따내어 성공하는 경우가 있다.

6. 핵심 성과영역에 초점을 맞춰라   "내가 채용된 이유는 무엇인가?"라는

질문에 대답하고 내가 원하는 핵심 성과를 확인하라. 내 핵심 업무영역을 확인하면 그것에 집중하여 일하라.

모든 사람에게는 업무와 조직에 기여할 수 있는 5~7가지의 핵심 성과 영역이 있다. 최단기간에 가장 중요한 성과를 낼 수 있는 방법은 핵심 업무영역에 집중하는 것이다.

7. 마감시한을 정하고 지켜라   중요 목표에 마감시한을 설정하고 고수하라. 마감시한이 다가올수록 더 열심히 더 효율적으로 일할 수 있다. 마감시한 없는 목표나 과업은 대개 무익한 실행으로 끝나는 경우가 많아 동기부여가 안 된다. 마쳐야겠다는 강박의식이 생기지 않아 쉽게 연기하거나 중단할 수 있다.

그러니 자신이 하는 모든 일에 마감시한을 설정하라. 다른 사람에게 마감시한까지 업무를 끝마치겠노라고 공언하라. 다른 사람에게 공언하면 자신의 명예와 자존심이 달려 있기에 동기부여가 되어 업무를 완수한다.

8. 충분한 시간을 할애하라   모든 것을 잘할 수 있을 만큼 충분히 시간을 할애하라. 시간을 갖고 일을 탁월하게 해내라. 30퍼센트에 해당하는 여분의 시간을 할애하라는 '30퍼센트 법칙'을 실행하여 일을 성취하라. 예상하지 못한 난관, 지연, 장애 등에 대비하여 여유를 갖고 계획을 짜라. 생산성이 높은 직원은 업무에 언제나 충분한 시간을 할애하여 일을 제대로 해낸다.

9. 꾸준하게 하라   일을 해내야 한다고 무턱대고 시작하거나 부산하게 설치지 말라. 가벼운 보폭으로 꾸준하게 일하라. '토끼와 거북이'라는 우화를

기억하는가? 아주 생산성이 높은 사람은 스트레스를 받거나 불안해하지 않으면서 엄청난 양의 일을 해낼 수 있는 자신만의 리듬이 있다. 토머스 칼라일이 말했듯 "인생을 살면서 명심할 것은 먼 곳에 흐릿하게 있는 것을 보는 것이 아니라 가까운 곳에 명확하게 보이는 것을 실행하는 것이다."

성공적인 영업사원, 임원, 사업가들의 특징은 한 번에 한 가지 일을 했다는 것이다. 그들은 가장 중요한 일을 했으며, 끝마칠 때까지 그것에만 집중했다. 우선순위를 정하여 한 번에 한 가지 일에만 집중했다.

10. 결과를 생각하라 결과지향, 즉 시작한 일을 끝내는 능력은 탁월한 성과를 내는 모든 사람이 공통적으로 지닌 핵심 능력이다. 그것은 몸에 완전히 배어 습관이 될 때까지 반복적인 연습으로 계발할 수 있는 능력이다. 일단 일을 끝까지 마무리 짓는 능력을 계발하면 평생 도움이 될 것이다.

잠든 시간을 깨우는 시간관리법

1. 미리 철저하게 업무를 계획하라. 일을 시작하기 전에 필요한 것을 모두 갖추고 정비한 다음 일의 초점을 잡고 집중하기로 결심하라.

2. 업무를 묶어라. 반복적이고 유사한 업무는 차례대로 실행하여 학습곡선의 효과를 누려라.

3. 내가 투자한 정신적·정서적·육체적 에너지가 최고의 성과를 낼 수 있는 일을 하라.

4. 방해 없이 일할 수 있는 시간을 만들어라. 이것이 중요한 업무를 성취하는 비법이다.

5. 각 업무에 마감시한을 설정하여 그것을 해낼 때마다 자신에게 보상하라.

6. 마감에 대한 강박의식을 계발하라. 일을 마칠 때까지 중단 없이 꾸준히 일할 수 있도록 자신을 단련하라.

7. '일로 돌아가재'라는 구호를 하루 종일 반복하여 자신의 핵심 성과영역에 초점을 맞추고 집중하라.

CHAPTER 06

Managing
Multitask Jobs

일에서 멀티태스크를
실행하는 방법

사람들을 조직하여 팀을 구성하는 멀티태스크 능력은
복잡한 일을 완벽하게 해낼 수 있게 하여
당신의 경력을 화려하게 해준다.
이는 다른 사람의 능력에 내 능력을 곱한 것만큼 일을 해내어
나 혼자 힘으로 할 수 있었던 것보다
훨씬 더 탁월한 성과를 가져온다.

미국은 매력적인 나라다.
누구든 경제적으로 성공할 수 있는 사다리를 제공하기 때문이다.
게다가 더욱 나를 짜릿하게 만드는 것은 사람들로 붐비는 곳이 사다리의
꼭대기가 아닌 아랫부분이라는 점이다.

– 짐론

삶의 모든 부분은 프로젝트의 연속이다. 프로젝트는 복잡한 일이다. 이를 멀티태스크multitask라고도 한다. 이런 유형의 일은 여러 사람의 협동을 요구하는데, 각 개인은 과업의 한 부분을 담당하고 완수할 책임이 있다.

모든 중요한 업적은 복합적인 능력을 요구하므로 여러 사람의 협동은 필수적이다. 인간을 달에 착륙시킨 과업을 성공시키려고 수만 명의 사람이 서로 협동했을 것이다.

파티를 계획하거나 소책자를 기획하는 일도 멀티태스크 능력을 요구한다. 이런 유형의 기획과 조직화는 시간관리의 핵심적인 기술이다. 사람을 모아서 협동하여 일할 줄 아는 능력은 업무를 진전시키는 데 매우 효과적인 기술이다.

핵심 관리기술

스탠포드 대학에서는 '회사가 원하는 최고경영자의 자질'에 관한 연구를 진행했다. 이들은 남보다 빠른 속도로 출세하는 최고경영자의 자질 중 유일하게 확인 가능한 자질은 '목표달성을 위해 구성원을 조직화하는 능력'이라고 결론내렸다.

리 아이아코카Lee Iacocca는 크라이슬러를 파산에서 구해 오늘날의 눈부신 성공을 이룬 사람이다. 그가 크라이슬러 사장으로 발탁된 이유는 회사를 회복시킬 능력이 있는 다양한 분야의 임원들을 하나로 조직할 수 있는 능력 때문이었다. 그는 취임한 뒤 36개월 동안 36명의 부사장 가운데 35명을 교체했다. 이 팀을 조직할 수 있었던 그의 능력은 크라이슬러를 파산에서 구하는 데 아주 중요한 역할을 했다. 그의 자서전을 보면 회사를 구할 임원들에게 전권을 위임했음을 알 수 있다.

멀티태스크, 즉 복잡한 일을 완벽하게 해결해내기 위해 사람들을 조직하여 팀을 구성하는 능력은 다른 무엇보다 당신의 경력을 화려하게 해준다. 이는 다른 사람의 능력에 내 능력을 곱한 것만큼 가능하게 하여 나 혼자 힘으로 할 수 있었던 것보다 훨씬 더 탁월한 성과를 가져오기 때문이다.

습득할 수 있는 기술

다행히도 과업관리Project Management는 자전거타기처럼 익힐 수 있는 기술이다. 그것은 한 번에 한 가지씩 배울 수 있도록 여러 단계로 나뉜다.

1단계. 목표를 갖고 시작하라

어떤 프로젝트를 다룰 때 기대하는 바람직한 결과를 정의하면서 시작하라. 내가 이루려는 것이 정확히 무엇인가? 완전하게 성공했을 때 프로젝트의 모습은 어떠한가?

프로젝트의 성공적인 완수, 즉 이상적인 기대성과를 정의하면서 일을 시작하라. 그것을 종이에 적어서 명확하게 하라. 그러고 나서 프로젝트의 시작단계로 되돌아가라. 가능할 때마다 이 작업을 팀 동료들과 함께 하라.

과업의 성공 여부를 어떻게 알 수 있는가? 깊이 생각하여 이상적인 성과물을 미리 정의하는 이 단계는 모든 과업에서 정신적·물리적 계획을 세우는 가장 중요한 도구다.

2단계. 처음에서 시작하라

일단 원하는 결과를 명확하게 한 다음 처음부터 새로 시작하라. 지금 상태에서 이 일을 성공적으로 끝내려면 일정상, 재정상 해야 할 일이 무엇인지 결정하라. 지향할 구체적인 시한이나 목표를 결정하라. 그 목표가 바람직하고 성취 가능한 것인지 확인하라.

3단계. 팀을 구성하라

성공에 기여할 수 있는 모든 사람을 모아라. 때로는 이상적인 결과와 일정을 결정하기 전에 팀을 구성해야 할 때도 있다. 인사가 만사라는 것을 잊지 말라. 이 조직의 구성원이 될 사람들을 시간을 갖고 자세히 검토하라.

리더로서 성취하는 성공의 95퍼센트는 사람을 선택하고 그들이 내 일을 돕게 만드는 능력에 따라 좌우된다. 내가 실수해서 형편없는 사람을 고른다면 내 목표성취는 매우 어려워질 것이다.

짐 콜린스Jim Collins는 『좋은 기업을 넘어 위대한 기업으로Good to Great』에서 "성공의 비법은 올바른 사람은 태우고 부적당한 사람은 내리게 하는 것이다. 그러고 나서 태운 사람들을 제자리에 앉히는 것이다."고 했다.

업무 이전에 사람에게 초점을 맞춰라. 모든 생산성은 사람에게서 비롯되기 때문에 사람이 가장 중요한 요소라는 것을 기억하라.

4단계. 주인의식을 갖게 하라

팀원들과 함께 작업함으로써 과업에 관한 주인의식을 심어줘라. 어떤 일에 주인의식을 느끼는 정도와 헌신도 사이에는 직접적인 관계가 있다. 지도자의 핵심적인 업무 가운데 하나는 각 구성원에게 이런 주인의식을 심어주어 모든 분야에서 자신의 업무에 책임감을 느끼게 하는 것이다. 모든 세부사항을 담당자와 상의하면 이런 주인의식을 심어줄 수 있다.

5단계. 비전을 공유하라

함께 비전을 공유한다는 것은 모두가 원하는 성공의 이상적인 모습이다. 어떻게 비전을 공유할 것인가? 직원들과 함께 "우리가 성취하려는 것은 무엇인가?"라는 질문에 답해보라. 나는 직원들을 격려하여 과업에 헌신하게 하고 구체적으로 시각화하여 이상적인 성과, 즉 과업의 바람직한 결과를 상상하게 해야 한다. 이 비전이 명확해져서 모두 공유하면 공유한 비전을 달성하기 위해 구체적인 '공유된 계획'을 개발해야 한다.

6단계. 계획을 공유하라

구체적인 계획을 공유하는 것은 성공적인 과업완수의 핵심이다. 이 단계에서는 팀의 모든 사람이 함께 모여 계획에 대해 토의하고 개발하는 작업이 요구된다. 계획에는 과업을 완수하는 데 필요한 순차적인 활동이 포함된다. 모든 사람이 자신의 역할과 다른 사람들의 기대역할을 알아야 한다. 초기단계에서 팀원들과 더 많은 부분을 계획할수록 팀원들은 업무시작 후에 더욱 헌신적이고 창의적인 역할을 제대로 수행한다.

7단계. 일정과 마감시한을 설정하라

비전과 목표를 공유하여 모든 직원이 정확히 무엇을 해야 하는지, 원하는 이상적인 결과가 무엇인지 알았다면 다음 단계는 팀원의 동의 아래 과업의 마감시한을 정하는 것이다. 세부적인 마감시한을 정할 수도 있다. 일을 시작하면서 공감대를 형성하는 작업은 조직이 최고의 성과를 낼 수 있도록 하는 데 매우 중요하다. 직원들에게 각자의 역할과 조직 전체적인 목표를 달성할 수 있는 시한이 언제인지 물어보라. 토의와 의견교환의 결과로 모든 구성원은 과업의 마무리 시점에 동의하게 된다. 과업관리에서 가장 큰 실수는 지도자가 자의적으로 마감시한을 정하고 구성원들이 동의하지 않는 경우에 저질러진다. 팀원들의 동의, 필요한 경우에는 다수결에 근거하여 마감시한을 결정하라. 모든 구성원이 자기가 조직에서 맡은 역할과 실행시기에 동의하도록 만들라.

8단계. 모든 일의 목록을 작성하라

완수해야 하는 모든 업무, 기능, 활동 등을 아주 세세한 것까지 목록에 적어라. 과업을 개인적인 업무로 더 자세히 구분할수록 계획, 조직, 감독, 위임, 조정, 정시의 업무마감 등이 더 쉽게 이루어진다.

9단계. 필요한 정보를 확인하라
과업을 완수하기 위해 추가적으로 필요한 정보가 무엇인지 확인하라. 세부업무로 정보수집 목록을 만들어라. 팀원 한 사람에게 이 일을 구체적으로 위임하라. 마감시한을 정하라. 마감시한 없는 결정은 단지 무의미한 토의일 뿐이라는 것을 명심해야 한다. 마감시한 없이는 아무 성과도 없을 것이다.

10단계. 한계요인을 파악하라
"과업의 어떤 부분이, 어떤 업무나 활동이 과업의 성공속도를 결정하는가?"라는 질문에 답변하여 한계요인이 무엇인지 확인하라. 바꿔 말해, 업무의 어떤 부분이 다른 부분의 성취속도를 결정하는 병목지점인지 질문하라.

예를 들어, 회사가 1000명이 들을 수 있는 공개세미나를 개최하기로 결정했다고 하자. 이때 다른 모든 것을 결정하는 제약요인은 회의장소를 예약하는 일이다. 세미나 장소를 찾아서 계약하는 일이 전체 과업에서 가장 어려운 병목이다. 일단 장소를 결정하고 나서야 마케팅, 영업, 광고, 판촉, 매표, 제품과 재료의 선적, 도우미 구하기 등의 다른 일을 할 수 있다.

모든 과업에는 병목지점이 있다. 언제나 다른 일의 일정을 좌우하는 업무가 있게 마련이다. 제약요인을 확인한 뒤 일을 시작하고 그 요인을 완화하는 일을 최우선업무로 삼아라. 가장 재능 있고 유능한 사원을 배치하거나 자신이 직접 맡아 해결하라. 그 작업이 끝나기 전에는 아무 일도 안 된다.

11단계. 과업을 조직화하라

과업의 여러 부분을 순차적 업무와 병행적 업무 두 가지로 조직하라. 각 업무의 순서를 정하여 어느 일이 다른 일에 앞서 진행되어야 하는지 조직하는 것이다. 순차적으로 조직화하는 것은 하나의 일이 끝나야 다음 일을 시작할 수 있는 상황에서 필요하다. 어떤 일을 하기 전에 다른 무엇인가를 끝내야 하는 경우가 대부분이다. 처음부터 과업의 끝까지 논리적인 순서에 따라 업무를 순차적으로 조직하라.

병행적 업무는 병렬적인 활동을 조직하는 것이다. 병렬적인 활동은 동시에 하나 이상의 일이 수행되어야 하는 경우에 활용된다. 둘이나 그 이상의 사람이 두세 가지 다른 업무를 각기 독립적으로 수행할 수 있다.

내가 건물을 빌려서 거기로 이사를 간다고 생각해보자. 제약요인은 임대할 공간, 정확한 주소의 결정, 임대서류에 도장을 찍는 일 등이다. 건물의 위치가 결정되고 사무실이 확보되면 다른 일은 순차적으로 또는 병행적으로 이루어진다.

순차적 업무는 새로운 사무실에서 필요한 가구와 내부시설을 정하는 일, 옛 사무실의 짐을 싸는 일, 사무실 가구를 배열하는 일, 실제로 이사하는 일 등이다.

병행적 업무는 전화기를 설치하거나 전화국에서 새 전화번호를 받는 일, 고객이나 거래처, 공급자 등에게 새 주소를 알리는 일같이 각기 독립적으로 이루어질 수 있는 활동이다.

12단계. 종이 위에서 생각하라

간단한 과업관리서식을 만들거나 구하라. 다행히도 과업관리의 중요성이

널리 알려진 덕분에 다양한 서식을 쉽게 구할 수 있다. 과업관리서식은 사무실 파티를 마련하는 단순한 일부터 쇼핑몰이나 축구경기장을 건설하는 복잡한 일까지 폭넓게 사용할 수 있다.

    가장 단순한 형태는 장차 내가 맡을지도 모르는 과업의 개략적인 틀을 손으로 그려서 기억하고 다니는 것이다. 그래프 종이나 줄이 쳐진 종이가 이상적이다. 종이에 실행해야 할 순서에 따라 업무를 적는다. 페이지 맨 위에는 과업의 완성시기를 적는다. 윗부분에 기록된 시간은 일, 주, 월, 년 등이 될 수 있다. 매주나 매월에 해당하는 줄을 정할 수 있고, 과업이 단기적이라면 시간별 실천과제를 적은 매일에 해당하는 줄을 정해 기록하면 될 것이다.

13단계, 책임과 마감시한을 위임하라

일단 과업계획수립, 팀 구성, 모든 업무에 필요한 기술, 진행순서에 따른 업무배치 등이 일단락된 다음에는 각 업무에 관한 마감시한을 정하여 그것을 위임하라. 마감시한 전에 각 업무를 편안하게 마무리하기 위해 일정에 '완충요소'를 만들어라. 마감일이 중요할수록 과업을 마감시한 안에 마치기 위해 여유시간을 만드는 것은 더 중요하다. 모든 사람은 최소한 업무 마감시한 10퍼센트 전에는 과업을 마치려고 한다. 어떤 과업이 3주일 일정이고 금요일이 마감일이라면 모든 과업을 그 주 수요일이나 목요일에 마무리할 목표를 세워라. 마지막 순간의 실수나 예기치 못한 장애, 불가피한 연기 등이 발생할 수 있다. 완충요소를 부가하는 것은 집행능력이 뛰어난 자들의 특징이다.

    나라의 운명이나 다른 중요한 전환점을 결정지었던 위대한 역사적 노력이나 전쟁은 성공하는 데 필요한 여분의 시간을 확보하지 못한 단 한 사람의 실수 때문에 실패로 돌아갔다. 이런 일이 당신에게 일어나지 않게 하라.

14단계. 위기상황을 예견하라

과업관리에서 가장 중요한 부분은 위기상황을 예견하는 것이다. 이것은 전체적인 과업을 분석하여 잘못될 소지가 있는 일을 조사하는 작업이다. 머피의 법칙은 다양한 종류의 과업에 종사하는 사람들이 개발했다. 이 법칙에 따르면, "잘못될 가능성이 조금이라도 있는 일은 결국 잘못되며, 최악의 시기에 발생하는 최악의 일이 되어 가장 큰 비용이 소요된다."고 한다.

또 다른 법칙은 "모든 일은 예상보다 항상 더 오래 걸린다."이다. "모든 일은 미리 정한 예산보다 더 많은 비용이 든다."는 말도 있다. 위기상황을 예견하는 핵심은 과업의 일정에 지장을 줄 수 있는 여러 지연요소와 장애요소를 미리 검토하는 것이다. 과업의 성공적인 완수를 가로막는 장애요인은 어디에서 어떻게 발생할 수 있을까? 최악의 상황을 확인한 다음에는 그것이 발생하지 않도록 하라. 발생하기 전에 문제의 위치를 확인하여 예방 조치하라.

15단계. 대안을 개발하라

선택적인 행동 과정을 개발하라. 독일의 여러 공국을 하나로 통합한 유럽의 위대한 정치가인 비스마르크 수상은 탁월한 외교기술로 유명하다. 어떤 일이 일어나든 간에 그는 늘 대체 가능한 세부적인 복안이 있었다. 이것은 '비스마르크 계획'이나 '제2안'으로 알려져 있다. 당신도 언제나 제2의 대안을 마련해야 한다. 언제나 예기치 않은 일이 일어나서 애초에 시작한 것과 전혀 다른 일을 해야 할 상황을 가정해야 한다. 완벽하게 작용하는 대안을 마련하는 데 시간을 투입할수록 발생한 일에 대처하는 능력과 유연성은 비례한다.

우리는 스스로가 지닌 대안만큼만 자유로울 수 있다. 당신은 잘 개발된 대안만큼만 자유로울 수 있을 뿐이다. 준비한 대안이 없다면 선택의 여지가 없이 한 가지 행동에 갇힌다. 그 계획이나 그에 따른 일련의 행동이 잘못되면 당신은 심각한 문제에 빠진다. 역사의 위대한 업적들은 그 책임을 맡은 사람들이 문제점을 예견하여 대비했기 때문에 가능했다. 일이 잘못 되었을 때 지도자에게는 이미 제2의 대안이 있었다.

어떤 일을 계획할 때 막연한 행운을 믿지 않는 것이 중요하다. 희망은 전략이 아니다. 나폴레옹의 말을 기억하라. 행운을 믿느냐는 질문에 그는 "네, 나는 운이라는 것을 믿습니다. 나는 불운을 믿습니다. 그리고 나는 그것들이 내게 일어날 것이라고 생각하여 늘 계획을 세웁니다."라고 대답했다.

과업관리에서 / 피해야 / 할 / 네 / 가지 / 문제

과업관리에는 네 가지 주요 문제가 있다. 이 문제들은 새로운 과업을 시작하기 전에 신중하게 생각하면 피할 수 있다.

1. 충분한 시간을 할애하지 않는 것　첫 번째 문제는 멀티태스크를 성취하는 데 충분한 시간을 할애하지 않는 것이다. 사람들이 실패하고 인생에서 방

황하는 주요 이유다. 그들은 너무 행운만을 믿어 과업의 각 단계에 충분한 시간을 할애하지 않아 결국 실패한다.

2. 가장 좋은 상황을 가정하는 것　두 번째 문제는 모든 일이 잘될 것이라고 가정하는 것이다. 알렉스 매킨지$^{Alex McKenzie}$는 "어긋난 가정은 모든 실패의 원인이다."고 했다. 모든 일이 잘될 것이라고 가정하지 말라. 당신에게 문제가 생길 것이라고 가정하라. 충분한 시간과 문제해결에 필요한 자원을 확보하여 과업을 일정대로 진행하라.

3. 목적을 향해 무작정 달려드는 것　세 번째 문제는 마지막 순간에 급하게 일을 마무리하는 것이다. 시간이나 돈이 다 떨어져서 일을 서두르면 거의 반드시 실수하게 마련이고 후에 잘못된 일을 수습하는 데 에너지를 낭비한다. 여유를 갖고 꾸준하게 일해서 한 번에 잘해내는 것이 시간을 버는 방법이다.

4. 한 번에 여러 가지 일을 시도하는 것　네 번째 문제는 한 번에 여러 가지 일을 하려고 함으로써 결국 아무것도 잘하지 못하는 것이다. 과도한 책임을 지거나 과업을 다른 사람에게 넘겨줘야 할 것이다. 어떤 경우든 간에 과업의 여러 부분에 금이 갈 것이고, 때로는 모든 노력이 수포로 돌아갈 것이다.

　한 번에 한 가지 일만 하라. 그리고 다른 일로 옮기기 전에 그 일을 잘 마무리하라.

과업을 / 시각적으로 / 계획하라

과업을 디자인하고 관리하는 가장 좋은 방법은 '그림판에 그리기storyboarding'다. 이 기법은 원래 월트 디즈니가 만화와 영화를 제작하려고 개발했는데, 지금은 오락산업의 모든 분야에서 사용한다. 그림판에 그리기 기법은 과업의 시각적인 이미지를 만들어 모든 사람이 본 다음 의견을 적을 수 있도록 벽에 걸어두는 것이다. 우선 큰 코르크판을 구한다. 그 다음 핀이나 압정 몇 상자와 3×5인치나 5×8인치의 카드를 구한다. 여러 색의 형광펜도 준비하면 끝난다.

한두 단어로 된 과업의 주요 사항을 5×8인치 카드에 형광펜으로 적은 뒤 코르크판 윗부분에 고정한다. 이것은 책으로 치면 각 장의 제목에 해당하고 '표제'라고 부른다. 그 과업의 주요 부분으로 3~10개 정도의 표제를 선정할 수 있다.

각 표제 아래에는 3×5인치 카드를 배치한다. 각 카드에 업무달성에 필요한 개별적인 과정을 적는다. 이 작업을 마치면 해야 할 일을 순서대로 보여주는 과업 전체에 관한 시각화가 완성되는 것이다.

이 설계도에서 표제나 업무설계의 위치를 변경할 수 있고, 순서나 일정을 변경할 수 있다. 또 책임자나 마감시한을 변경할 수 있다.

종이 한 장으로 된 스토리보드를 활용할 수도 있다. 종이 위쪽에는 항목을 가로질러 쓰고, 각 항목에 관한 구체적인 조치를 그 아래에 쓴다. 그 과업을 더욱 구체적으로 시각화할수록 여러 업무 사이의 관계를 더 잘 파악할 수 있으며, 과업을 제시간에 끝마치는 데 필요한 조치가 무엇인지 더 잘 이해할 수 있다.

스토리보드 기법을 사용하는 방법 중에 코르크판 상부에 5×8인치 카드를 핀으로 고정하고 거기에 팀원들의 이름을 쓰는 것이 있다. 각 이름 아래에 각 직원이 업무 마감시한까지 해야 하는 구체적인 일을 3×5인치 카드에 적어서 붙여둔다. 이렇게 하면 팀 안에 있는 다른 사람들과의 관계를 시각적으로 제시하여 무엇을, 누가, 언제 해야 하는지 분명하게 알 수 있다.

멀티태스크 사례 : 소식지 보내기

지금부터 과업관리시스템을 잘 사용한 우리 회사의 멀티태스크 사례를 소개하려고 한다. 과업대상은 소식지였다. 우리는 소식지를 보내는 작업을 담당할 팀을 구성했다. 또 우리가 완수할 수 있는 일정에 따라 업무를 순차적으로 목록화했다. 다음은 우리가 했던 업무 과정이다.

첫째, '소식지를 만들어서 보내는 일'을 우리의 목표, 즉 기대성과로 정의했다. "이상적인 결과는 무엇인가?"라고 묻고 이에 대한 답변을 목표로 잡아 소식지를 도안하는 모든 작업을 이 목표달성에 맞추었다.

둘째, 마케팅 목표 시장을 결정한 다음 관련된 사람들의 우편목록을 만들었다. 우편목록을 만드는 것이 또 하나의 독립적인 멀티태스크라는 것을 인식하고 전담팀을 구성하여 업무를 전체 과업에서 분리했다.

셋째, 소식지의 형식과 구성을 설계했다. 광고문구와 사진을 정하여 배치를 결정했다. 상품 판매를 강조하기로 결정하고 각 부분의 담당자를 정했다.

넷째, 광고문구를 작성하여 사진과 함께 도안에 배치했다.

다섯째, 소식지 형태를 갖추도록 각 항목을 배열하여 소기의 영업목적을 달성할 수 있도록 만들었다.

여섯째, 소식지를 인쇄할 프린터를 정했다. 세 기종을 선정하여 비교한 다음 인쇄 품질이 가장 좋은 프린터를 선택했다.

각각의 멀티태스크를 정하라

우편목록을 정하는 것은 독립된 하나의 멀티태스크라고 판단해서 네 단계로 나눴다.

1단계는 시장의 규모를 알아보는 것이다. 과연 누구에게 소식지를 보내야 하는가? 목록 중개업자와 접촉해야 했다. 시장의 인구규모를 파악할 때까지 협력업체의 우편목록을 검토했다. 이 선별된 목록에 있는 사람이 소식지를 받을 대상이었다.

2단계는 우편물을 발송해야 할 사람들의 이름을 알아내는 것이다. 3단계는 우편물을 봉투에 넣어 주소를 쓰고 실제 발송하는 등 우편업무를 담당할 업체를 선정하는 것이다. 마지막 4단계는 목록과 소책자를 인쇄하여 우편물 발송을 담당한 업체에 보내어 소책자를 받도록 선정된 사람들에게 보내는 것이다.

이 과정이 단순한 일처럼 보일 수 있다. 하지만 그 일은 소식지를 선택하여 구성과 디자인을 결정하고, 우편목록과 발송지를 결정하여 인쇄한 다음 실제로 발송하는 등 처음부터 끝까지 거의 넉 달이 걸리고, 5명이 각기 맡은 업무에서 200~300시간을 투자해야 하는 작업이다. 우리가 그 일을 성공적으로 할 수 있었던 이유는 각 업무, 역할, 기능을 순차적으로 조직화했기 때문이다.

주기적인 복습과 평가

과업관리를 잘해내려면 마지막 요구조건은 업무성과를 측정하고, 문제를 해결하며, 책임을 재분배하는 데 필요한 주기적인 평가 과정을 계획하는 것이다. 이것은 소식지를 제시간에 예산의 범위에서 배포하는 데 핵심적인 요소다. 모든 과업에서 반드시 기대하는 바를 조사해야 한다. 팀과 과업을 결정하여 여러 업무와 책임으로 분산하여 위임한 다음에는 규칙적으로 만나서 업무의 진행 과정을 점검하고 토의해야 한다.

초기에 얼마나 잘 계획했든 간에 과업을 성공적으로 수행하기 위해서는 계획에 관한 규칙적인 평가를 받아야 한다.

성공적인 / 과업관리

과업관리를 성공적으로 이끌어 주는 여러 요소가 있다. 이 가운데 가장 중요한 것은 여러 역할을 담당한 팀원 사이에 의사소통을 잘하는 것이다. 의사소통을 훌륭히 하는 데 필요한 네 가지 요건이 있다.

1. 명확성이 핵심이다
의사소통을 훌륭히 하는 데 필요한 첫 번째 요건은 명확성이다. 이것은 당신이 말하려는 바를 정확하게 전달하는 것이다. 당신이 하려는 것을 명확하게 설명해야 한다. 상대방이 이해하고 있을 것이라고 가정하지 말라. 사람들이 내가 이야기한 내용이나 그들에게 요구되는 바를 명확하게 이해하고 있다고 가정하지 말라. 피드백을 통해 팀원들이 명확히 이해하고 공유하고 있는지 항상 꼼꼼하게 살펴야 한다. 당신이 말한 것을 자신의 언어로 이야기해보라고 팀원들에게 요청해야 한다.

질문과 공개적인 대화를 장려하라. 사람들이 충분히 당신에게 도전하고 당신 의견에 반대할 수 있는 분위기를 만들어라. 사람들이 토의에 더 많이 참여할수록, 더 적극적일수록 일의 진행에 더욱 헌신적으로 참여하며 성공을 돕기 위해 애쓴다. 더 자주 논의될수록 모든 사람에게 그 일은 더욱더 명확해진다.

2. 일관성이 중요하다

훌륭한 의사소통 다음은 일관성이다. 팀의 리더는 인내심이 많고, 긍정적이고, 결단력 있으며, 안정적이어야 한다. 훌륭한 리더가 되려면 리더십과 관리자로서 탁월한 자질을 계발하여야 한다. 업무를 잘 파악하지 않으면 실패할 수 있다는 것을 잊지 말아야 한다. 과업이 중요하다면 완벽한 책임의식을 가지고 기대성과를 조사하라. 내가 직접 확인하지 않고 모든 것이 계획대로 잘될 것이라고 생각하지 말라.

3. 갈등과 부실한 업무수행을 다루어라

팀의 리더로서 의사소통을 훌륭하게 하려면 갈등과 부실한 업무는 직접 다루어야 한다. 어떤 사람이 주어진 일을 하지 않는다면, 그것을 묵인해서는 안 된다. 마치 그런 일이 일어나지 않을 것처럼 꾸미지 말라. 훌륭한 리더는 마감시한이나 업무의 질에 관해 적극적으로 요구할 줄 아는 사람이다. 모든 사람을 독려하여 공개적으로 과업 전반의 업무 진행을 토의하게 만들라. 필요하다면 다른 사람에게 다른 일을 주어 업무를 재배치하라. 어떤 사람에게는 일이 너무 과도하게, 어떤 사람에게는 일이 너무 적게 주어졌다면 모든 사람이 탁월하게 자신의 일을 감당할 수 있도록 업무를 재배치하는 게 좋다.

4. 용기라는 신념을 가져라
훌륭한 의사소통의 네 번째 자질이자 리더십의 위대한 덕목은 용기다. 윈스턴 처칠의 말대로 "모든 덕목 중 최고는 용기로, 다른 덕목들은 여기에 의지한다." 가장 중요한 형태의 용기는 결과에 완전한 책임을 지며, 업무가 성공적으로 완수될 때까지 지속적으로 노력하기로 결심하는 것이다.

무엇이든 배울 수 있다

경험이 없다면 체계적인 과업관리시스템을 활용하는 것이 쉬운 일이 아니다. 그러나 과업관리 기술은 내가 개발할 수 있는 어떤 기술보다 많은 시간을 절약해주고 과업경력을 개발해준다. 우리는 이 기술을 방학계획 등 가정에서 활용할 수 있다. 회사나 조직을 만들어 운영하는 데도 활용할 수 있다. 자신의 과업을 시작하거나 실적이 뛰어난 영업사원이 되기 위해서도 기타 여러 방식으로 활용할 수 있다.

　과업을 계획하고 조직하고 관리하여 목표에 이르는 능력은 성공의 핵심이고, 또 인생, 과업, 리더십 등에서 자신의 완벽한 잠재력을 깨닫는 데 필수적이다. 다행히 과업관리는 내가 결심하고 연습하면 충분히 배워서 숙달할 수 있는 기술이다. 한계사항이란 없다.

잠든 시간을 깨우는 시간관리법

1. 실행을 통해서만 배울 수 있다. 내게 긍정적인 영향을 미치는 일을 과업이나 개인적인 삶에서 찾아 이 장에서 배운 기법을 적용하여 성공적으로 완수하라.

2. 완벽하게 성취해서 얻고자 하는 이상적인 성과물을 규정하는 것으로 각 과업을 시작하라.

3. 과업을 성공적으로 완수하는 데 필요한 모든 요소의 목록을 만들어라.

4. 과업계획서식을 작성하라. 처음부터 마지막 업무까지 모든 업무와 활동을 순차적으로 조직화하라.

5. 이 과업을 완수하기 위해 도움을 받거나 협력해야 하는 사람을 모아라. 그들과 과업에 대해 구체적으로 이야기하여 각자가 일정한 시간까지 자기 일을 완수하는 데 헌신하도록 만들어라.

6. 위기를 예측하여 과업의 성공적인 수행을 지연시키는 장애나 어려움이 무엇인지 확인하라. 문제가 발생하기 전에 해법을 모색하라.

7. 자신과 조직의 성공을 위해 반드시 필요한 업무를 꼭 해내겠다는 강한 책임의식을 가져라. 앞으로 남은 나의 경력을 위해 완벽하게 과업관리를 하겠다고 결심하라.

CHAPTER 07

Time-Saving Techniques : How to Deal with
the Six Biggest Time Wasters

시간절약 기법 :
시간낭비 요인 여섯 가지에
대처하는 방법

성공하려면 시간은 필수적이다. 성취하려는 모든 것에는 시간이 필요하다.
내 인생에서 진정으로 중요한 일을 하려고 필요한 시간을 확보하려면,
그 밖의 다른 일로 흘려보내는 시간을 지켜내야 한다.

당신의 모든 생각을 위대한 목표에 집중하라.
그 집중은 매분, 매시간, 매일, 매주 끊임없어야 한다.
– 찰스 E. 퍼플스톤

성공하려면 시간은 필수적이다. 성취하려는 모든 것에는 시간이 필요하다. 내 인생에서 진정으로 중요한 일을 하려고 필요한 시간을 확보하려면, 그 밖의 다른 일로 흘러보내는 시간을 지켜내야 한다. 우리는 매일 시간을 낭비하고 효율성을 좀먹는 환경에 둘러싸여 있다. 열정적인 자기훈련만이 이런 시간도둑에게서 내 소중한 시간을 지킬 수 있다.

시간을 낭비하는 주요 요인 일곱 가지

업무 중 시간을 낭비하게 만드는 일곱 가지 주요 요인이 있다. 이 무서운 시간도둑을 처리하는 능력에 따라 당신 사업의 성공 여부가 좌우된다고 해도 과언이 아니다.

1. 전화　첫 번째 주요 시간낭비 요인은 전화다. 전화벨 소리에 생각의 고리가 끊기고 집중은 깨진다. 전화 받는 일에 신경을 쓰면 정신이 분산되어 일에 집중하지 못한다.

2. 예상치 못한 방문객　예상치 못한 우연한 방문객은 엄청난 시간낭비 요인이다. 이런 불청객들은 일의 맥락과 생각의 고리를 끊어서 결과적으로 내 일의 효율성을 손상시킨다. 그들은 중요하지도 않은 일을 계속 이야기함으로써 일을 방해한다.

3. 회의　회의는 계획된 것이든 계획되지 않은 것이든 우리 시간의 40퍼센트 이상을 빼앗는다. 회의는 공식적이거나 비공식적이고, 집단적이거나 개별적이며, 사무실이나 복도에서 하게 된다. 모든 회의가 업무에 꼭 필요한 것은 아니다. 대부분의 회의는 시간을 낭비하는 경우다.

4. 긴급 상황　시간을 낭비하게 하는 요인 중에는 긴급한 상황과 불가피한 위험요소도 있다. 중요한 일을 막 시작하려고 하는 바로 그때 전혀 예기치 못한 상황이 발생하여 주요 업무를 방해한다. 이런 방해는 몇 시간 동안 계속 될 때도 있다.

5. 연기　일을 연기하는 것은 시간도둑이다. 일을 연기시키는 여러 요인은 8장에서 다룰 것이다.

6. 사교활동과 잡담   사교활동은 엄청난 시간을 차지한다. 직장에서 보내는 시간 중 75퍼센트는 다른 사람과 어울리는 데 사용한다는 통계가 있다. 더욱 비극적인 것은 그 가운데 절반이 업무와 무관한 잡담을 하느라 낭비된다는 점이다.

7. 우유부단함과 미룸   우유부단함은 사람들이 알고 있는 것 이상으로 시간을 낭비하게 한다. 우유부단함 때문에 결과적으로 불필요한 서류작업이나 문서 수·발송 업무 등을 하게 된다.

시간관리 / 핵심 / 사항 / 복습하기

지금까지 책에서 소개한 효율적인 시간관리에 관한 핵심 사항을 잠시 살펴보자.

내 사고방식 바꾸기

처음에 시간관리의 심리학에 관해 이야기했다. 확고한 결심만이 자신의 시간을 잘 사용할 수 있도록 도와준다. 자신이 조직적이라고 계속 생각해 보라. 매우 효율적이고 생산적인 자신의 모습을 그려보라.

분명한 목표와 대상 설정하기

당신의 열망과 주요 가치, 신념에 부합하는 분명한 목표와 대상을 설정해야 최고의 성과를 올릴 수 있다. 더 많은 목표를 세울수록 시간활용을 더 잘할 수 있다. 특히, 그 목표가 자신의 중요 가치와 일치할 때는 더욱 그렇다.

강요된 효율성 법칙에서는 맡은 업무가 많을수록 가장 중요한 일부터 해야 높은 효율성을 획득할 수 있다고 했다. 자신의 임무를 잘 수행하려면 효율적으로 일하도록 압박을 받아야 한다.

이 법칙은 또한 "모든 것을 해낼 시간은 없지만, 가장 중요한 것을 할 시간은 충분하다."고 말한다. 해야 할 일의 양이 많다는 사실은 자신을 더욱 효율적인 사람이 될 수 있게 한다.

세부적으로 계획하기

생산적으로 일하려면 순서와 우선순위로 조직된 세부 행동계획이 필요하다. 일을 시작하기 전에 계획하고 조직화하는 데 투자하는 1분은 실제 업무수행에서 10분을 절약해준다.

명확한 우선순위 설정하기

명확한 우선순위를 설정하고, 늘 그 우선순위에 따른 최고 가치의 업무에 집중해서 일해야 한다. 모든 일에 80/20 법칙을 적용하라. 중요한 일과 긴급한 일을 구별하라. 언제나 가장 가치 있는 시간활용에 집중하라.

집중해서 일하기

좋은 업무 습관을 계발하여 주어진 시간 안에 가장 중요한 일을 해내는 방법을 배우는 것은 매우 중요하다. 좋은 업무 습관이 형성되면 보통 사람보다 훨씬 더 많은 일을 할 수 있으며, 이것이 인생에서 성공하는 비결이다.

멀티태스크 해내기

지금까지 배운 것을 종합하여 여러 사람이 참여하는 복잡한 업무도 잘 계획한다. 종이 위에서 생각하고 일을 시작하기 전에 반드시 모든 세부사항을 계획하고 조직하는 습관을 계발하라.

오늘 / 내가 / 시간을 / 사용한 / 방식

시간을 어떻게 쓰고 있는가? 시간관리전문가 마이클 포티노는 일생동안 사람들이 쓰는 시간의 평균을 내어 분석했는데, 다음과 같이 요약할 수 있다.

    사람들은 평생 화장실에서 7년, 식사하는데 6년, 줄 서서 기다리는데 5년, 집안 청소를 하는데 4년, 회의하는데 3년의 시간을 쓴다. 물건을 찾는 데는 1년, 스팸메일을 여는데는 8개월, 빨간 신호등 앞에서는 6개월의 시간을 보낸다. 이를 닦는데 보내는 시간도 무려 120일이나 된다. 그런데 배우자와 대화하는 시간은 매일 4분, 아이들과 대화하는 시간은 매일 30초밖에 되지 않는다고 한다. 놀라운 사실이다.

이런 시간 배분을 긍정적인 방식으로 바꾸려면 삶에서 시간낭비 요인을 제거하여 매일 삶에서 시간을 절약하는 방법을 배워야 한다. 예를 들어, 일을 할 때 시간을 절약하고 싶다면 자신에게 계속해서 다음 질문을 던져야 한다.

내가 월급을 받는 이유는 무엇인가?
나는 무엇을 하기 위해 고용되었는가?
지금 나의 중요한 목표나 대상은 무엇인가?
지금 이 순간 내가 해야 할 일은 무엇인가?
나는 어떤 성과를 올리기 위해 고용되었는가?

지금 내가 하려는 일이 나의 가장 중요한 목표와 대상을 성취하는 일에 기여하는가?

일을 시작할 때부터 마칠 때까지 계속해서 "내가 월급을 받는 이유는 무엇인가? 지금 내가 하려고 하는 일이 나를 고용한 이유인가?"를 자문해야 한다. 내가 설정한 가장 중요한 목표달성에 도움이 되지 않는 일을 거절하는 습관을 길러라.

시간낭비 요인인 전화통화에 대처하는 일곱 가지 방법

1. **전화하는 것도 일이라고 생각하라** 받고 끊는 것을 빨리 하라. 업무 중에는 전화통화로 잡담하지 말라. 전화통화는 최대한 효율적으로 하라. 당신이 10대라면 전화는 친구나 이성을 만나는 사교 수단일 수 있다. 오랜 시간 잡담을 해도 괜찮을 것이다. 하지만 성인이 된 지금도 전화를 사교와 잡담을 위한 도구로 사용하는 습관을 버리지 못했다면 당장 생각을 고쳐라. 비즈니스 세계에서 전화는 업무를 위한 의사소통의 수단이다. 근무시간에는 전화를 업무 도구로 사용하도록 훈련해야 한다.

2. **전화통화를 사전에 검토하라** 전화를 받기 전에 전화한 사람이 누구이고 무엇을 원하는지 알아내야 한다. 모르는 사람에게서 걸려온 전화에 생기는 호기심을 극복해야 한다. 전화를 받기 전에 그들이 전화한 이유를 알아내라.

3. **전화를 받지 말라** 가능하면 일이 중단되지 않도록 하라. 벨소리의 노예가 되지 말라. 중요한 일을 하고 있을 때는 전화를 받지 않는 것도 하나의 전략이다. 중요한 전화라면 다음에 다시 올 것이기 때문이다.

4. **회답전화 받을 시간을 정확하게 정하라** 전화해서 사람이 없으면 회답전화를 받을 수 있는 시간을 분명히 정해서 메시지를 남겨라. 내가 받을 수 없는 경우에는 비서나 교환원에게 응답 전화시간을 받아놓도록 하라. 그

때가 전화한 사람과 통화할 수 있는 시간이기 때문에 쓸데없이 전화메모를 뒤적이지 않아도 된다.

5. 통화들을 묶어라. 학습곡선을 사용하라   모든 통화를 한꺼번에 하라. 해야 할 통화들을 나누어 하루 종일 하지 말라. 전화통화를 오전 11시까지 모아두었다면 11시부터 12시까지 해야 할 모든 통화를 다 하라. 또는 오후 3시 30분까지 모아두었다면 4시 30분까지 그렇게 하라.

6. 미리 계획하여 전화통화하라   사업상 할 전화를 회의라고 간주하고 이를 위한 개요를 작성하라. 전화한 이유와 용건마저 잊어버린 채 무작정 통화를 시작함으로써 시간을 낭비하지 말라.

7. 전화통화를 모두 기록하라   메모를 잘하는 사람에게 주도권이 주어진다. 메모용지와 펜 없이는 전화를 받지 말라. 내가 동의한 사항은 꼼꼼하게 적어두라. 전화번호, 시간, 날짜, 수량, 기타 다른 사람이 동의한 사항도 적어두라. 메모는 장차 매우 중요한 기능을 수행할 수 있기 때문이다.

예기치 / 않은 / 방문객에 / 대처하는 / 요령 / 다섯 / 가지

1. 일할 수 있는 시간을 따로 구별해서 만들어라   우선 일에 집중할 수 있도록 하루 중 구별된 시간을 만들어라. 이 시간 동안에는 어떤 방해도 용납

하지 말라. 문구점에서 '업무중'이란 알림판을 구해서 문에 걸어두라. 이 알림판은 아주 긴급한 상황을 제외하고는 어떤 사람도 만나지 않겠다는 의사표시다.

2. 빨리 일어나라　달갑지 않은 사람이 사무실로 찾아오면 얼른 일어나서 맞아라. 몇 해 전 내가 일했던 회사의 한 관리자는 사무실마다 돌아다니면서 담소를 즐겼다. 정말 따분하게 이야기하는 사람이었다. 사람은 좋았지만 일단 자리에 앉으면 30분은 기본이었다. 나는 궁리 끝에 마침내 이 불청객 다루는 법을 찾아냈다. 그 사람이 사무실에 들어오면 즉시 일어나 마치 밖으로 나가려던 참이었다는 듯이 책상 주변에서 움직였다. 그러고는 "어서 오세요. 그런데, 어쩌죠. 제가 지금 나가려던 참이었거든요." 하고 말하면서 그 사람을 문으로 이끈 다음 복도로 내몰았다. 그리고서는 그 길로 화장실이나 다른 사무실로 들어갔고, 그가 사라지면 내 책상으로 돌아왔다. 이 방법으로 다른 임원들은 도저히 어쩔 수 없었던 엄청난 시간낭비를 하지 않아도 되었다.

3. 토론을 중단하라　이야기를 충분히 나눴다고 생각되면 다음에는 "가시기 전에 그걸 보셔야 합니다."고 말하라. 그리고 나서 일어나 손님을 문으로 안내하라. 당신이 생각하는 어떤 것으로든 대화를 마치고 악수한 다음, 자리로 돌아와 일하라. 이 기법 중 하나는 다음과 같다.

　"가시기 전에 보셔야 할 것이 하나 더 있습니다." 그렇게 말한 다음 손님을 바깥으로 데리고 나와서 공장, 책, 새로운 가구 등을 제시하고 그에게 그것을 보라고 한 다음 자신은 일자리로 돌아오는 것이다.

4. 구체적인 시간약속을 하라   우연한 방문객을 효과적으로 다루기 위해서는 서로에게 편한 구체적인 약속시간을 정하는 방법을 사용할 수 있다. 사무실의 다른 직원과 약속을 하고 만나게 하라. 다른 직원과 시간약속을 한 다음에 언제 미팅이 가능한지 알려주라.

5. 다른 사람의 시간을 낭비하게 하지 말라   다른 사람에게 예기치 않은 방문객이 되지 않도록 노력하라. 다른 사람을 방문할 때는 "지금 시간이 괜찮으신가요, 아니면 다음에 찾아뵐까요?"라고 정중하게 물어보라. 다른 사람도 자신에게 이렇게 질문할 수 있도록 기회가 될 때마다 이 에티켓을 권장하라. 우리는 자신도 모르는 사이에 타인의 많은 시간을 빼앗고 있다.

회의시간/절약하기

회의는 비즈니스 세계에서 세 번째 시간낭비 요인이다. 업무시간 중 50퍼센트가 집단모임 또는 일대일 만남에 사용된다. 거의 모든 사람이 이렇게 쓰는 시간 가운데 절반은 낭비한다.

그렇다고 회의가 나쁜 것은 아니다. 모임은 의견교환, 문제해결, 업무진전 평가 등을 위해 필요한 업무 도구다. 하지만 이것은 관리가 필요한 업무 도구다.

회의의 비용을 결정하라

모든 회의의 비용은 참석하는 사람당 시간비율로 결정된다. 그래서 모임은 기대 가치나 투자수익률을 지닌 실질적인 현금소비로 계산되어야 한다.

열 사람이 모인 회의가 있고, 각 사람은 시간당 20달러를 번다고 가정해보자. 10×20은 200달러다. 이것이 그 회의의 비용이다. 비즈니스에서 어떤 일에 200달러를 사용하려면 아주 타당한 이유가 있어야 한다. 회의에 쓰는 비용도 마찬가지다.

사전에 이만한 금액의 돈을 사용할 만한 정당한 이유를 발견해야 한다. 나는 왜 이 시간에 이런 시간비율로 사람들을 모았는가?

회의는 일정한 기대수익을 가진 투자라고 반복해서 생각하라. 회의할 때마다 회사의 돈을 사용하고 있다고 생각하라.

회의시간을 더욱 효율적이게 하는 일곱 가지 방법

1. 꼭 필요한 회의인가? 많은 회의를 되짚어보면 꼭 필요한 회의가 아니었음을 알 수 있다. 회의가 아니라도 목적을 달성할 수 있는 다른 방법이 있다. 대체할 수 있는 방법에는 쪽지를 돌리거나 전화를 하는 방법도 있다. 개인적으로 만나서 이야기해도 목적을 달성할 수 있다. 물론 다른 회의에서 다루어도 되는 일도 있을 것이다. 회의가 불필요하다면 될 수 있는 한 모이지 말라. 필요한 회의라면, "내가 참석해야 하는 회의인가?"라고 자문해보라. 참석하지 않아도 되는 회의라면 참석하지 말라. 회의에 참석하지 않아도 될 사람이 있다면 그에게 알려주라.

2. 회의일정을 작성하라   회의가 필요하다는 결정을 내렸다면 모임의 분명한 목표를 설정하고 회의일정을 작성하라. 훌륭한 시간관리 기술은 모임의 목적을 알려주는 짧은 글을 쓰는 것이다. "우리는 이런 특정한 목표를 달성하기 위해 여기 모였습니다."고 시작하라. 그리고 나서 모임의 목표를 기술하라.

이것은 아주 중요한 원리다. 회의에서 다룰 내용을 포함한 의사일정이나 목록을 작성하라. 각 항목 옆에 주제를 발표할 사람의 이름을 적어라. 될 수 있는 한 회의일정을 하루 전에 미리 알려 각자 맡은 역할을 충분히 알 수 있게 하라. 모든 사람이 모임의 목적과 안건을 알아야 한다. 이것은 사장, 부하직원, 고객, 공급자 등과의 일대일 만남에도 적용된다.

모든 회의일정을 사장과 함께 작성하는 방법은 가장 유용한 기술이다. 나는 이 방법을 오래 전 신임 임원 시절에 배웠다. 이 방법을 알기 전까지 나는 사장과 특별한 목적이나 내용 없이 한 시간 넘게 이야기하곤 했다. 회의목록을 작성하면 더 많은 정보를 한층 명확하게 15분 안에 다룰 수 있다.

나는 회의일정을 모임 전에 작성하기도 했다. 손으로 적어 복사한 뒤 사장에게 복사물을 주고 "이것이 제가 오늘 사장님과 하고 싶은 이야기입니다."고 말했다. 우리는 목록에 따라 한 항목씩 이야기하면서 해결책을 찾아나갔다. 그런 다음 사장실에서 나와 내 자리로 돌아왔다. 사장은 이 방법을 정말 좋아했다. 결국 내가 그의 시간을 아주 적게 빼앗았기 때문에 언제나 나를 만나고 싶어 했다.

3. 정시에 시작하여 정시에 마쳐라   모임 시작 일정과 모임을 마치는 시간도 정하라. 모임시간이 8시에서 9시까지로 잡혀 있다면 정확하게 8시 정

각에 시작해서 9시 정각에 마쳐라. 최악의 회의는 특정한 시간에 시작해서 마치는 시간이 없는 경우다.

여기 또 하나의 법칙이 있다. 늦게 오는 사람을 기다리지 말라. 늦게 오는 사람은 오지 않을 사람으로 간주하고 정해진 시간에 모임을 시작하라. 늦게 오는 사람을 기다리느라 일찍 온 사람을 기다리게 한다면 불공평한 일이다. 여러 회사가 회의시간이 되면 회의장의 문을 안쪽에서 걸어 잠근다. 늦게 나타난 사람은 회의장에 들어갈 수 없다.

4. 중요한 사안을 먼저 다루어라 　회의일정을 작성할 때는 80/20 법칙을 적용하라. 상위 20퍼센트의 항목이 먼저 다루어지도록 회의일정을 작성하라. 이 방법을 사용하면 회의시간을 넘기더라도 모임의 중요 가치 80퍼센트를 차지하는 항목을 해결할 수 있다.

5. 각 결론을 요약하라 　회의일정에 있는 사항들을 토의할 때는 각 항목을 요약한 다음 마무리 지어라. 다음 항목으로 넘어가기 전에 각 항목에 대한 동의와 결론을 얻어내라. 결정된 사항을 다시 한 번 알려주고 다음 사항으로 진행하기 전에 동의를 구하라.

6. 구체적인 임무를 부여하라 　어떤 결정이 나면 합의사항 실천에 관한 구체적인 임무를 분배하고 마감시한을 정하라. 업무할당과 마감시한 설정 없는 토의와 합의는 단순한 대화에 불과하다는 것을 기억하라. 누가 무엇을 언제까지 해야 하는지 분명하게 정하라.

7. 메모를 하고 의사록을 회람하라 회의에서 최대의 효과를 도출하는 비법은 정확히 메모해서 24시간 안에 의사록을 회람하는 것이다. 정확하게 메모한 사람이라도 1주일이나 1달 후에 의사록을 작성하면 오해가 발생할 가능성이 크다. 미리 준비된 회의일정과 회의 직후에 작성된 의사록은 모든 사람에게 명확한 합의임무와 마감시한을 알려준다.

예기치/못한/위기/다루기

업무에서 또 다른 중요 시간낭비 요인은 급한 불 끄기, 즉 예상하지 못한 위기를 다루는 것이다. 급한 일이 갑자기 생기는 것은 개인생활에서도 주요한 시간낭비 요인이다. 이런 예측 불가능한 위기를 다루는 방법 가운데 하나는 6장에서 얘기한 적이 있는 '위기예견'이다. 이 방법은 미래를 내다보고, "무엇이 잘못될 것이며, 그렇게 되면 어떻게 할 것인가?"라고 질문하는 것이다. "다음 각 분기마다 일어날 수 있는 최악의 결과는 무엇인가?"라고 구체적으로 물어봐야 한다. 앞으로 당신에게 발생 가능한 위기는 무엇인가?

최악의 상황에 대비하라

역사상 위대한 지도자의 중요한 특성은 발생할 수 있는 위기를 예견할 수 있었다는 것이다. 그들은 미리 상황에 대비하는 계획을 세울 수 있어 잘못

되면 신속하게 움직일 준비가 언제나 되어 있었다.

반면에 형편없는 지도자는 잘못될 수도 있는 상황을 고려하는 데 시간을 투자하지 않는다. 그들은 행운을 믿는다. 발생 가능한 위기조차 예견할 수 없는 지도자의 능력 부재는 때로는 작업과 경력에 치명적인 결과를 가져온다.

어떤 조직이나 회사든 위기는 불가피하다. 그러나 반복해서 일어나는 위기는 부실한 관리와 비효율적인 조직이라는 신호다. 같은 위기상황이 두 번 이상 발생한다면 조용히 물러나서 조직을 자세히 살펴보는 것이 필요하다. 왜 문제가 계속해서 일어나는가? 그 문제가 다시는 발생하지 않도록 조치를 취해야 한다.

위기관리 전략

긴급상황이나 위기가 발생하면 따를 수 있는 다섯 가지 원칙이 있다.

원칙 1. 행동하기 전에 생각하라   생각 없는 행동이 모든 실패의 원인임을 명심해야 한다. 심호흡을 하고 마음을 진정시킨 다음 객관적인 태도를 유지하라. 반복해서 행동하거나 과장되게 행동하지 말라. 대신 일을 멈추고 무슨 일이 일어났는지 생각해볼 수 있는 시간을 가져라. 행동하기 전에 문제를 분명하게 정리하라.

원칙 2. 임무를 위임하라   "당신의 결정은 불필요하다."는 법칙이 있다. 위기관리 업무를 다른 사람에게 위임할 수 있다면 반드시 그렇게 하라. 그는 당신보다 훨씬 더 잘 처리할 것이다.

원칙 3. 적어라 　어떤 종류의 위기든 행동하기 전에 종이에 적어라. 문제를 종이에 적으면 침착해지고 마음이 편해지며, 목표를 명확하게 알고 객관적인 태도를 유지하게 된다. 어떤 조치를 취하기 전에 무엇이 발생했는지 정확하게 적어라.

원칙 4. 사실을 파악하라 　가정하지 말라. 위기상황에서는 사실이 가장 중요하다. 다음과 같은 질문을 하라.

어떤 일이 발생했는가?
언제 발생했는가?
어떻게 해서 발생했는가?
왜 발생했는가?
누가 관련되어 있는가?

다시 한 번 사실을 파악하라. 사실은 거짓말을 하지 않는다는 명제를 잊지 말아야 한다. 더 많은 사실을 모을수록 더 많은 문제를 처리할 수 있다.

원칙 5. 대안을 마련하라 　반복적으로 발생하는 문제를 다룰 때는 보통 사람이 수행할 수 있는 대안을 마련하라. 위기상황이 처음이나 두 번째 발생했을 때는 문제를 효과적으로 해결하는 데 엄청난 정보, 경험, 정력 등이 필요하다. 그러나 위기상황이 반복적으로 발생하는 경향을 보이고 미리 제거할 수 있는 방법을 발견할 수 없다면, 모든 수단을 동원하여 내가 없는 경우에도 다른 사람들이 쉽게 해결할 수 있는 새로운 시스템을 개발해야 한다.

사교활동은 해가 될 수 있다

업무에서 또 다른 중요 시간낭비 요인은 사교활동이다. 당신이 사람을 좋아한다고 알려졌다면 이 소문은 당신 사업에 방해가 될 수 있다. 만나는 대부분의 사람이 시간낭비 요인이기 때문이다. 그런 사람들은 자신의 능력 이하로 일하는 경우가 많다. 그들은 많은 시간을 사람들을 만나 잡담하는 데 쓴다. 여기 우리가 과도한 사교활동의 함정에 빠지지 않는 방법이 있다.

적절한 시간에 사람을 만나라

사람들과의 만남은 차를 마실 때나 점심시간, 퇴근 후에 즐겨라. 동료들을 만나서 업무와 관련 없는 대화를 하게 될 때마다 "일로 돌아가라!"고 자신에게 말하라. "난 이제 일하러 가봐야겠어."라는 말로 대화를 마무리하고 실제로 그렇게 하라. 이런 말은 놀랍게도 다른 사람까지 자신의 일로 돌아가게 한다.

언제나 "이 일을 해서 내가 월급을 받고 있나?"라고 자문하라. 사장이 여기서 보고 있다면 지금 내가 이 행동을 하고 있겠는가? 사장이 저 의자에 앉아 있다면 내가 이렇게 이야기하고 있을 수 있겠는가? 사장이 옆에 있을 경우에 하지 않을 일이라면 내가 월급을 받는 이유가 될 수 없다.

우리는 지식노동자다

사교활동과 관련해서 한 가지 예외가 있다. 지식노동자들의 인간관계는 반드시 시간을 소비하게 되어 있다. 우리가 직장에서 보내는 시간 가운데 가장 가치 있는 일은 토의해서 문제를 해결하며 사업을 위협하는 요인의 해법을 찾는 것이다. 그러나 이런 대화는 '일의 결과 또는 성과'에 초점을 맞춰야지 축구, 낚시, 휴가 등에 관한 이야기가 주가 되어서는 안 된다. 인간관계, 의사소통, 지식노동자와의 토의는 자신과 동료들이 달성하려는 목표에 초점을 맞춰야 한다.

  소크라테스는 "우리는 (대화에 참여함으로써) 중요한 것을 배울 수 있다."고 했다. 어떤 작업환경에서는 일을 시작하기 전에 해야 할 일을 명확하게 결정하는 핵심 요소로 업무에 관해 이야기하고 토의하는 시간을 갖는다.

우유부단함과／형편없는／의사결정

마지막 시간낭비 요인은 우유부단함과 형편없는 의사결정이다. 우유부단함과 부실한 의사결정은 돈과 시간 측면에서 엄청난 대가를 치르게 한다.

의사결정에 관한 기본 법칙은 사안의 80퍼센트는 발생하자마자 결정해야 한다는 것이다. 단지 15퍼센트만이 다음에 결정할 수 있는 것이고, 나머지 5퍼센트는 하지 않아도 되는 결정이다.

결정의 네 가지 유형

인생경력에서 처리해야 할 네 가지 유형의 결정사안이 있다.

1. 오직 자신만이 할 수 있는 결정　다른 사람은 할 수 없고 자신만이 할 수 있는 결정이다. 그래서 불가피하다.

2. 위임할 수 있는 결정　어떤 결정은 다른 사람이 할 수 있다. 문제에 도움이 되는 부하직원이나 자녀의 지식, 통찰력, 지혜, 판단력 등을 계발하는 가장 좋은 방법은 그들에게 중요한 결정을 위임하는 것이다. 다른 사람에게 위임하여 잘못된 결정을 내릴 위험이 줄어든다면 언제라도 그에게 위임하라.

3. 불가능하다는 것을 인정하는 결정　세 번째 유형은 내가 할 수 없는 것이다. 일이 잘못 되었을 경우 그 결정의 위험은 엄청나게 크다. 어떤 결정은 잘못 되었을 경우 회사를 파산시킬 수 있다. 어떤 실수는 너무 심각해서 회복이 불가능하기도 하다.

4. 불가피한 결정　이것은 내가 아니면 할 수 없는 것이다. 이 경우에는 지연의 대가가 매우 크기 때문에 기회가 생겼을 때 바로 실행해야 한다. 이

결정은 당신이나 조직에 엄청난 긍정적인 면을 제공한다. 하지만 기억할 것은 결정할 필요가 없을 때는 결정하지 않는 것이 좋다는 것이다.

더 나은 결정을 하는 법

여기 당신을 더 나은 의사결정자로 만들어주는 핵심적인 비법이 있다.

의사결정을 위임하라
될 수 있는 한 의사결정을 위임하라. 내가 어떤 부문에서 의사결정을 하면 뒤이어 관련된 여러 일에서도 의사결정을 해야 함을 잊지 말아야 한다. 할 수 있으면 의사결정하는 것을 피하라. 그것을 다른 사람에게 위임하라.

의사결정의 마감시한을 설정하라
지금 당장 결정할 수 없다면 결정의 마감시한을 정하라. 예를 들어, 어떤 사람이 나한테 와서 어떤 종류의 답변을 요구하는데 충분한 자료가 없어 당장 대답할 수 없다면 "지금 당장 답변할 수 없지만 목요일 정오까지는 답변하도록 하겠습니다."고 말하라. 그리고 무슨 일이 있어도 목요일 정오까지는 답변을 준다.

결정하기 전에 사실을 파악하라
앞에서 이야기했듯이 사실을 파악하라. 가정이나 추리, 희망사항이 아닌 실질적인 사실에 관한 정보를 수집하고 확인하라. 어떤 부문에서 정확한 사실과 정보를 수집한다면 의사결정은 훨씬 더 쉬워지고 효과성은 증대된다. 부실한 의사결정 대부분은 충분한 사실 없이 내린 것이다. 정보를 수집하는 행위는 자신의 의사결정 능력을 엄청나게 향상시켜줄 것이다.

과감하게 나아가라

의사결정에는 용기가 필요하다. 모든 의사결정에는 일정한 불확실성이 있기 때문이다. 모든 결정에는 실패할 가능성이 있다. 하지만 인생에서 의사결정 없이는 발전도 없고 성공의 보증수표도 있을 수 없다. 모든 성공적인 지도자나 관리자는 확고한 의사결정자다. 우유부단하고 유약한 사람은 인생에서 성공할 수 없다.

실패의 두려움을 극복하라

얼마 전에 미국경영학회지에 정기적으로 승진한 관리자와 그렇지 못한 관리자를 비교·연구한 내용이 소개되었다. 다른 사람을 제치고 정기적으로 승진한 관리자의 공통적인 특성은 일할 때나 문제를 처리할 때 과감하다는 것이다. 반면, 승진하지 못한 관리자는 실수가 두려워 의사결정을 기피했다는 것이다.

　연구진은 이 두 부류의 관리자에게 일련의 필기시험을 실시했다. 시험은 관리자들이 특정 문제를 해결해야 할 상황에서 어떻게 할 것인지를 묻는 것이었다. 두 집단 모두 정확한 답변을 제시했다. 교실에서는 그들 모두 동일한 의사결정 능력을 보였다.

　승진한 그룹과 그렇지 못한 그룹의 가장 큰 차이는 전자는 자신의 판단에 근거하여 의사결정하고 그에 따라 실행한다는 것이다. 망설이기보다는 필요하다면 기꺼이 시행착오를 거쳤다. 반면에 후자는 실수할지도 모른다는 두려움이 너무 커서 아무것도 못했다. 비록 그들이 동일한 능력을 지녔더라도 실수를 두려워하는 사람에게는 더 큰 책임을 질 수 있는 자리가 허락되지 않았다.

당신의 의사결정 능력을 향상시켜줄 수 가장 중요한 방법은 완벽주의를 피하는 것이다. 의사결정을 하여 일을 추진할 때 모든 세부사항을 정확하게 알아야 한다는 생각을 버려라. 그 자리에서 즉석으로 내린 불완전한 결정이 오랜 시간을 거쳐 내린 완벽한 결정보다 뛰어난 경우가 많다.

시간을 절약할 수 있는 추가 방법 다섯 가지

개인적인 삶에 적용할 수 있는 추가적인 시간절약 방법이 있다.

1. 모든 것을 한 번에 구입하라 물건을 사러 나갈 때는 모든 것을 한 번에 구입하라. 하루는 이 가게에서 사고, 또 하루는 다른 가게에서 사는 식의 방법을 피하라. 그런데 채소는 화요일 오후나 저녁에 사는 것이 좋은데, 매주 월요일에 새 물건으로 다시 채워지기 때문이다. 화요일에 물건을 사면 가장 많은 물건을 가장 빨리 살 수 있다.

2. 일거리를 묶어라 볼 일이 여러 가지일 때는 1주일 치를 묶어서 한 번에 하라.

3. 다른 사람의 시간을 낭비하지 말라   "내가 하는 일 가운데 다른 사람의 시간을 뺏는 일은 무엇인가?" 고의적으로 다른 사람의 시간을 뺏는 행동을 하는 사람은 없다. 그들은 다른 사람의 시간이 얼마나 중요한지 생각하지 않기 때문에 시간을 뺏는 것이다.

내가 사장이나 관리자라면 보고하러 오는 사람을 기다리게 하여 그의 시간을 뺏는 행동을 하지 않도록 하라. 내가 직원의 시간을 존중할수록 직원들은 더 큰 자존감을 느낄 것이다. 내 개인적인 삶에도 동일한 원칙이 적용된다. 가족과 친구들에게 동일한 방식으로 존경심을 표현하라.

"사장, 동료, 부하직원, 배우자, 아이들 등 다른 사람의 시간을 얼마나 빼앗았는가?" 자문해보라. 그러지 않도록 노력하라. 잘 모르겠거든 그들에게 "내가 하는 일 가운데 당신의 시간을 빼앗는 것은 무엇인가? 내 시간 활용을 어떻게 바꾸면 당신에게 좀 더 효율적이겠는가?" 물어보라. 그들이 하는 말에 놀라지 말라.

4. 시간을 엄수하라   단지 2퍼센트 사람만이 시간을 엄수하며, 이들은 모든 사람에게 존경받는다. 시간엄수는 프로정신이 있는 것이고, 예의를 지키는 일이다. 시간을 지키는 습관을 계발하라. 일찍 출발하지 않으면 늦게 도착한다는 사실을 명심하라. 적당히 늦는 경우란 없다는 것을 명심하라.

5. 신속하게 움직여라   조금씩 빨리 하는 법을 개발하라. 발걸음을 빨리 하라. 빠른 리듬감은 성공의 핵심 요소임을 기억하라. 집에서 청소할 때나 물건을 치울 때, 외출준비를 할 때 신속하게 움직여라. 모든 집안일을 그렇게 하라. 더 많은 일을 더 빨리 해낼수록 더 큰 만족감과 행복을 느낀다.

성공한 사람은 그렇지 않은 사람에 비해 아주 빠른 속도로 일했다. 그들은 완전히 다른 일을 한 것이 아니라 주어진 시간에 더 많은 일을 해서 더 큰 성과를 올렸을 뿐이다. 그들은 더 적은 시간에 더 많은 일을 하여 결국 더 많은 돈을 벌고 더 빨리 승진했다. 빠른 리듬은 성공의 핵심 요소다.

직장에서나 가정에서 지속적으로 시간낭비 요인을 줄이거나 제거하여 시간을 절약할 수 있는 방법을 찾아라. 그렇게 해야만 성공과 행복에 핵심적인 요소인 더욱 많은 시간을 목표성취에 투자할 수 있다. 그렇게 할 때만 당신은 탁월한 시간관리자가 될 수 있다.

잠든 시간을 깨우는 시간관리법

1. 당신의 성공을 책임질 일에 집중하지 못하도록 하는 시간낭비 요소를 오늘 이 순간부터 삶과 일에서 최소화하거나 제거할 것이라고 다짐하라.

2. 모든 모임을 주관하거나 참석하기 전에 그에 관해 계획하라. 모임에 필요한 회의일정을 만들 때는 가장 중요한 항목에 집중하고 명확한 임무와 마감시한을 결정한 다음 끝마쳐라.

3. 걸려오는 전화의 노예가 되지 말라. 전화통화를 사전에 점검하라. 모든 업무상 통화에 개요를 준비하라.

4. 일은 업무시간에 하라. 당신의 목표성취에 전혀 도움이 되지 않는 한가로운 사교활동에 빠지지 말라.

5. 언제나 될 수 있는 한 빨리 의사결정하라. 스스로 점검하거나 타인의 피드백을 받을 준비를 갖추어라. 모든 결정은 결정하지 않는 것보다 낫다.

6. 문제나 위기는 발생하자마자 처리하라. 사실을 파악하고 정보를 분석하여 조치하라.

7. 움직이는 속도를 높여라. 빨리 움직여라. 긴박감을 계발하라. 정신을 자신의 목표와 자신이 고용된 이유에 해당하는 가장 중요한 일에 집중하라.

CHAPTER 08

Overcoming Procrastination

일을 미루는
습관 극복

고속으로 승진하는 젊은이들의 가장 큰 특징은
일을 신속하게 처리하는 능력, 즉 망설임이나 주저함 없이
'공을 잡고 뛰는 능력'이 있다는 것이다. 중요한 것은 행동이고,
가장 중요한 업무를 달성하는 행동만이 필요하다.

유일한 목표에 집중하라.
타당하고 유용한 목표를 설정해서 거기에 전력투구하라.
– 제임스 앨런

해야 할 일을 미루고 연기하는 것은 시간도둑이다. 이런 말을 들어본 적이 있을 것이다. 대부분의 사람은 삶이나 자신의 업무를 개선하기 위해 무엇을 해야 하는지 잘 알고 있다. 문제는 그 일을 계속 미루다가 결국 너무 늦어진다는 것이다. 더 남은 시간이 없을 때까지 연기하는 것이다.

살면서 계발할 수 있는 가장 가치 있는 습관은 주어진 일을 지금 끝마치려고 하는 긴박감이다. 긴박감은 지체의 반대 개념이고 지체를 극복할 수 있는 가장 강력한 요소다. 긴박감은 우리가 계발할 수 있는 그 어떤 습관보다도 더 큰 도움을 줄 것이다.

가장 / 빠른 / 길로 / 움직여라

CEO 104명에게 50개의 특성과 행동이 적힌 목록을 주면서 자신의 회사에서 고속 승진하는 젊은이들의 가장 큰 특징을 물었다. 놀랍게도 응답자 가운데 84퍼센트가 특정 자질 두 가지가 목록의 다른 행동보다 중요하다고 했다.

이 두 가지 자질 가운데 첫 번째는 "관련 사항과 무관한 사항을 확실히 구별하는 능력"이었다. 그것은 시간활용에 우선순위를 정하는 능력이다. 모든 관리자는 직원들이 정말 중요한 것은 하지 않은 채 별로 중요하지 않은 일을 열심히 해서 결과적으로 낭패를 본 경험이 있다. 많은 조직에서 직원이 많음에도 효율성이 낮은 이유는 우선순위가 낮은 일에 직원들이 매달리기 때문이다.

두 번째는 "일을 신속하게 하는 능력"이었다. 망설임이나 주저함 없이 "공을 잡고 뛰는 능력"이다. 모든 사람이 성공하고 싶더라도 정작 실패로 가는 길은 너무나도 잘 포장되어 있다. 중요한 것은 행동이고, 가장 중요한 업무를 달성하는 행동만이 필요하다.

신속성과 / 신뢰성에 / 대한 / 명성 / 얻기

자신의 사업체를 운영하거나 회사의 직원이거나 영업을 하는 사람이라면 일을 빠르게 할 뿐만 아니라 신뢰할 만하다는 명성을 얻을 수 있도록 해야 한다. 신속성과 신뢰성이 계발됐다면 성공과 승진, 부 따위를 걱정하지 않아도 될 것이다. 신속함과 신뢰성으로 유명해지면 독보적인 존재가 된다. 관련 사항과 그렇지 않은 것을 구별하여 일을 신속하게 해낸다면 성공과 기회의 맨 앞줄에 설 것이다.

시간부족을 완화하는 방법

오늘날 직원들이 가장 아쉬워하는 것은 언제나 시간이 부족하다는 것이다. 그들에겐 충분한 돈이 있지만, 그것을 누릴 수 있는 시간이 없다. 그 결과 임금을 더 받는 것보다 더 많은 자유시간을 갖고 싶어 한다.

　오늘날 조직은 시간을 절약해주는 사람이나 서비스에 더 많은 비용을 지불하고 있다. 타 기업체에서 상품이나 서비스를 받고자 의뢰할 때 일처리가 더 빠른 기업을 높이 평가한다. 필요에 빨리 반응하는 제품이나 서비스를 고품질로 평가한다. 더 빨리 움직이는 사람을 더 똑똑한 사람으로 평가한다. 그들에게 더 많은 비용을 지불하고서라도 더 빠른 서비스를 제공받는다.

　반면에 요구에 늑장을 부리는 조직을 만나면 자연스럽게 운영체제가 부실한 조직이라고 평가한다. 느린 회사는 비효율적인 사람이 관리한다고 가정하고, 제품과 서비스는 신속하게 움직이는 회사의 제품과 서비스보다 열등하다고 평가한다.

시간이 핵심

요즘 사업상 체결하는 계약서 하단에 "시간이 이 합의의 핵심이다."는 구절이 자주 등장한다. 오늘날 시간은 실질적으로 모든 일의 핵심이다.

일을 미루는 습관을 극복하는 방법을 아는 것은 성공 사다리를 올라가는 핵심이다. 이 능력 없이는 어떤 가치 있는 일도 할 수 없다. 하지만 다행히도 미루는 버릇을 고칠 수 있다. 긴박감을 계발하는 것 역시 학습 가능한 습관이다.

긴박감 / 계발하기

스스로에게 긴박감을 부여할 수 있는 일곱 가지 방법이 있다. 이 방법을 통해 일을 미루는 습관을 극복하고 가장 중요한 일을 시작하여 완수할 때까지 집중할 수 있다.

방법 1_가치 있는 목표를 설정하라

스스로에게 가치 있는 목표, 자신이 가장 강렬하게 성취하고 싶은 목표를 설정하라. '동기'가 있어야 동기부여가 된다. 사람들이 꾸물거리는 가장 큰 이유는 지금 당장 일을 시작해서 끝마칠 때까지 집중할 만한 간절한 동기가 없기 때문이다.

많은 사람들은 자기가 하고 있는 일을 진심으로 원하지 않기 때문에 꾸물거리고 미룬다. 그래서 여러 가지 변명을 하면서 시작하기를 미룬다. 이런 경향은 목표를 동기부여 요인으로 사용하여 극복할 수 있다. 많은 목표를 설정할수록 목표달성에 필요한 일을 시작하는 데 꾸물거리지 않는다. 주어진 기간에 해야 할 일이 너무 많기 때문에 훨씬 신속하게 움직여 강요된 효율성 법칙을 자극한다.

방법 2_목표가 이미 완성된 것처럼 시각화하라

자신의 목표가 이미 완성된 것처럼 지속적으로 시각화하여 일을 미루는 습관을 극복하라. 자신의 목표가 이미 성취된 것처럼 마음속에 그리고, 성취된 일 앞에 섰을 때의 기분이 어떨지 상상해보라. 업무가 성취되었을 때의 만족감이 어떨지 상상해보라. 머릿속의 그림이 주는 기쁨이 클수록 그 일에 더 초점을 맞추게 된다. 목표를 더 명확하게 알수록 기운은 더욱 샘솟는다. 소망하는 미래를 더 분명하게 알수록 정신은 더 맑아져 더욱 집중할 수 있다.

 예를 들어, 일정한 기간에 소기의 수입을 올리겠다는 계획을 세운 다음 나머지 돈을 얼마나 즐겁게 쓸 것인지, 무엇을 살 것인지, 어디에 갈 것인지 머릿속에 그려보면 점점 더 동기부여가 되어 목표성취에 필요한 일을 착착 진행할 것이다. 목표가 이미 성취된 모습을 시각화할 때마다 열망과 결심은 커진다. 그러면서 이미지를 현실화하는 데 필요한 모든 것을 해낼 의지를 계발하는 것이다.

방법 3_긍정적으로 다짐하라

잠재의식에 긴박감을 입력할 때 긍정적인 확인의 힘을 이용하라. 모든 중요한 업무를 시작할 때 '지금 하라!'는 말을 반복해서 하라.

아버지 없이 태어나 시카고의 길거리에서 신문팔이를 했던 클레멘트 스톤은 가치가 8억 달러를 넘는 보험회사를 설립했다. 그는 저서 『행동하라! 부자가 되리라 Success Through a Positive Mental Attitude』에서 '지금 하라!'는 반복적인 다짐이 가난을 극복하고 부자가 될 수 있었던 핵심 요소라고 말한다. 그는 '지금 하라'고 반복적으로 다짐하고 자신을 훈련시켜 세계적인 부자가 되었다.

미국을 비롯한 전 세계에 지점이 있는 그의 회사에서는 아침마다 모든 직원이 모여서 '지금 하라'는 구호를 50번 외친 다음 하루 일과를 시작한다. 이 반복적인 다짐은 영업사원과 다른 직원들에게 엄청난 영향을 미쳤다. 심지어는 회사를 옮겨 다른 업무를 하게 될 때도 그들은 여전히 이 구호를 외쳤다. 전 세계의 성공한 많은 사람이 자신의 성공이 클레멘트 스톤을 만나서 '지금 하라'는 구호를 배운 덕분이라고 말한다.

방법 4_명확한 마감시한을 설정하라

모든 중요한 업무에 마감시한을 설정하라. 자신의 말을 녹음하라. 사람을 만나면 그 일을 특정시기까지 다 마치겠다고 말하라. 다른 사람과 약속하면 동기부여가 된다. 우리는 약속하면 지키려고 하고, 지켜서 다른 사람을 실망시키지 않으려고 노력한다. 다른 사람에게 그 일을 어느 시기까지 하겠다고 다짐하는 것이 스스로 다짐하는 것보다 훨씬 더 강력한 효과를 발휘하는 경우가 많다.

명확하고 구체적인 목표를 설정하면 목표나 업무가 잠재의식에 입력된다. 그러면 내부적으로 일을 성취하도록 동기부여가 된다. 스스로 마감시한을 정하면 잠재의식은 연기하려는 경향을 자동으로 거부한다.

방법 5_변명하지 말라

모든 지연에는 합리화가 뒤따른다. 합리화는 "사회적으로 용납될 수 없는 행동에 수긍할 만한 해석을 붙이려는 시도"라는 의미로 정의될 수 있다.
　합리화는 비생산적인 행위를 설명하고 변명하는 것이다. 일을 미루는 사람은 언제나 자신이 도망갈 수 있는 좋은 변명거리를 마련한다. 그러니 자신에게 변명이라는 사치를 허락하지 말라. 주어진 업무를 특정한 시한까지 끝마치는 데 헌신하고 마음속 걱정은 불태워라. 업무를 하지 않을 가능성은 고려하지 말라. 그리고 업무의 미완성을 정당화하는 이유를 찾지 말라.

방법 6_업무를 완성하면 자신에게 보상하라

자신에게 보상하는 시스템을 구축하라. 과업 전체를 끝마쳤을 때뿐만 아니라 각 과정을 잘 마칠 때마다 스스로를 격려하라. 이렇게 스스로를 칭찬하면 정말로 일을 시작하여 끝마칠 때까지 집중하고 싶어질 것이다. 각 단계마다 자신에게 보상하라.
　행동심리학에서는 이를 조작적 조건형성 operant conditioning이라고 한다. 이것은 사람과 동물 모두에게 적용되는 훈련기법이다. 행동은 각 개별적인 행동의 결과를 예상함으로써 형성된다. 보상은 구체적인 행동을 강화하고 고무한다. 시간이 흐르면 반복되는 보상에 자동으로 반응하여 개인의 습관이 형성된다.

보상을 사용하여 긍정적인 습관 계발하기

성공과 실패의 95퍼센트는 습관에 따라 결정된다. 성공할 수 있는 비법 중 하나는 좋은 습관을 만들어 그것이 자신을 지배하도록 하는 것이다. 잠재의식이 영구적으로 재설계될 때까지 무언가를 잘하면 보상하는 행동을 지속함으로써 지연요인을 극복하는 습관을 계발할 수 있다.

일에 관한 상상력만 좀 발휘하면 보상체계는 얼마든지 만들 수 있다. 예를 들어, 꼭 해야 하는 중요한 일이 있다고 하자. 그것은 모두 다섯 단계로 되어 있는데, 각 단계를 끝마칠 때마다 자신에게 보상을 한다. 보상은 커피타임이나 잠시 산책을 하거나 점심식사 같은 사소한 것일 수도 있다. 또 그 일이 중요 업무거나 그에 버금가는 업무라면 좋아하는 것을 사서 자신에게 선물하거나 외식을 하거나 배우자나 가족과 함께 휴가를 떠나는 것으로 보상할 수도 있다.

업무 전체나 일부를 달성하기 전까지는 보상을 누리지 못하도록 단련한다면 보상체계는 자신의 내부에 일을 시작하여 끝마치고자 하는 강력한 동기를 부여할 것이다. 이렇게 되면 우리의 관심은 업무의 어려움이 아니라 일을 마친 뒤에 누릴 수 있는 즐거움으로 옮겨질 것이다.

보상으로 통화거부감 극복하기

영업사원들은 보통 영업활동을 하려고 전화할 때 보이는 상대방의 차가운 반응 때문에 업무를 지연시키려는 경향을 보인다. 이러한 차가운 반응 때문에 생기는 두려움과 거리낌을 극복하는 데 사용할 수 있는 간단한 보상 체계가 있다.

먼저 전화통화를 위해 특정한 시간과 장소를 고른다. 전화통화, 약속, 판매 등에 관한 구체적인 목표를 설정한다. 그러고 나서 따뜻한 커피 한 잔을 준비한다. 전화를 걸 때마다 커피 한 모금씩 마실 수 있다. 곧 그는 커피가 식기 전에 마시고 싶어 가능한 한 전화를 많이 걸려고 할 것이다.

또 다른 기법이 있다. 쿠키를 하나 가져다 여러 조각으로 나누거나 젤리통을 놓아둔다. 영업사원이 전화를 걸어 기회를 얻어낼 때마다 쿠키 한 조각이나 젤리 하나를 먹을 수 있다. 즉시 파블로프 반응이론처럼 영업사원은 더 의욕적으로 전화를 걸어 보상받으려고 할 것이다. 단순하고 유치하게 들릴 수 있지만 아주 효과가 탁월하며, 지연요인을 극복하는 습관을 만들 수 있다.

방법 7_업무완성에 전적으로 책임을 져라

일정에 따라 업무를 완수하는 일에 100퍼센트 책임을 짐으로써 꾸물거리고자 하는 습관을 극복할 수 있도록 자신을 훈련하라. 자신만을 바라보라. 당신의 능력만을 믿어라. 당신이 가는 길에 놓인 장애가 무엇이든 해결할 수 있는 길을 찾고야 말겠다고 다짐하라. 그 어떤 것에도 변명을 늘어놓지 말라.

결과에 완벽한 책임을 지고 정신적인 탈출구를 허락하지 않는 것은 불 위에 발을 올려놓는 것과 같다. 자꾸 미루고 연기하는 요인을 제거하면 놀랄 만한 성과를 얻는다.

일을 미루지 않는 방법 다섯 가지

일을 미루는 습관을 완전히 제거하려면 스스로를 조직화하고 동기를 부여하여 일을 시작하고 끝마치게 할 수 있는 모든 방법과 기법을 사용해야 한다. 여기 당신의 미루는 습관을 줄이는 데 도움이 되는 방법이 있다.

1. 세부적인 행동계획을 세워라   계획의 각 부분과 조치사항이 우선순위에 따라 조직된 확실한 계획을 수립하여 기록하면서 일을 시작하라. 각 실행사항 앞에 A, B, C를 적어라. 일을 시작하는 데 가장 중요한 일을 결정하여 그 항목에 동그라미를 쳐라.

　이렇게 글로 적은 계획은 당신을 실행으로 이끌 것이다. 계획은 달릴 수 있는 경기장이고, 따라야 하는 청사진이다. 목표를 분석하여 세분화된 실천방안으로 목록을 작성하면 일을 착수하기 더욱 쉬워진다.

2. 작업장을 청소하라   당장 눈앞에 보이는 가장 필요한 일부터 시작하라. 내가 앉아 있는 사무실 책상과 주변이 청결한 것은 실질적인 동기부여 요소다. 훌륭한 시간표는 다음 일에 초점을 맞출 수 있게 하기 때문에 아주 유용한 도구다.

3. 중요한 일과 긴급한 일을 구별하라   중요한 일은 대개 긴급하지 않고, 긴급한 일은 대개 중요하지 않다는 것을 명심하라. 중요하고 긴급한 업무부터 시작하라. 이것은 남은 시간이 아주 짧기 때문에 지금 즉시 시작해야 한다. 그런 다음 중요하기만 하고 긴급하지 않은 일로 옮겨라. 이 일은 당

신의 장래와 경력에 도움이 되는 큰 잠재력을 지니고 있다.

4. 가장 중요한 일부터 시작하라   사람들은 상당한 미래 가치를 지닌 크고 중요한 일을 연기하는 경향이 있다. 가장 중요한 업무를 실행하고 완성하는 일을 마지막 순간까지 미루는 것이다. 이런 중요한 업무를 성공적으로 실행하면 인생이 크게 변한다.

어떤 사람은 압박이 있는 상태에서 일을 더 잘한다고 말한다. 때로는 이 말이 맞는데, 변명할 여유가 생기지 않기 때문이다. 일을 연기하면 결과가 너무 심각해진다. 되도록 마감시한 전에 일을 미리 끝마치려고 노력하라.

5. 창의적으로 미루라   어떤 업무가 당신의 주요하고 높은 가치의 목표에 전혀 기여하지 못하거나 아주 조금 기여할 때는 의식적으로 미룰 필요가 있다. 해야 할 모든 일을 해낼 수는 없기 때문에 무엇이든 꼭 미루게 된다.

효과적으로 일을 하는 사람은 별로 중요하지 않은 일은 연기한다. 반면에 비효과적인 사람은 언제나 정말 중요한 일을 미룬다. 중요한 일을 하기 위해서 하찮고 관련 없는 일을 미루는 훈련을 의지의 힘을 빌려 실행하라.

사소하고 작은 여러 가지 일은 따로따로 내버려두면 불필요해지는 경향이 있다. 잠시 그 일을 하지 않고 내버려두면 곧 불필요해진다. 이런 일이 창조적인 연기를 하기에 가장 적합한 대상이다. 어떤 일을 시작하기 전에 "이 일을 하지 않으면 어떤 결과가 발생하는가?"라고 물어보라. 이 질문에 '별일 없음'이라면 가능할 때까지 내버려두라. 그 일을 아예 할 필요가 없을 때도 많다.

지연요인을 / 극복하는 / 방법 / 열여섯 / 가지

일을 지연시키는 요인은 오랫동안 사람들의 골칫거리였기에 이를 극복하는 방법도 끊임없이 개발되어 왔다. 비즈니스와 개인 삶에서 이 지연요인을 극복하는 데 도움이 되는 확실한 방법 열여섯 가지가 있다. 지금 당신이 처한 상황에 가장 도움이 되는 것은 무엇인가?

1. 종이 위에서 생각하라 철저하게 준비하라. 업무의 모든 단계를 미리 목록화하라. 일을 시작하기 전에 업무 구성요소를 분석하라. 모든 세부사항을 종이에 적어 미리 철저하게 준비하는 것은 지연요인을 극복하거나 지금 바로 일을 시작하는 데 도움을 준다.

2. 일을 시작하기 전에 필요한 모든 재료와 작업도구를 갖추어라 자리에 앉아 일을 시작하기 전에 필요한 모든 것이 가까이 있는지 확인하라. 일이 끝날 때까지는 자리에서 일어날 수 없기 때문이다. 철저하게 준비하는 것은 업무를 마칠 때까지 일에 집중하게 하는 강력한 동기부여 요인이다.

3. 작은 일 하나라도 시작하라 맨 먼저 시작하는 20퍼센트의 일이 전체 업무 가치의 80퍼센트를 결정한다는 80/20 법칙이 있다. "천리 길도 한 걸음부터"와 같다. 업무를 시작하기 위해 작은 일 하나라도 시작하면 곧 꾸준하게 진행시켜 완성에 이를 것이다.

4. 소시지를 자르듯이 업무를 나누어라 큰 소시지를 한 번에 먹으려고 하

지 않듯이 처음부터 모든 일을 다 하려 들지 말라. 중요하고 큰일을 성취하는 가장 탁월한 방법은 일을 여러 업무로 나누어 각각을 실행하는 것이다.

작은 업무부터 선정하여 그 일을 해내고 다음 업무로 넘어가는 식으로 일하면 가속도가 붙어 지연요인을 극복할 수 있다.

5. 스위스 치즈기법을 실행하라   스위스 치즈에 구멍이 많이 있는 것처럼 당신의 업무를 치즈라고 생각하고 많은 구멍을 내어 놓아라. 5분짜리 일을 선별하여 그것을 하라. 일 전체에 대해 걱정하지 말라. 예를 들어, 논문이나 책을 집필한다면 실행시간을 예측할 수 있는 작은 구성업무로 나누어 시간이 날 때마다 실행하라. 많은 작가가 처음에는 하루에 한 장 분량만 쓴다. 연구를 진행한다면 한 번에 한 사항만 읽을 수 있을 뿐이다. 많은 사람이 자신의 책은 비행기 안에서 완성하고, 다른 일을 하는 자투리 시간에 학위논문을 작성했다. 하루에 한 장씩 쓴다면 1년 뒤에는 365쪽짜리 글이 완성된다.

6. 외부에서부터 시작하고 작은 일 먼저 완성하라   중요한 부분의 일에 착수하기 전에 먼저 준비단계를 거쳐야 하는 경우가 있다. 이런 때는 작은 일을 먼저 하여 외부에서부터 일을 시작하는 것이 지연요인을 극복하는 것을 도와 큰일을 시작할 수 있게 해준다.

7. 내부에서부터 시작하여 큰일을 먼저 하라   6번 방법과 정반대다. 업무를 완수하기 위해 해야 하는 모든 작업의 목록을 살펴본 다음 "이 목록에서

가장 큰 업무는 무엇인가?"라고 자문해보라. 가장 많은 시간과 가장 큰 노력이 필요한 업무는 무엇인가? 그 일부터 시작하도록 훈련하고 완수할 때까지 집중하라. 그러고 나면 목록에 있는 다른 일은 비교적 쉬워 보일 것이다.

8. 가장 큰 두려움이나 불안을 유발하는 일을 하라   실패나 거절에 대한 두려움을 극복하는 것과 관련이 있다. 영업에서 시장조사와 관련이 있다. 경영에서는 직원을 훈련하거나 해고하는 일과 관련된다. 인간관계에서는 불편한 사람과 만나는 일과 관련 있다. 이런 경우에는 가장 큰 정서적인 스트레스나 불안을 유발하는 일을 먼저 처리하는 것이 가장 효과적이다. 이것은 업무 지체를 해소하고 정신적·정서적으로 자유롭게 하여 다른 업무를 완수할 수 있게 한다.

9. 가장 힘든 일로 하루를 시작하라   그 일을 기필코 해결하라. 그 날의 나머지 일은 상대적으로 쉬워 보일 것이다.

두 집단을 비교 조사한 연구가 있다. 한 집단은 아침에 운동 프로그램을 시작하고, 다른 집단은 업무를 마친 저녁에 운동 프로그램을 실시했다. 연구자는 아침에 운동을 실시한 사람이 6개월 후에 훨씬 더 많이 운동을 지속한다는 사실을 발견했다. 아침에 비해 퇴근 후에는 운동을 미루거나 빼먹을 변명거리가 훨씬 더 많아 운동을 지속할 가능성이 현저히 줄어든다.

마크 트웨인은 "당신이 매일 아침 잠자리에서 일어나자마자 해야 할 일은 살아 있는 개구리를 먹는 것이다. 그것이 하루 중에 생길 수 있는 가장 나쁜 일이라는 것을 알면 흐뭇해질 것이기 때문이다."고 했다.

'살아 있는 개구리'는 가장 크고, 어렵고, 불쾌한 일이다. 다른 일을 하기 전에 이 일부터 시작해서 마무리하면 오늘 남은 나머지 일을 훨씬 더 쉽게 해결할 수 있어 만족스러울 것이다.

10. 완수하지 못할 경우의 부정적인 결과를 생각해보라 이 업무가 일정대로 진행되지 않을 경우 어떤 일이 발생하는가? 두려움과 욕망은 인간행동에서 중요한 동기부여 요인이다. 때로는 업무를 완수했을 경우의 이익이나 보답으로 동기부여할 수 있지만, 일이 계획대로 되지 않았을 경우에 발생할 부정적인 결과를 생각하며 동기부여할 수도 있다.

11. 업무를 완수하면 어떤 이익을 얻을 것인가 생각해보라 이 작업을 정해진 시기에 완수하면 유익한 까닭을 적어보라. 업무를 완수해야 하는 이유가 많을수록 일을 시작하려는 욕구가 강해지고 시작한 일을 완수하려는 내적 동기도 커진다.

 일을 완수하려는 이유가 한두 가지라면 작은 수준의 동기부여만 받을 수 있을 뿐이다. 그러나 일을 마쳐야 할 이유가 10~20가지라면 동기부여 수준은 매우 높아져 끈기와 인내력도 높아진다.

12. 일을 진행하는 동안 하루 15분의 시간을 떼어 놓아라 하루 중 특정한 시간을 따로 떼어 놓아라. 예를 들어, 아침 10시부터 10시 15분까지, 오후 2시부터 2시 15분까지 식으로 말이다. 그 시간에는 다른 일은 걱정하지 말고, 그 시간 동안 할 수 있는 일에 집중하라. 이 기법은 업무에 더 깊숙이 빠져들게 하여 일의 완성을 더 쉽게 해준다.

이 기법을 잘 활용하려면 자신과 약속한 다음 기록으로 남겨두어야 한다. 그런 다음 지정된 시간에 업무도구와 재료를 가까이에 두고 15분 업무과정을 시작하라. 15분이 끝나면 계속해서 일해도 된다. 그렇지 않다면 그 일을 치워두고 다른 시간에 또 다른 15분짜리 계획을 세워라. 그리고 자신과의 약속을 지켜라.

13. 완벽주의 성향을 버려라   완벽주의는 업무 지연의 주요 이유이기 때문에 일을 완벽하게 하느라 노심초사하지 않는 것이 현명하다. 그냥 일을 시작하고 꾸준하게 하라. 언제든지 되돌아가서 수정작업을 할 수 있다. 모든 가치 있는 일은 처음부터 완벽하게 이루어지지는 않았다는 것을 기억해야 한다.

얼마 전에 친구가 컨설팅 사업을 시작했다. 사업은 잘되느냐고 물었더니 소책자, 명함, 편지봉투 등 인쇄물이 나오려면 한 달쯤 걸리기에 그전까지는 아무 일도 할 수 없다고 했다. 나는 소책자나 편지봉투, 명함 등은 티끌만큼의 가치도 없다고 말하고는 당장 해야 할 일은 지금 있는 명함 뒤에 새 전화번호를 쓴 뒤 밖으로 나가 잠재적인 고객과 대화를 시도하는 것이라고 했다. 이렇게 하는 것이 지금까지 고안했던 모든 소책자보다 더 도움이 될 거라고 조언했다.

그 다음 주 친구는 내게 전화해서는 조언이 사업에 관한 생각을 완전히 바꿔놓았다고 말했다. 그는 바로 잠재적인 고객에게 전화를 걸었고, 그 통화 덕분에 이미 돈을 벌고 있었다.

14. 일을 미루면 어려움을 겪는 영역을 골라라   일을 뒤로 미루는 성향이 당신

을 확실하게 퇴보시키는 영역 하나를 골라라. 가장 중요한 영역을 고른 다음 그 영역의 지연 습관을 완전히 정복하겠다고 다짐하라. 우선순위를 정하여 지연요인을 극복하면 당신의 성공에 가장 큰 도움을 얻을 수 있는 바로 그 영역에 마음을 집중하라. 언제나 가장 어려운 업무부터 공략하라. 내일 가운데 가장 어려운 부분부터 도전하여 마친 다음 다른 일에 도전하라.

15. 마감에 관한 강박관념을 계발하라   일단 일을 시작하면 마칠 때까지 멈추지 말라. 일을 시작하면 끝마치는 훈련을 함으로써 지속적이고 전략적인 삶의 기반을 다질 수 있다. 마지막 5퍼센트의 일을 끝마치도록 자신을 독려하라. 이 부분은 개인적인 만족이라는 측면에서 나머지 부분만큼 중요하다.

주위에는 업무를 마지막까지 완성하지 못하는 사람이 많다. 그들은 업무의 마지막 부분에 도달할수록 남은 5~10퍼센트 완성을 미루고자 여러 가지 변명을 한다. 이것이 수많은 대학의 박사학위가 끝내 주인을 만나지 못하는 이유다. 한 대학에서 몇 년 동안 연구했던 사람이 학위도 못 받고 떠나는 이유는 마지막 5~10퍼센트를 밀어붙이지 못했기 때문이다.

당신은 업무를 모두 완수했을 때 기쁨, 만족, 환희 등 긍정적인 감정을 느낄 수 있다. 마지막 부분을 마무리했을 때만 느끼는 엄청난 안도감과 성취감을 기억해야 한다. 엔도르핀이 방출되어 행복의 해일을 경험하는 것이다. 이것은 업무를 100퍼센트 완수했을 때만 맛볼 수 있다.

16. 빠른 리듬을 유지하라   빠른 리듬은 성공에 핵심적이다. 활발한 태도로 일하겠다고 다짐하라. 빨리 걸어라. 빨리 움직이고, 빨리 쓰고, 빨리 행동

하라. 업무 중에 계속 이러한 태도를 유지하라. 모든 습관적인 행동을 더욱더 빠르게 하겠다고 다짐하라.

보통 속도로 걸을 때에 비해 빠른 속도로 걸으면 업무 성취율이 높아진다. 실제로 자신을 독려하면서 조금 더 빨리 조금 더 열심히 일하면 '흐름'이라는 놀라운 경험을 맛보게 된다. 이 흐름의 수준에 도달하면 큰 자신감과 자존감을 경험한다. 이 흐름을 타면 짧은 시간 동안 이전에 할 수 없었던 엄청난 양의 일을 할 수 있다.

삶과 일, 리듬을 의도적으로 조직하여 이 '흐름'을 경험하도록 하는 것이 커다란 성공의 키워드가 될 수 있다. 아주 효과적인 사람은 모두 이 에너지의 흐름을 공통적으로 경험했다. 그 경험은 의도적으로 업무의 리듬감과 속도를 증가시킬 때 일어나 비행기가 이륙할 때처럼 당신을 들어 올릴 것이다.

시간관리 / 도전

일을 미루는 습관을 극복하는 데 용기와 절제가 필요하다. 근면과 결단이 요구된다. 그러나 보답은 아주 크다. 더 큰 자존감, 자신감을 느끼고, 위대한 성공을 이룰 것이다. 지연요인을 극복하여 업무에만 초점을 맞추는 효과적인 사람이 되면 주변 사람들보다, 지금 상상할 수 있는 것보다 훨씬 더 많은 일을 성취할 수 있다. '지금 하자!'라고 자신에게 다짐하는 일이 그 어떤 결정보다 삶의 질을 향상시키고 만족을 준다.

잠든 시간을 깨우는 시간관리법

1. 지연요인이 붙잡고 있는 주요 업무 하나를 선정하라. 이 업무를 시작하여 끝마침으로써 이 모든 방법과 기법을 배우기로 결심하라.

2. 업무를 수행하기 위해 해야 하는 모든 개별항목의 목록을 만들어라. 종이 위에서 생각하라.

3. 목록에서 제일 중요한 한 가지를 선정하고 그 항목을 시작하여 끝마치는 데 필요한 모든 것을 수집하고 갖추어라.

4. 일을 시작하려 할 때는 구체적인 시간을 정하고 완수할 때까지 한 가지 생각만 하면서 집중하라.

5. 큰 업무와 목표를 작은 크기로 나누어 작은 일부터 완수하는 데 집중하라.

6. 주요 업무를 시작하여 마무리하는 일에 100퍼센트 책임을 져라. 변명하지도 말고 미루는 것을 합리화하지도 말라.

7. 긴박감을 가지고 자신의 일을 구체화하라. '지금 하래'라는 말을 반복하여 정신을 프로그램화하라.

CHAPTER 09

Keeping up and Getting Ahead
by Making the Most of Your Time
최대한 시간을 활용하여
앞서 나가기

당신이 속한 분야에서 탁월한 성과를 올리고 유지하고자 한다면
새로운 정보를 지속적으로 받아들여야 한다.
최고가 되고 싶다면 읽고, 듣고, 배우고, 성장하는 데에 비용을 지불해야 한다.
외적 삶은 항상 내적 삶의 반영이 될 것이다.

전문성은 벼락같이 한순간에 생기는 그 무엇이 아니라,
날씨의 변화처럼 시간을 두고 점진적으로 쌓이는 힘이다.
— 존 C. 가드너, 주니어

우리는 지식에 기반을 두고 정보에 따라 움직이는 사회에 살고 있다. 성공한 사람들의 주된 이유는 경쟁자보다 더 많이 안다는 것이다. 우리가 지고 있는 가장 중요한 책임은 내가 속한 분야에서 낙오되지 않고, 계속해서 새로운 정보와 아이디어를 받아들여 무리의 선두가 되는 것이다.

오늘날 지식의 양은 5~7년마다, 때로는 2~3년마다 2배씩 증가한다. 이것은 지식수준을 단순히 유지하기 위해서라도 정기적으로 지식을 2배로 만들어야 한다는 것을 의미한다. 이 기본적인 룰은 "더 많이 벌고 싶거든, 더 많이 배워라."는 뜻이다. 우리는 알고 있는 지식을 사용하여 할 수 있는 만큼 벌고 있다. 앞으로 더 많이 벌고자 하는 의지가 있다면 더 많이 배워 새로운 지식과 기술을 익혀야 한다.

당신이 속한 분야에서 탁월한 성과를 올리고 유지하고자 한다면 새로운 정보를 지속적으로 받아들여야 한다. 최고가 되고 싶다면 읽고, 듣고,

배우고, 성장하는 데 비용을 지불해야 한다. 외적 삶은 항상 내적 삶의 반영이 될 것이다. 외적인 삶의 질을 높이고 싶다면 먼저 자신을, 즉 내면세계를 강화하는 것으로 시작해야 한다.

새로운/아이디어가/차이를/만든다

새로운 아이디어 또는 새로운 정보 하나가 당신 삶의 방향을 바꿀 수 있다. 1987년 초전도성 연구로 노벨 물리학상을 받은 과학자를 생각해보자. 스위스에 있는 IBM연구소는 초전도성을 연구하고 있었다. 연구는 필요한 공식을 찾지 못해 지지부진했다. 결국 그들은 연구를 포기하고 기업이윤과 직결되는 다른 활동에 집중했다.

그러던 중 프로젝트를 맡았던 연구원 한 명이 잠시 휴식하기 위해 회사 연구소에 내려갔다. 그는 읽을거리를 뒤적이다가 응용 세라믹에 대한 프랑스의 연구 기사를 우연히 보았다. 기사는 세라믹을 소재로 한 전도체에 관한 여러 실험을 토의하는 내용이었다. 그들이 찾던 해법이 기사에서 발견되었다. 기사에 실린 정보를 통해 그는 초전도체 연구 주제를 그들이 해왔던 방식과 완전히 다른 관점에서 바라볼 수 있었다.

그는 즉시 기사 내용을 기존 실험에 적용했다. 12개월 뒤 IBM연구원들은 드디어 초전도체의 신비를 발견할 수 있었다. 그리고 노벨 물리학상을 받았다. 바로 그들이 20세기의 가장 존경받는 과학자인 게오르크 베드노르츠 Georg Bednorz와 칼 알렉스 뮐러 Karl Alex Mueller다.

열린 마음을 항상 유지하며, 다양한 자료를 수집하고 꾸준히 읽고, 지금까지 알고 있던 모든 지식을 종합함으로써 원대한 목표를 성취할 수 있는 핵심 지식을 만들 수 있었던 것이다.

새로운 생각과 충돌할 때

삶의 모든 변화는 마치 당구대 위의 당구공이 다른 공과 부딪치는 것처럼 당신 생각이 새로운 생각과 충돌할 때 발생한다고 한다. 이것이 정기적으로 새로운 사고에 노출하는 사람이 그렇지 않은 사람보다 더 빨리 앞서 나가는 이유다.

삶의 대부분은 확률의 법칙 The Law of Probability으로 설명할 수 있다. 이 법칙에 따르면 실질적으로 모든 일은 발생할 수 있다. 이 개연성을 상당히 정확하게 계산할 수 있는 경우도 많다. 금융, 투자, 보험 세계에서는 대부분 어떤 종류의 확률에 근거하여 계산한다.

당신은 원하는 것을 실현하고 스스로 설정한 목표를 성취할 수 있는 확률을 높이려고 노력해야 한다. 어떤 분야에서 성공 확률을 높이는 방법은 시간을 아주 탁월한 방식으로 사용하는 것이다. 명확한 목표를 설정하고, 구체적인 실행계획을 수립하고, 분명한 우선순위를 정하며, 가장 중요한 일에 집중하여 초점을 맞추는 것은 성공 확률을 엄청나게 증대시킨다.

정보화 시대에서는 더 많은 정보를 수집하고 더 많은 정보에 노출시킬 수록 가장 적절한 시간에 원하는 맞춤정보를 획득할 가능성이 높아진다. 즉, 성공 확률이 높아진다.

남보다 / 앞서 / 나가고 / 전문성을 / 유지하는 / 방법

앞서 나가는 가장 빠른 방법은 시간을 잘 활용하는 방법을 배우는 것이다. 다음은 자신의 업무, 경력, 전문 분야에서 뒤떨어지지 않고 더 나아가 최고가 되는 데 활용할 수 있는 여러 방법이다.

방법 1_모든 리더는 독서광이다

자신이 선정한 분야의 관련 서적을 최소한 하루에 한 시간은 읽어라. 하루에 1시간 읽으면 1주에 대략 1권의 책을 보게 된다. 한 주에 1권의 책을 읽는다면 1년에 대략 50권을 본다. 하루에 1시간, 한 주에 1권을 읽는다면 3년 안에 그 분야의 전문가가 될 것이다. 5년 안에 전국적인 전문가, 7년 안에는 세계적인 전문가가 될 것이다. 모든 지도자는 독서가였다.

    몇 년 동안 나는 이 단순한 개념을 세미나에 참석한 수천 명의 사람들과 함께 나누었다. 하루에 1시간 또는 그 이상의 독서를 하는 것을 습관으로 만들고 자신의 삶이 근본적으로 변했다는 세계 각지의 편지, 팩스, 이메일 등을 지금도 꾸준히 받고 있다.

    이 방법을 시도해보라. 효과를 시험해보기 위해 한 달이라는 기간을 잡아라. 지금부터 한 달 동안 하루에 1시간씩 자신의 분야와 관련된 서적을 꾸준히 읽는다면 삶 전체가 변하기 시작할 것이다. 운동이 몸에 미치는 효과는 독서가 정신에 미치는 효과와 같다. 매일 전문 분야와 관련된 책을 읽는다면 더욱 명석하고, 더욱 긍정적이고, 더욱 집중력이 높아져 더욱 똑똑하고 창의적인 사람이 될 것이다. 독서하지 않았을 때는 보지 못했던 주변에 있는 많은 가능성과 기회를 볼 것이다.

성인의 대부분이 1년에 한 권도 읽지 않는다. 미국서점협회에 따르면 80퍼센트의 가정이 지난 1년 동안 책을 1권도 사거나 읽지 않았다고 한다. 한 주에 1권, 1년에 50권을 읽는다면 앞으로 10년 동안 500권을 보게 된다. 당신이 좀 더 효율적이고 생산적인 사람이 되기 위해 이런 식으로 독서한다면, 과연 이 독서 습관이 수입에 어떤 영향을 미칠 수 있을지 생각해보라. 당신의 경력에 영향을 미치겠는가? 그만한 분량의 독서가 당신 삶 전체를 변화시킬 수 있을까? 그것이 경쟁자들보다 유리한 입지에 서게 할 수 있을까? 답은 명확하다.

방법 2_잡지를 읽어라

당신의 분야와 관련 있는 기사와 내용이 담긴 간행물을 읽어라. 관련된 모든 것을 구독하라. 그 기사는 몇 년 동안 해야 할 수고를 덜어줄 수 있다. 때로는 당신이 일하는 분야의 전문가가 쓴 기사 하나가 당신 사업의 방향을 바꿔 놓을 수도 있다. 확률의 법칙을 기억하라. 더 많은 정보에 노출할수록 적당한 시기에 적당한 정보를 만날 가능성은 커진다.

〈포브스〉, 〈포춘〉, 〈비즈니스 위크〉, 〈월스트리트 저널〉, 지역신문, 일간지의 경제난, 자기 분야의 모든 전문잡지와 간행물을 읽어라. 좋은 기사 하나 의견 하나가 당신이 원하는 모든 것일 수 있다.

직업이 경영 컨설턴트인 친구가 있다. 그는 사업을 회생시켜야 할 난제가 있는 기업에 컨설팅을 하기 위해 고용되었다. 해당 기업의 판매와 수익률은 낮아지는데, 경쟁사들은 무섭게 앞서 나가고 있었다. 회사 경영에 강력한 조치가 필요했다.

친구는 그 기업의 직원들에게 사업에 관해 몇 가지 질문한 다음, 사장에게 "이 산업에 관한 기사를 싣고 있는 주요 잡지, 서적, 소식지 제목을 좀 알려주십시오."라고 했다. 사장은 놀란 눈으로 "추천해줄 책이나 잡지 제목을 모릅니다. 그런 걸 읽을 시간이 없었어요. 너무 바빠서 이 산업의 연례모임에도 참석하지 못했어요. 전 정말 바빴어요."라고 했다.

내 친구는 벌떡 일어나 "제가 사장님 돈을 절약해드리겠습니다. 제가 지금 조사하지 않아도 문제점을 지적할 수 있습니다. 그렇게 할까요? 문제는 사장님이 이 분야에서 어떤 일이 일어나고 있는지, 어떤 변화가 있는지 전혀 모른다는 것입니다. 사장님이 독서로 이 사업에서 일어나는 변화의 흐름을 감지하고 따라잡지 못한다면, 회사의 미래는 없습니다."고 조언했다.

변화와 경쟁의 바람이 거세게 몰아치는 분야에 종사하는 사람들 모두에게 해당하는 조언이다. 그 세계를 공격적으로 따라잡아 앞서 나가지 않는다면 거기에 당신의 미래는 없다.

방법 3_가장 가치 있는 자산에 투자하라

수입의 3퍼센트를 당신 자신, 당신 지식과 기술을 향상시키는 데 재투자하기로 마음먹어라. 수입의 3퍼센트를 개인적이고 직업적인 계발에 사용하라. 당신이 속한 분야의 모든 잡지를 구독하라. 사업에 도움이 될 수 있는 모든 인쇄물을 구독하라. 사업에 도움이 되는 모든 책을 구입하라. 차 안에서는 교육용 테이프를 들어라. 혼자 또는 직원들과 함께 교육용 비디오를 봐라. 찾을 수 있고 알고 있는 모든 훈련과 세미나에 참여하라.

여기서 한 가지는 분명하게 약속할 수 있다. 수입의 3퍼센트를 자신에게 재투자하면 몇 년 안에 그 3퍼센트가 엄청나게 불러서 다 쓰기도 벅찰 정도가 될 것이라는 점이다. 3퍼센트가 많은 돈은 아니지만, 이 작은 금액을 삶과 경력에 투자한 결과는 눈덩이처럼 불어나 당신에게 돌아온다.

뉴욕에서 활동하는 각계의 대표 인물에게 "당신이 일을 해서 10만 달러를 모았다면 그 돈을 어디에 가장 투자하고 싶습니까?"라고 물었다. 사업가, 학자, 교사, 의사, 언론인, 기타 전문가에게 받은 답변은 다양했다. 그런데 가장 많은 답변은 예상을 뒤집는 내용이었다. 자신이 번 돈을 지금까지 했던 일이나 돈을 벌려고 처음으로 했던 일을 더 잘할 수 있는 곳에 재투자하겠다는 것이다.

방법 4_부자가 되는 보증공식

나는 연설을 하면서 청중들에게 "내가 당신에게 부자가 될 수 있는 확실한 공식을 제시한다면 귀 기울여 들으시겠습니까?"라는 질문을 자주 한다.

물론 모든 사람은 그렇다고 말한다. 그러면 나는 성공과 부에 관한 '보증 공식'을 알려준다. 내가 알려주는 성공과 부의 보증공식은 매년 자동차에 투자하는 만큼 정신을 위해 투자하라는 것이다. 간단하다. 이것은 보증된 명확한 공식이다. 이 공식은 모든 순간에 효과를 발휘한다.

일반적인 운전자들은 매월 차량소품이나 보험료, 연료, 유지비, 기타 비용으로 600달러 정도를 투자한다. 고소득자는 훨씬 더 많은 돈을 투자할 것이다. 당신에게 해당하는 금액이 얼마가 됐든 오늘부터 그 금액을 정신을 위해 지금 하는 일을 더 잘하는 곳에 사용하기로 과감히 결심하라. 이 공식을 실행하는 첫해에 소득은 25퍼센트에서 50퍼센트 이상 증가할 것이고, 경력은 엄청나게 성장할 것이다.

방법 5_평가절상되는 자산과 평가절하되는 자산

자동차는 이른바 감가상각 자산이다. 회계사들은 '정액 감가상각straight line depreciation'이라고 부른다. 자동차는 구입한 해부터 가치가 점점 줄어들어 결국 영이 된다는 뜻이다. 자동차는 어느 시점에 가면 고철 취급을 받고, 녹여서 새 차를 만드는 데나 쓰는 신세가 된다.

반면, 우리의 뇌는 가치가 증가하는 자산이다. 독서로 추가적인 지식과 기술을 습득하고 투자할수록 더욱더 가치가 높아진다. 차에는 아무리 많은 액수를 투자해도 시간이 지나면 사라진다. 하지만 두뇌에 투자하면 더 많은 것을 생산할 수 있는 새로운 개념이나 아이디어를 제공할 수 있어 '돈 버는 능력'이 증대한다.

이것이 더 많은 지식과 경험을 지닌 사람이 그렇지 않은 사람보다 수입이 많은 이유다. 그들의 돈 버는 능력은 엄청나다. 그들은 두뇌를 산출하는 성과물의 양과 질이라는 측면에서 가치가 날로 증가하는 자산으로 바꿔 왔다. 당신도 똑같이 그렇게 해야만 한다.

방법 6_찢어서 읽기

평소 경제 흐름이나 당신이 일하는 분야의 동향을 파악하는 것은 중요하다. 그렇게 해야 하는 줄 알면서도, 우리는 매일 쏟아지는 엄청난 양의 정보에 기가 질려 뭘 읽어야 할지 허둥댄다. 물론 모든 정보를 다 받아들일 수는 없다. 중역실에는 보통 300~400시간 분량 정도의 읽을거리가 쌓여 있다고 한다. 이런 정보의 홍수에서 관련된 것과 그렇지 않은 것을 구별하고 가장 중요한 것을 찾아내 읽어야 한다.

이런 상황에서 유용하게 쓸 수 있는 기법이 바로 찢어서 읽는 방법이다. 잡지 구성에 따라 읽는 것이 아니라 차례에서 가장 흥미로운 항목을 고른 다음 그것을 찢어 파일에 철해두었다가 다음에 읽는다.

많은 사람이 '찢어둔' 기사파일을 서류가방에 넣어 가지고 다니면서 택시나 대기실, 공항이나 비행기 안 같은 '자투리 시간'에 읽는다. 철해놓은 파일을 가지고 다니면서 시간이 날 때마다 꺼내 읽어본다. 이런 방법으로 처리할 수 있는 정보의 양은 의외로 많다.

학습에 관해 한 가지 짚고 넘어가야 할 사항이 있다. 성인의 두뇌는 어떤 것이 나와 관련되고, 지금 상황에서 바로 적용할 수 있는 것인지 구별하여 그것만 배우고 기억하도록 되어 있다. 아무리 신기하고 흥미로운 것이라 하더라도, 지금 상황에 즉시 적용할 수 있거나 구체화할 수 있는 것이 아니면

물이 쇠창살 사이를 빠져나가듯이 머릿속에서 떠나버려 전혀 기억하지 못한다. 따라서 '앞으로 언젠가' 도움이 될지 모르는 막연한 주제를 읽느라 시간을 허비해서는 안 된다.

배타적 선택 법칙을 기억하라. "뭔가 일을 한다는 것은 다른 뭔가를 하지 않는 것"이다. 당신이 지금의 상황과 직접적인 관련이나 적용 가능성이 없는 자료를 읽는다는 것은 지금 당장 필요한 무언가를 읽지 못하고 있다는 뜻이다. 특히, 잘 구성된 잡지나 신문을 읽을 때는 지금 하고 있는 일과 관련 있는 주제에만 초점을 맞춰 읽는 훈련을 해야 한다.

방법 7_시간을 지혜롭게 사용하라

시간이라는 고귀한 선물을 잘 활용하라. 몇 분 정도의 자투리 시간이 생기는 경우가 있다. 언제나 기다리는 시간이나 할 일이 없는 시간에 볼 수 있는 읽을거리를 가지고 다녀라.

모든 이는 고전문학작품을 읽겠다는 비밀스런 소망이 있다. 그 '명작전집'을 사서 서재에 모셔두고 언젠가는 읽겠노라 다짐한다. 하지만 좀처럼 실현되지 않는다.

그럼 이 방법은 어떤가? 읽고 싶었던 고전작품의 문고판을 한 권씩 사라. 20쪽 정도를 찢어서 서류가방이나 지갑에 넣고 다니면 자투리 시간이 생길 때마다 몇 쪽씩 읽을 수 있다. 찢은 부분을 다 읽은 다음에는 새로운 것으로 대체하고 다 읽은 것은 고무줄로 묶어두라.

이런 식으로 한 달에 1권을 읽는다면, 1년에 12권, 10년 동안 120권을 읽게 된다. 이렇게 하면 세계에서 가장 많은 책을 읽는 사람이 될 것이다.

즉, 이런 방식으로 매일 15분씩 고전작품을 읽는다면 몇 년 뒤에는 거의 모든 고전작품을 다 읽게 될 것이다.

방법 8_전문가에게 배워라

자신이 일하는 분야의 전문가가 쓴 책을 읽어라. 자신의 업무와 삶의 질을 향상시키는 데 즉시 이용할 수 있는 실용적인 정보를 제공하는 책을 읽어라.

책은 어떻게 고를 것인가? 방법은 간단하다. 그 분야에서 왕성하게 활동하는 사람이 쓴 책을 읽는 것이다. 대학교수가 쓴 책은 너무 이론이나 원론적인 부분에 치중한 면이 있어 사업이나 성공적인 삶을 운영하는 실전에서는 무익한 경우가 많다.

흥미로운 책을 보면 즉시 저자의 약력을 읽어라. 저자가 무엇을 하고 어떤 업적을 이루었는지, 어디에서 일했는지, 일에서 어떤 종류의 경험을 쌓아왔는지 알아보라.

저자가 신뢰할 만한 정보제공자라고 판단했다면, 다음에는 차례를 확인하여 그가 쓴 내용이 오늘 자신의 영역과 관련 있고 적용 가능한 것인지 살펴보라. 될 수 있는 한 이론은 피하라. 일반적인 문제에 실용적인 해법을 지닌 실천적 아이디어를 찾아라. 즉, 실용적인 내용을 제공하지 못한다면 아예 읽지 않는 것이 시간을 아낄 수 있는 최선의 방법이다.

어떤 책의 구매 여부를 결정할 수 있는 또 다른 방법은 판매부수를 살펴보는 것이다. 베스트셀러 가운데 어떤 책은 이론 중심으로 씌어 있어 실질적으로는 사용할 수 없는 내용들로 가득 차 있다. 실제 기업 현장에서 학자들이 제시한 의견을 적용하여 입증된 성과물을 보여준 사람은 아무도 없다. 그 자료는 종이 위에 있을 때는 훌륭하지만 현실에서는 무의미하다.

방법 9_서재를 만들어라

우리 모두는 습관의 창조물이다. 어렸을 때 도서관에서 책을 대출하여 읽은 다음 반납하는 습관을 들였다. 이렇게 말도 안 되는 일을 여전히 하고 있는 성인이 많이 있다.

시간은 가장 소중한 자원이다. 당신이 1년에 5만 달러를 번다면, 근무시간을 대략 2000시간 정도로 보고 시간당 계산하면 25달러쯤 된다. 당신은 시간당 25달러짜리라는 사실을 늘 잊지 말아야 한다. 왜 도서관에 가서 책을 찾고 빌리고, 집에 가져와서 또다시 도서관에 반납하느라 두세 시간을 소비하는가? 책을 사서 집으로 가져온 다음 여생 동안 곁에 두는 것이 훨씬 더 싸고 효율적이다.

책을 읽을 때는 학교에서 배울 때처럼 책에다 어떤 표시도 하면 안 된다는 생각을 버려라. 중요하다고 생각하면 파란색이나 붉은색 펜으로 과감히 밑줄을 그어라. 꺾쇠표시를 해두어라. 여백에 느낌표나 별표시를 해두어라. 모든 것에 표시를 해 신속하게 돌아가서 가장 중요한 개념을 재확인할 수 있도록 하는 것이다.

많은 사람이 책을 읽고 중요 사항을 노트에 정리한다. 그들은 모든 중요 사항을 기록한다. 그것을 비서에게 주어 문서작업을 시킨 다음 바인더로 정리하게 한다. 이렇게 하면 독서하는 동안 발견했던 모든 핵심적인 사항을 바인더에서 확인할 수 있다. 이 사항을 복습할 때마다 업무에 적용하는 데 필요한 착상이나 영감을 얻을 수 있다.

방법 10_독서모임에 가입하라

자신이 일하는 분야의 독서모임에 참여하여 출석부에 이름을 올려라. 새로운 독서모임에 참여하면 서너 권의 무료책자를 받는다. 이 책자를 활용하라. 최근 그 분야와 관련하여 출간된 최고의 책을 매달 추천받을 수 있다.

독서모임은 책을 고를 때 아주 까다롭다. 책 선정의 성공 여부가 모임 운영의 성패를 좌우한다. 그래서 회원들에게 추천하는 책을 고를 때는 엄청나게 많은 책을 검토한다.

방법 11_도서요약본을 읽고 관련 강의를 들어라

최신도서를 요약한 잡지나 강연테이프를 정기구독하라. 도서요약서비스를 제공하는 회사는 매달 서너 권을 선별하여 6~8쪽으로 요약해서 보내주는데, 책의 핵심 내용을 신속하게 파악하는 데 많은 도움이 된다. 도서요약본으로 그 책의 가장 실용적인 내용을 선별할 수 있고, 읽을 것인지 결정할 수도 있다. 도서요약 내용을 테이프나 CD 형태로도 구하여 직장에 오가는 자동차 안에서 들으며 활용할 수 있다. 이렇게 하면 효과적인 사업운영에 도움이 되는 최신 정보를 신속하게 얻을 수 있다.

방법 12_인터넷서점을 활용하라

인터넷서점을 활용하라. 흥미로운 책을 알게 될 때마다 인터넷에서 개요를 찾아 읽어라. 내용이 마음에 들어 주문하면 3~4일 안에 배달된다. 이 방법은 도서관에 가는 것이나 운전해서 서점을 찾아가는 것보다 시간을 훨씬 절약할 수 있다. 1~2분 안에 1시간 이상 걸리는 일을 해치우게 된다.

방법 13_속독 과정을 수강하라

성인이 되어 할 수 있는 가장 가치 있는 일 가운데 하나는 속독 과정을 수강하고 독서량을 늘리는 방법을 배우는 것이다. 대부분의 속독 과정은 비슷한 원리에 기초하고 있다. 첫 수업 때 독서속도를 3배 정도 증가시킬 수 있다.

속독 과정을 제대로 이수하면 1분에 1000단어 정도를 읽고 80퍼센트를 기억할 수 있다. 많은 양의 잡지, 신문, 책 등을 읽을 수 있게 된다. 많은 사람이 1주일 동안 읽는 내용을 2시간 정도에 읽을 수 있다.

방법 14_효율적으로 읽는 법을 배워라

문학작품을 제외한 책은 효율적으로 읽는 법을 배워라. 내가 아는 가장 효율적인 방법은 OPIR 기법이다. OPIR은 '개관하고^{overview}—미리 보고^{preview}—자세히 보고^{inview}—다시 본다^{review}'의 약어다. 이 기법을 다음과 같이 실행한다.

개관하기 | overview
책을 집어 들면 펴서 읽는 것이 아니라, 책의 처음부터 끝까지 대략적으로 살펴본다. 먼저 책의 앞면과 뒷면을 읽어보는 것이 좋다. 책과 저자에 관한 중요한 정보를 담고 있는 표지 안쪽을 보고, 차례를 처음부터 끝까지 살피면서 자신에게 중요한 주제가 있는지 찾아보는 것이다. 또한 각 장의 표제와 내용의 흐름을 보고, 소제목, 표, 그래프, 시각자료 등을 살펴본다. 그리고 자료가 어떻게 구성되어 있는지 파악한다. 이렇게 책을 처음부터 끝까지 빠르게 넘기면서 책의 구조를 파악해야 한다.

전체를 개관하는 데 10분도 걸리지 않을 것이다. 이렇게 책을 대하면 책을 읽는 목적이 분명해진다.

미리 보기 | preview

'미리 보기'에서는 책의 배열과 내용을 보기 위해 한 번에 한 장씩 빨리 넘겨본다. 이 과정에서 눈에 들어오는 문장이나 단락을 읽어보는데, 대개는 각 부분의 처음을 읽는다. 각 장의 끝부분에 요약이나 질문이 있으면 본격적인 독서단계에서 얻게 될 내용을 더 잘 파악하기 위해 주의 깊게 읽을 필요가 있다.

자세히 보기 | inview

'자세히 보기' 단계에서는 앉아서 한 쪽씩 빨리 읽어나간다. 개관하기와 미리 보기로 흥미와 호기심을 충분히 자극했다. 이 단계에서는 당신의 지식 중에서 빠진 부분을 보충한다. 이른바 선행학습을 한다. 이때, 손을 사용하면서 읽기를 하는데, 형광펜과 노트를 준비하여 중요 사항이나 체크사항을 발견할 때마다 적고 표시한다. 중요한 곳에는 다시 돌아와 참조할 수 있도록 귀퉁이를 접어두는 것이 좋다.

다시 보기 |review

마지막으로 '다시 보기'는 책으로 다시 돌아와 중요하다고 적어둔 내용을 쪽마다 다시 읽는 것이다. 반복은 학습의 어머니라는 것을 기억하라. 어떤 정보를 자기화하여 장기기억으로 전환하는 데는 3~6회 정도의 반복이 필요하다.

이 네 단계는 300쪽 정도의 책을 읽는 시간을 6~8시간에서 2~3시간으로 줄여준다. 이 과정을 반복하면 빠르고 효율적으로 독서하고 더 많은 것을 기억할 수 있어 1주일에 두세 권을 읽을 수 있다. 또 각 서적마다 핵심 정리노트를 구비하면 몇 달 또는 몇 년 뒤 언제라도 몇 분 안에 다시 그 책을 읽을 수 있는 서재를 소유하는 것이다.

방법 15_지적 능력과 학습 능력을 향상시켜라

배우면 배울수록 학습 능력은 더욱 커진다. 당신의 정신적인 능력은 마치 마이크로칩을 다는 것처럼 성장하고 확장한다. 책을 빨리 읽을수록 더 많은 정보를 얻는다. 빨리 읽을수록 정신은 더 집중하도록 압박을 받는데, 이렇게 긴장한 뇌는 당신을 더 총명하게 만들어준다. 속독에 요구되는 강한 집중력은 두뇌에 더 많은 혈액을 공급하여 더 많은 사고조직이 활동하게 만든다.

당신이 알고 있는 단어 수와 사고 수준 사이에는 직접적인 관련이 있다. 또 당신의 어휘 능력과 수입 사이에도 직접적인 관련이 있다. 유사한 단어의 뜻을 구분할 수 있는 능력과 얼마나 지혜로운지 사이에도 직접적인 관련이 있다.

운동을 해서 몸을 더 튼튼하게 만드는 것처럼 지식과 기술을 향상시켜주는 자료를 읽으면 정신적으로 더 튼튼해질 수 있다.

방법 16_불필요한 정기구독을 취소하라

몇 년 동안 나는 여러 종류의 잡지, 신문, 소식지 등을 구독하라는 안내문을 받았다. 그것이 내 삶과 사업에 도움이 되는 것이라는 생각이 들면 구독 신청하였다. 여러 해가 지난 지금 60여 가지의 주간지, 격주간지, 월간지 등을 구독하게 되었다.

그러나 어느 시점에 이르면 "구독하는 잡지들이 내 목표에 도움이 되는가?"라고 다시 물어봐야 한다. 이 잡지는 내가 받고 있는 다른 것들보다 목표성취에 더 많은 도움이 되는가?

명심해야 할 것은 매일, 매주, 매월 오는 모든 종류의 잡지를 다 읽을 수 없다는 것이다. 어떤 간행물이 당신의 목표성취나 삶의 다른 부분에 도움되지 않는다고 판단하면 즉시 구독을 중단하라.

방법 17_책 더미를 치워라

요즘 직면한 문제는 '쌓아두는 병stackaphobia'이다. 이것은 우리가 놓치고 싶지 않은 많은 간행물 바다에서 살기 때문에 발생한다. 집과 직장에서 책 더미를 만들기 시작한다. 지금 있는 더미가 너무 높아 새로운 것을 만들 때 이것이 어떤 발전이라도 되는 양 생각한다. 그리고 이 높은 더미를 놓아둘 공간을 마련하기 위해 사무실이나 집을 다시 정리하곤 한다.

1년 전 나는 책 더미에 중요한 원칙을 적용했다. 쌓인 책 더미를 보며 "이것은 6개월 이상 되지 않았는가?"라고 반문하는 것이다. 다시 말해, "읽지 않은 채 여기 6개월 이상 놓여 있지 않았는가?"라고 묻는 것이다. 법칙은 이렇다. "내가 어떤 자료를 6개월 이상 읽지 않았다면 그것은 쓰레기다!"

정신을 맑게 하여 최고의 효율성을 달성하고자 한다면 당장 서류 더미를 훑어서 불필요한 것은 모두 버려야 한다. 미심쩍을 때는 버려라! 6개월 동안 읽지 않았다면 앞으로도 읽지 않을 것이다. 그 내용은 모두 잊혀진 것이다. 사업상황이나 산업에 관해 논평한 전문잡지를 생각해보라. 그 잡지 안에 있는 모든 정보는 한 달 안에 잊혀지는 것이다. 버려야 한다.

과감히 버릴 때 걱정하지 않아도 되는 중요한 이유는 다음과 같다. 중요한 주제라면 언젠가 다른 사람이 다른 간행물에서 그것에 관해 쓸 것이라는 점이다. 중요한 의견을 놓칠까 걱정하지 말라. 그것이 중요할수록 다른 간행물에서 볼 가능성은 더 커진다. 그 기사를 버려라.

항상 이런 의문을 가질 수 있다. "내가 이 정보를 버리고 난 뒤에 다시 필요해지는 일이 생기지 않을까?" 걱정하지 말라. 사실 필요한 모든 정보는 인터넷에 들어가면 쉽게 얻을 수 있다. 잡지 관련 웹사이트에 들어가서 기사를 검색해 출력하면 몇 해 전 기사라도 몇 초 안에 내 곁에 모셔둘 수 있다.

방법 18_차에서 오디오 프로그램을 들어라

자동차를 운전할 때 오디오 프로그램을 듣는 습관을 들여라. 테이프를 들는 것은 인쇄술 활용 이후 획기적인 교육수단일 것이다. 운전하는 시간을 학습시간으로 삼고 차에서 테이프를 듣는 것이 몸에 배면 가장 학식 있는 사람이 될 수 있을 것이다.

미국자동차협회에 따르면 미국의 평균적인 자동차 소유자는 매년 1만 9200~4만 킬로미터를 운전한다고 한다. 이는 사람들이 운전대를 잡고 보내는 시간이 매년 500~1000시간이나 된다는 말이다. 1주 단위로 계산하면 12주 반에서 25주에 해당하고(한 주를 40시간으로 잡았을 때), 월 단위로는 3~6개월에 해당한다. 이는 대학의 한두 학기와 맞먹는다.

자동차 대학에 참석하라

어느 날 사장이 내게 "매년 3~6개월 동안 업무 능력 향상은 물론 자기계발을 위해 자네를 쉬게 할 계획이네."라며 보수는 더 많이 준다고 상상해 봐라.

남캘리포니아 대학에서 진행한 연구에 따르면, 사람들이 운전하는 동안 차 안에서 테이프를 듣기만 해도 대학수업에 참석하는 학습효과를 얻을 수 있다고 한다.

법칙은 이렇다. 운전할 때는 언제나 테이프를 들어라. 테이프를 듣지 않을 수 없다. 당신의 자동차를 바퀴 달린 대학으로 변신시켜라. 자동차를 움직이는 강의실로 만들어라.

요약되고 압축된 지식과 아이디어를 얻어라

오디오 프로그램에 들어 있는 정보는 엄청나다. 그런 프로그램은 보통 30~50권의 책에 해당하는 분량의 내용을 담고 있다고 볼 수 있다. 오디오 프로그램의 저자는 테이프나 CD의 내용을 완성하기 위해 수백, 수천 시간을 연구와 독서와 분석에 투자했다. 이런 훌륭한 전문가들을 하루에 몇 달러만 주고서 내 운전시간에 맞춰 개인적으로 '고용'할 수 있다.

좋은 오디오 프로그램에 들어 있는 내용을 책으로 학습하려면 30~50권의 책을 사서 읽어야 한다. 이를 위해서는 500~1000 달러와 300~500시간이 필요하다. 설사 그렇게 시간과 비용을 들인다 하더라도 당신은 오디오 프로그램만큼 아이디어와 정보를 잘 조직하고 구성할 수는 없다.

첫날부터 수입을 늘려라

지금까지 나는 수십 개의 오디오 학습 프로그램을 제작·생산했다. 그 가운데 많은 프로그램이 20개 언어로 번역되어 전 세계 수백만 명의 사랑을 받았다. 24개국을 돌며 강연하면서 내 오디오 학습 프로그램을 듣고 변화를 겪은 수많은 사람을 실제로 만났다. 그렇기에 나는 차 안에서 테이프를 들은 사람은 그것을 들은 첫날부터 수입이 엄청나게 늘어났다고 자신 있게 말할 수 있다. 예외는 없다.

내 경험에 따르면 테이프 듣기는 중독성이 있다. 차에서 오디오 테이프를 들으면 수많은 아이디어를 아주 쉽게 배우며 즐길 수 있다. 끌림의 법칙 The Law of Attraction 때문에 우리는 살아 있는 자석이 되어 언제나 배운 것을 활용할 기회와 이점을 발견하고 동시에 내 삶에서 그 성과물과 발전된 결과를 보게 된다. 성과물은 다시 동기를 부여하고 테이프를 더 열심히 듣게 한다. 결과적으로 더 나은 성과를 얻어 업무수행은 더 원활해지고 수입은 늘어난다. 테이프 듣기는 두뇌의 한 부분에 놀라운 방식으로 영향을 미친다. 실제로 예전보다 더 똑똑해진다. 시도해서 확인하라.

방법 19_세미나와 강좌에 규칙적으로 참석하라

실전 경험이 풍부하고 업무경력이 성공적인 사람이 하는 세미나와 강좌에 참석하라. 전문가가 진행하는 세미나 회의에서 아주 짧은 시간에 엄청나게 많은 실용적인 정보를 얻을 수 있다. 이것이 세미나와 회의가 발달하는 이유다.

나는 영업, 리더십, 경영, 전략기획 등에 관해 6~7시간짜리 세미나를 진행하면서 수백 시간을 투자하여 책을 읽고 연구하고 조사하며, 자문을 받아 필요한 정보를 얻는다. 나는 밑줄을 치고 노트정리하면서 거기가 어디든 20~100시간 책을 읽는다. 세미나를 설계할 때는 모든 자료를 활용하여 학습한 것을 바탕으로 핵심 의견을 선정한다. 즉시 적용되어 더 나은 성과를 얻게 해줄 수 있는 핵심 개념을 중심으로 세미나를 조직한다.

전문적인 강연과 훈련 분야에 종사하는 대부분의 사람들이 세미나를 설계할 때 이 과정을 거친다. 이런 3~6시간짜리 세미나에 참석하여 배우는 것은 실제 준비한 사람의 입장에서는 그의 10~20년의 학습기간을 압축시켜 놓은 것일 수도 있다. 그리고 발표자는 언제나 더 많은 도움이 되는 아이디어를 찾아 더 많은 가치를 내용에 담고자 긴장을 요구 당한다.

그래서 반드시 눈에 띄는 모든 세미나에 참석하는 게 좋다. 필요하다면 그 분야의 전문가와 6~7시간을 보내기 위해 나라를 횡단하는 여행도 기꺼이 하라. 적절한 시기에, 적절한 주제로, 자신에게 적합한 세미나에 참석하면 몇 년의 노고를 대신할 수 있다.

방법 20_전문가모임에 참석하라

나와 같은 분야에서 일하는 다른 사람들을 만날 수 있는 모임에 참석하라. 사업을 대표하거나 그 분야의 최고들이 소속되어 있는 모임이나 조직에 참여하라. 조직의 학습모임에도 가입하고 정기적으로 참석하라. 자신과 같은 분야에서 일하거나 비슷한 분야에서 일하는 사람들을 반겨주는 사업모임에 참여하라. 할 수 있는 모든 모임에 참석하라. 우디 앨런이 말했듯이 "성공의 80퍼센트는 단순한 참석이다."

사업자모임은 '자조self-help'집단으로 구성된다. 이 모임에 참석하는 모든 사람은 사업과 성과를 더 향상시킬 수 있는 방법과 기회를 찾고자 간 것이다. 자신을 돕는 가장 좋은 방법은 다른 사람을 돕는 일이라는 것을 알기에 사업자모임에 참여한다.

모임 때마다 사업목표를 성취하기 위해서 자신을 도울 수 있는 사람과 자신이 도울 수 있는 사람을 만나게 된다. 수백 개의 사업자모임에서 강연한 적이 있는 내 경험에 따르면, 모든 산업에서 가장 훌륭한 사람은 이 모임에 소속되어 정기적으로 참석한다.

지역모임에 참여할 때 단지 참석에만 의의를 두려고 하는 유혹을 물리쳐라. 대신 어떤 방식으로든 직접 참여해서 도움을 주라. 그 모임을 위해 봉사하라. 자발적인 마음으로 필요한 일을 하라. 모든 사업자모임에서 가장 중요하고 존경받는 사람은 그 조직의 성공과 활동에 적극적으로 기여하는 사람이다. 당신이 그런 사람이 되는 것이다.

인생에서 성취하는 거의 대부분은 내가 아는 사람과 나를 아는 사람으로 결정된다. 당신이 사업자모임에 봉사하면 그 분야에서 최고의 사람을 만날 기회를 얻는다. 그들 또한 당신을 만나 함께 일할 기회를 얻는다. 몇 년 동안 시간과 노력을 들여 봉사하면 사업과 개인적인 목표를 달성하는 데 도움을 줄 수 있는 많은 사람을 만날 수 있는 점점 더 넓은 인간관계를 형성한다. "당신이 보답을 기대하지 않고 더 많은 것을 줄수록 알 수 없는 근원으로부터 더 많은 것이 되돌아온다."는 말이 있다.

방법 21_최고인 사람들과 관계를 맺어라

사업과 지역사회에서 사람들과 정기적으로 만나는 것을 습관으로 만들어라. 내게 도움이 될 수 있고 또 내가 도울 수 있는 사람에게 자신을 소개하라. 어떤 사업이나 조직에서 가장 성공적인 사람은 다른 사람들을 매일, 매주, 매월 단위로 효과적으로 만날 줄 아는 사람이다. 인생에서 성공은 자신을 아는 사람들의 숫자와 그들이 나를 얼마나 긍정적이고 좋은 방식으로 생각하느냐에 따라 결정된다.

당신이 더 많은 사람을 알고, 아는 사람이 더 많아질수록 당신은 더 성공적인 사람이 될 것이다. 사람들은 자기가 아는 사람과 거래하고 싶어 한다.

상호이익성 법칙을 자극하라
인간관계의 범위를 더욱 폭넓게 해주는 비법에 상호이익성 법칙 The Law of Reciprocity이 있다. 이 법칙에 따르면, 사람들은 항상 자기를 도와준 사람에게 은혜를 갚을 수 있는 방법을 찾고 있다는 것이다. 그래서 앞으로 자신을 도와줄 수 있는 사람을 돕고 그들에게 유익을 줄 수 있는 방법을 언제나 찾아야 한다.

한 연구에 따르면 정기적으로 승진했던 가장 성공적인 경영자들은 자기 시간의 50퍼센트를 조직 안팎에 있는 사람과 교류하고 만나는 데 사용했다고 한다. 더욱 많은 사람이 그를 알았고, 결과적으로 더 많은 문이 그를 향해 열려 있었던 것이다.

결코 실패하지 않을 성공법칙

목표성취에 걸리는 시간을 엄청나게 줄이는 데 사용할 수 있는 간단한 공식이 있다. T×R=P가 그것이다. 공식에서 T는 '재능^{Talent}'을 나타낸다. 내가 업무에 쏟을 수 있는 재능, 능력, 기술, 지식, 경험 등을 말한다. R은 '인간관계^{Relationships}'다. 이것은 자신이 아는 사람의 수이자 어떤 방식으로든 영향을 미칠 수 있는 사람들이다. P는 '생산성^{Productivity}'을 나타낸다. 생산성은 자신이 이룬 성과의 양과 질이며, 그것으로 보수가 지급된다. 재능 곱하기 인간관계는 생산성이 된다.

다시 말해, 자신이 하는 일에 정통하려면 계속해서 노력하라는 것이다. 계속적으로 사람들을 만나 인간관계를 넓히면 당신의 생산성과 가치는 더욱 증가한다.

방법 22_발표력 향상 강좌를 수강하라

경력관리를 위한 유익한 결정 가운데 한 가지는 발표력 향상을 높이는 강좌를 듣는 것이다. 매주 참석하여 그들이 제시하는 연설법을 잘 습득하라. 대중 앞에서 말하는 두려움을 극복하는 방법은 이야기를 준비하여 전달하는 법을 배우는 것이다. 연설하는 법을 배우기만 하면 규모가 크든 작든 사람들에게 이야기할 기회가 생긴다. 어떤 주제에 관해 연구한 다음 여러 사람 앞에서 분명하고 효과적으로 전달하면 나를 도와줄 수 있는 사람들을 내 쪽으로 이끌게 된다.

사업 세계에서 가장 존경할 만한 능력은 탁월한 연설 능력이다. 연설 능력을 배워서 익히면 새로운 문이 열려 더 큰 용기와 자신감을 얻을 것이고, 사람들은 당신을 존경할 것이다. 그리고 당신에게는 계발한 능력을 좀 더 높은 수준에서 발휘할 수 있는 기회가 생길 것이다.

방법 23_황금시간을 자신에게 투자하라

자신의 분야에서 두각을 나타낼 수 있는 가장 좋은 방법은 오전 5시 30분에서 6시 사이에 일어나 하루의 첫 시간을 자신에게 투자하는 것이다. 이것은 하루 전체의 분위기를 결정한다. 일찍 일어나서 매일 아침 1시간씩 고무적이고 교육적인 자료를 읽는다면 나머지 시간에서 최선의 결과를 얻을 수 있는 정신적인 준비를 하는 셈이다. 매일 아침 1시간씩 자신의 분야에 관한 것이나 교육적인 것, 동기를 부여하는 것, 영감을 주는 뭔가를 읽으면 모든 일의 성과가 향상될 것이다.

장밋빛/미래를/설계하는/비법/세/가지

남보다 뒤떨어지지 않고 앞서 나갈 수 있는 비법이 세 가지 있다. 이 비법은 책 전체에서 계속 반복되는데, 그만큼 높은 생산성과 개인적인 성공의 중심축이기 때문이다.

1. 하루하루를 미리 계획하라   우선순위에 따라 명확하게 조직된 업무와 활동이 있는 계획을 작성하여 매일을 시작하라. 언제나 가장 중요한 일부터 시작하라.

2. 차에서 오디오 프로그램을 들어라   운전할 때는 언제나 오디오 프로그램을 켜놓아라. 자신의 삶과 업무에 도움이 되는 새로운 아이디어를 배울 수 있는 모든 기회를 잡아라.

3. 평생 동안 개인적이고 직업적인 계발에 헌신하라   독서, 학습, 테이프 듣기 등은 사업의 목표와 소기의 수입을 달성하는 데 몇 년 동안 해야 할 노고를 줄여줄 것이다. 때때로 적당한 시기의 정보 하나가 삶의 방향 전체를 바꿔줄 것이다.

　성취하고자 하면 자신이 설정한 것 외에는 그 어떤 한계도 없다. 오랜 시간 동안 열심히 준비한다면 이룰 수 없는 일은 없다.
　자신의 분야에서 뒤처지지 않고 두각을 나타내겠다는 다짐은 자신을 완벽한 잠재력의 성인이 되게 해줄 것이다. 이것은 스스로 할 수 있는 가장 중요한 결정이다. 자신이 하는 일의 최고가 됨으로써 자신이 할 수 있는 모든 것을 다 하게 되는 것이다.
　결코 배우고 성장하는 일을 멈추지 말라.

잠든 시간을 깨우는 시간관리법

1. 앞으로 평생 동안 배우는 일에 헌신하겠다고 지금 당장 결심하라. 지금 하고 있는 일에서 최고가 되는 데 필요하다면 돈이 얼마가 들든, 시간이 얼마가 필요하든 상관하지 않고 투자하겠노라고 결심하라.

2. 업무를 더욱 효과적으로 하는 데 도움이 되는 책으로 개인 서재를 만들라. 매일 새로운 것을 배우기 위해 시간을 투자하라.

3. 지금부터 차에서 오디오 프로그램을 들어라. 이 습관 하나가 그 분야의 가장 학식 높고 최고의 보수를 받는 사람으로 만들어준다.

4. 발표력을 향상시키는 강좌를 수강하여 대중에게 효과적이고 설득력 있게 이야기하는 법을 배워라. 이 기술은 많은 문을 열어줄 것이다.

5. 속독법을 배워 더욱 효율적인 독서를 하라. 이것은 우리가 배울 수 있는 기본적인 기술이고 동시에 여생 동안 활용할 수 있다.

6. 자신의 직업과 사업을 반겨주는 사업자모임에 참여하라. 적극적으로 참여하여 도움을 제공하라.

7. 일정보다 최소한 1시간 이상 일찍 일어나 그 '황금시간'을 자신에게 투자하라. 하루를 준비하는 데 도움이 될 수 있도록 성장에 도움이 되는 교육적인 자료를 읽어라.

CHAPTER 10

Saving Time When
Dealing with Others
다른 사람과
일하는 시간 절약하기

다른 사람과의 인간관계에 소비하는 시간은 하루 일과에서 의외로 많은 비중을 차지한다. 숙련된 사람도 근무시간의 75퍼센트를 동료와 의사소통하는 데 사용한다. 이 의사소통의 질을 향상시키면 타인과 상호작용을 좀 더 효율적으로 할 수 있다.

한 개인이 어떤 강박관념이 있고 어떤 본능이 그를 지배하는지 안다면,
우리는 그 사람의 핵심적인 부분에 영향을 미칠 수 있다.
인간성에 대한 통찰력은 강하다.
- 윌리엄 번벅

　　　　　　다른 사람과의 인간관계에 소비하는 시간은 하루 일과에서 의외로 많은 비중을 차지한다. 숙련된 사람도 근무시간의 75퍼센트를 동료와 의사소통하는 데 사용한다. 이 의사소통의 질을 향상시키면 타인과의 상호작용을 좀 더 효율적으로 할 수 있다.

　　인생을 살면서 사람 때문에 참 많은 시간을 낭비한다. 사람 때문에 하게 되는 시간낭비는 몇 가지 유형의 범주로 분류할 수 있다.

일반적인/오해

사람 사이의 역할, 목표, 임무 등에 관한 오해는 가장 흔한 시간낭비 요인이다. 자기들이 무엇을 해야 하고, 어떻게 할 수 있고, 언제까지 해야 하는지 알지 못하는 것이다. 이런 오해는 사람에게 감정적으로는 분노, 좌절감, 불행의 느낌을 갖게 하고, 업무 효율성을 떨어뜨린다. 이런 오해를 불식하고 문제를 정상화하는 데 엄청난 시간이 걸리기도 한다.

인생에서 행복과 불행의 85퍼센트는 어떤 방식으로든 다른 사람과 관련되어 나타난다. 다른 사람들과 잘못된 의사소통은 시간낭비의 주요인이다.

불명확한/우선순위

우선순위를 정확하게 이해하지 못하면 일의 목적이나 시기, 동기, 업무 수준 등이 부적절하게 수행될 수 있다. 부적절한 사람을 위해 일하는 것이 문제가 되는 경우도 있다. 업무수행에서, 특히 상사와의 의사소통에서 문제가 비롯됐을 때 가장 힘들다.

직원들이 '자신에게 무엇을 요구하는지 정확히 알면' 긍정적인 감정을 가지게 되고, 높은 수준의 동기부여가 된다. 반대로 '무엇을 요구하는지 모르면' 직원들은 불평을 하고 의욕은 감퇴된다.

최고의 성과를 내고 싶으면 반드시 일의 내용과 요구하는 역할을 분명히 해야 한다. 기대성과와 업무수행의 표준을 분명히 잡아줘야 한다. 또한 일정과 마감시한을 철저히 명시해야 한다. 업무수행 정도에 따라 주어질 보상과 그렇지 못한 경우의 불이익이나 결과도 명확하게 해야 한다. 가장 중요한 것은 명확성이다.

부적절한/위임

부적절하거나 부실하게 위임하면, 위임을 받는 쪽이나 하는 쪽이나 그게 사장이든 직원이든 모두 실패와 좌절을 경험한다. 이 또한 시간낭비다. 생활에서든 일에서든 적용할 수 있는 성공 법칙 중 하나가 "모든 사람의 최고 의도를 가정하는 것"이다. 우리는 모든 사람이 자신의 업무를 최선을 다해 수행한다고 가정할 수 있다. 그러나 위임이 부적절하거나 부실하면, 매우 성실하고 유능한 사람에게 형편없는 일을 시키게 되고 심지어는 일을 잘못하도록 만든다. 결국 그들은 좌절감과 불행을 경험하게 된다.

불명확한/권한범위

권한과 책임이 불분명해서도 안 된다. 그런데 사람들은 누가 무슨 일을 해야 하는지, 언제 완수되어야 하는지, 어떤 기준에 따라야 하는지 모른다. 사람들은 궁금한 채 방치된다. 누가 누구에게 보고해야 하는가? 누가 책임을 지는가? 누가 사장인가?

관리게임

경영세미나에서 나는 관리자들을 초대해 가끔 '당신의 업무를 지켜라'는 게임을 진행한다. 규칙은 아주 간단하다.

우선, 관리자는 자신에게 보고할 사람들의 이름을 적어야 한다. 이름 옆에 그 사람을 채용한 이유, 즉 그 사람이 어떤 우선순위에 따라 무슨 일을 해야 하는지 적어야 한다. 다음 단계는 직원들과 면담하는 것이다. 모든 직원은 "당신의 정확한 역할은 무엇입니까? 어떤 우선순위가 있습니까?"라는 질문에 대답해야 한다. 직원들이 내놓은 답변이 관리자가 만든 답과 일치하면, 관리자는 '자신들의 업무를 그대로 유지할 수 있다.'

그렇게 설명한 다음 "여기 있는 사람 중에서 이 게임을 하고 싶은 사람 있습니까?"라고 묻는다. 지금까지 그렇다고 대답한 사람은 없었다. 몇 년 동안 이 훈련을 진행하면서 자신의 자리를 걸고 모든 직원이 채용된 이유와 역할을 정확히 알고 있다고 자신 있게 말하는 관리자를 본 적이 없다.

관리자에게 책임이 있다

실은 모든 관리자는 모든 직원이 어떤 일을 해야 하는지 정확하게 파악하고 있어야 한다. 효율성을 증대시키고, 오해를 불식하며, 의사소통의 질을 향상시키는 가장 빠른 방법은 관리자가 직원들과 직접 대면해서 도대체 어떤 업무수준에서 어떤 우선순위로 무슨 일을 해야 할지 서로 이야기해보는 것이다.

불완전한 정보

사람들을 잘못된 가정과 결론으로 이끄는 부실하고 불완전한 정보 역시 시간을 낭비하게 하는 주범이다. 잘못된 정보는 잘못된 결론으로 이끌고, 잘못된 가정을 하게 한다.

훌륭한 관리자는 시간을 투자해서 질문하고, 결론을 내리기 전에 답변을 주의 깊게 듣는다. 문제나 어려움을 야기하는 핵심 정보가 들어 있다면 분명해지도록 면밀히 검토한다.

"이 결론이나 사실의 근거는 무엇인가?"라고 늘 자문하라. 시간을 갖고 검증하기 전까지는 어떤 것도 진실이라고 가정하지 말라.

불분명한 목적의 빈번한 회의

일정, 방향성, 마감시한 없이 진행되고, 이유도 불분명한 회의는 시간을 엄청나게 빼앗는다. 이런 회의는 특별한 목적도 결론도 없이 시작하고 마무리된다. 아무 문제도 해결되지 않고, 아무 결정도 내려지지 않고, 아무 책임도 위임되지 않는다. 실행을 위한 마감시한 합의도 없다.

업무시간의 25~50퍼센트가 이런저런 회의에 사용되기 때문에 미리 일정을 잡고, 각 사항을 마무리지어가며 진행해야 회의의 질을 향상시킬 수 있다. 많은 시간을 절약할 수 있고, 효과성과 생산성이 엄청나게 향상될 수 있다.

업무의 / 명확성 / 결핍

정보가 부족하거나 일에 중요한 영향을 미치는 의사소통이 부정확하게 이루어지면 많은 시간이 낭비된다. 직원들의 동기부여에 관한 조사에 따르면, 좋은 회사는 모든 직원이 자신을 '내부자', 즉 회사에게 무슨 일이 일어나고 있는지 아는 사람으로 느끼게 해주는 곳이라고 한다. 반대로 최악의 직장은 회사에서 무슨 일이 일어나고 있는지 직원들이 모르는 곳이라고 정의했다. 이렇게 회사에서 무슨 일이 일어나는지 직원들이 모르면, 임무를 명확하게 파악하지 못하고, 업무에 관한 확신도 없으며, 어떤 위험에라도 처하지 않을까 늘 긴장한다. 일이 어떻게 돌아가는지 모르면 사람들은 의욕이 떨어지고, 업무수행은 부실해지고, 매사에 '무사안일'해진다.

자기에게 영향을 미치는 일이 회사에서 어떻게 진행되는지 알아야 한다. 가장 좋은 회사는 회사의 모든 문제에 대해 모든 직원에게 투명하고 정직한 회사다. 직원들은 어떤 일이 일어나며 그들의 일이 회사의 큰 그림에서 어떤 위치를 차지하는지 알고 있어야 한다. 직원들이 상황에 관해 확신이 없을 때는 비효율적인 업무행동을 하고, 생산성 저하를 야기하는 대화나 토론, 소문 따위에 몰두하며, 시간은 시간대로 엄청나게 낭비된다.

명확한 의사소통을 하는 데 시간을 투자하라

어떤 연구에 따르면, 성공적인 간부의 84퍼센트는 다른 사람과 효과적으로 의사소통할 수 있는 능력을 성공의 핵심 요소로 꼽았다. 각 분야에서 성공한 대부분의 사람은 탁월한 의사소통 능력 덕분에 그 지위에 있다. 효과적인 의사소통은 시간관리의 핵심 기술이다.

다음의 법칙을 기억하라. 어떤 사람이 자신의 언어로 정리하여 다시 이야기하기 전까지는 그가 내 설명을 이해했다고 여기지 말라. 내가 내용을 반복해서 설명하거나 자신의 언어로 설명하여 상대방이 동의할 때까지는 어떤 것을 이해했다고 가정하지 말라.

다른 사람에게 설명할 수 있는 만큼만 우리는 이해한 것이다. 임무나 결정을 자세히 설명하면 말하는 사람이나 듣는 사람 모두 명확하게 알게 된다.

다른 사람과 일할 때는 우선 이해하고 그 다음에는 이해시켜라. 대다수의 사람은 이 법칙을 거꾸로 적용한다. 다른 사람을 이해시키느라 너무 바빠 다른 사람을 이해할 시간을 갖지 못한다. 상대방이 말하는 바를 정확하게 이해할 때까지 그 말을 집중해서 들어라. 그렇게 이해한 다음에 그에게 자신을 이해시킬 수 있다.

다른 사람과 일할 때 의사소통의 핵심 사항은 수행역할과 이유, 시기, 기준 등에 명확함을 철저히 유지하는 것이다. 명확성은 시간, 관심, 인내가 필요하다.

비교우위의 법칙

1805년에 영국 경제학자 데이비드 리카도^{David Ricardo}는 경제학의 가장 중요한 원리인 비교우위 법칙을 발표했다. 이 법칙은 원래 국가 사이의 무역에 적용했던 것인데, 왜 한 국가가 다른 국가보다 더 잘 만들 수 있는 물품을 생산하는 데 주력해야 하는지 수학적으로 증명하여 설명하고 있다. 리카도는 한 국가가 다른 국가보다 두 제품 모두 더 우수하게 생산할 수 있더라도 그중 가장 잘 만들 수 있는 하나만 생산하고 나머지는 다른 국가에 위임하는 것이 이익이라고 설명한다. 두 나라가 자국을 위해 생산하는 가치는 소비되는 자원의 측면에서 볼 때, 각 나라가 두 제품 모두를 각각 생산할 때보다 더 커진다는 것이다.

업무에 비교우위 적용하기

비교우위의 법칙은 현대적인 임금 격차의 근간으로 매우 중요하게 다루어진다. 업무에서 비교우위의 법칙은 내 임금이나 내가 벌고 싶은 돈보다 더 적은 금액으로 할 수 있는 일이라면 그 일을 다른 사람에게 넘기거나 맡기라고 한다.

간단하게 설명하자면 원리는 이렇다. 내가 1년에 평균 2000시간을 일해서 5만 달러를 번다고 했을 때, 내 임금의 시간당 비율은 대략 25달러다. 그랬을 때 시간당 25달러보다 더 적은 보수로도 그 일을 할 수 있는 사람이 있다면, 내가 그 일을 더 잘할 수 있다 하더라도 그 사람에게 일을 위임해야 한다는 의미다.

내가 1년 동안 10만 달러를 벌고 싶다면 내가 원하는 시간당 임금은 50달러. 그러나 내가 세차를 하고 식료품을 사러 가고 세탁물을 맡기러 간다면 나는 주중에 시간당 50달러를 벌 수 없다. 동료와 잡담하고 커피를 마시고 신문을 읽고 인터넷 검색을 한다면 나는 25달러나 50달러를 벌 수 없다. 이런 종류의 일은 내 업무와 같은 비율로 보수를 받을 수 없는 것이다.

기본 법칙은 이렇다. 내가 1년에 10만 달러를 벌고 싶다면 주중에 매일 시간당 50달러로 8시간을 일하면 된다.

이것이 개인생산성 원리의 핵심이다. 내가 정신을 집중하여 그 정도 또는 그 이상의 시간당 비율로 일을 하지 않는다면 결국 내가 원하는 만큼의 돈을 벌지 못한다.

이 법칙은 고용에도 적용된다. 장부정리, 문서작업, 구매, 집안청소, 그 밖의 어떤 일이든 일의 종류와 상관없이 적용된다. 핵심은 이런 일은 내 시간당 보수보다 더 적은 비용으로 일할 수 있는 사람에게 위임하는 것이 효과적이라는 것이다. 이것이 내가 원하는 수준의 돈을 벌 수 있는 일에 집중할 수 있는 유일한 방법이다.

매년 수십만 명이 여러 산업의 다양한 직업에서 방출된다. 이런 일이 벌어지는 이유는 사람들이 회사에 자신이 받는 임금수준에 해당하는 시간당 기여를 제대로 하지 못하기 때문이다. 이는 그들이 생산하는 제품이 선호도가 떨어지면서 형성되는 시장의 변화 같은 외부환경에 따라 발생된다.

기여한 만큼만 보상받을 수 있다

대부분의 경우 직원의 가치는 지속적으로 능력을 계발하지 않는다면 점점 감소한다. 사실 그들은 너무 많은 시간을 낭비한다. 그들은 매우 가치가 적거나 아무런 가치도 없는 일(그 일을 해도 아무도 25달러나 50달러를 주지 않는 일)을 하곤 한다. 결국 그 사람들은 정리되고 해고된다. 그리고 그 일보다 더 적은 보수를 받는 일자리라도 구하려면 몇 달을 보내야 한다.

　보수의 시간당 비율에 대한 초점, 그 기준에 근거하여 자신의 가치를 증대시키는 것이 미래를 위한 핵심이다. 농구 감독인 팻 라일리$^{Pat\ Riley}$는 "당신이 더 나아지는 것이 아니라면, 당신은 더 나빠지고 있다."고 했다. 지속적으로 배워서 기량을 향상시키지 않으면 실제로는 퇴보하는 것이고, 그런 시간은 사장에게 점점 더 무가치해진다. 이런 일이 당신에게 발생하지 않도록 하라.

위임이 / 핵심 / 수단

내가 할 수 있는 모든 것을 해내고, 내 인생과 일에 도움이 되는 중요한 일에 집중하려면 위임에 능해야 한다. 내가 사장이든 직원이든 벌고자 하는 시간당 수입보다 더 적은 비용으로 일할 수 있는 사람에게 업무를 맡겨야 한다.

　나에게 가장 큰 수입을 안겨다 줄 일에 집중하기 위해서 어떤 일을 위임하거나 외부위탁할 때 그 일을 맡아줄 사람을 찾는 효과적인 방법이 몇 가지 있다.

다른 사람이 할 수는 없는가?

"나 대신에 이 일을 대신할 사람은 누구인가?" 하고 생각해본다. 나는 가장 중요한 일에 집중하기 위해 가능한 한 다른 모든 일을 위임해야 한다는 것을 명심해야 한다.

더 잘할수 있는 사람은?

효과적인 경영자나 성공적인 지도자의 특성 가운데 하나는 어떤 일에서 자기보다 더 훌륭한 사람을 발견하는 능력이다. 내 일의 한 부분을 맡아서 나보다 더 잘해줄 수 있는 사람을 지속적으로 찾아야 한다.

더 적은 비용으로 할 수 있는가?

그 일을 평가하여 "누가 이 일을 나보다 더 적은 비용으로 처리할 수 있는가?"라고 물어보라. 여러 회사나 개인은 자기 업무의 중요 부분을 떼서, 그것만 전문적으로 하는 회사에 외부위탁할 수 없는지 지속적으로 알아본다. 특정한 부분만을 전문적으로 수행하는 회사는 그 일을 다른 활동의 일부분으로 수행하는 회사보다 더 싸고 더 빠르게 처리할 수 있다.

그 업무를 없앨 수 있는가?

자신과 다른 사람에게 그 일을 없애도 되는지 물어보라. 그 일을 아예 하지 않으면 어떤 일이 생기는지 예측하고 고려해보라. 회사에서나 사업 전개 과정에서 하는 일상적인 일 가운데는 아예 없애도 생산성을 해치지 않고 오히려 증대시킬 수 있는 일이 의외로 많다.

오래 전에 있었던 일이다. 500대 기업에 속하는 회사에 새로운 부사장이 취임해서 전국적인 조직망의 회계와 부기 업무를 인수인계했다. 그 가운데 한 부서는 각 부서의 월례보고서를 모아서 철하여 모든 부서장에게 보내는 업무를 담당했다. 그 업무를 맡고 있는 직원은 회계사와 분석가로 매우 높은 임금을 받고 있었고, 그 부서와 업무에 책정되는 예산은 매년 100만 달러에 달했다.

새로운 부사장은 의아해서 한 부서장에게 지금까지 회계부서에서 월례보고서를 받아왔는지 물었다. 부서장은 그렇다고 대답했고, 부사장은 "그럼 그것들을 어떻게 처리합니까?"라고 물었다.

부서장은 자신을 따라오라며, 부사장을 창고로 데리고 갔다. 거기에는 월례보고서가 3인치 두께의 서류뭉치 상태로 선반에 차곡차곡 쌓여 있었다. "저흰 이것들을 읽을 시간이 없습니다만, 잘 정리해서 여기 보관하고 있지요."라고 했다.

부사장은 사무실로 돌아와서는 보고서를 작성하는 전문가들을 불러 작업을 중단하라고 지시했다. 그리고 그 일을 맡았던 직원들은 타부서로 재배치하여 전문성을 살릴 수 있는 새로운 업무를 맡겼다. 해당 부서는 회사가 자신들이 만든 월례보고에 의지하고 있다고 주장하며 중단결정에 강력하게 저항했다. 그러나 부사장의 태도는 단호했다. 보고서를 중단시켰고 누구와도 대화하지 않았다.

9개월 뒤 부사장이 간부회의에 참석했을 때 한 부서장이 "우리가 받아보던 월례보고서는 도대체 어떻게 된 겁니까?"라고 물었다. 부사장은 "보고서 작성을 중단했습니다. 이제 보고서는 읽을 수 없겠네요."라고 말했다. 그것이 보고서가 중단되고 나서 들은 유일한 언급이었다.

업무에서나 개인적인 삶에서 손해나 불편함 없이 완전히 중단할 수 있는 활동이 많다는 것은 놀랄 일이다. 효율성 증대를 고려하여 이런 일을 중단시키면 조직이나 부서의 생산성이나 수익률은 엄청나게 향상된다.

효과적으로 위임할 수 있는 실천방안 여섯 가지

업무를 다른 사람에게 효과적으로 위임할 수 있는 여섯 가지 실천방안이 있다. 이 여섯 가지 가운데 하나라도 소홀히 한다면 잘못된 의사소통, 오해, 사기저하, 부실한 업무수행이라는 위험에 처할 것이다.

1. 사람과 업무를 연결시켜라 업무에서 가장 큰 시간낭비 요인은 부적절한 사람에게 위임하는 것이다. 우리는 자주 그 일을 제대로 할 수 없는 사람이나 기한 내에 끝마칠 수 없는 사람에게 위임하는 실수를 한다.

앞으로의 업무를 가장 잘 예측할 수 있도록 하는 것은 과거의 업무수행이다. 과거에 그 업무를 성공적으로 수행하지 못했던 사람에게는 위임하지 말라는 것이 원칙이다. 과거에 그 업무를 잘 수행하지 못했던 사람에게 다시 맡기면서 탁월한 성과를 기대하는 것은 어리석은 짓이다.

2. 과업에 관해 합의하라 그 업무를 담당할 사람을 선정한 다음에는 그와 협의하여 어떤 일을 해야 하는지 서로 합의하라. 최종 성과나 대상을 토의하고 토의 결과에 합의하는 데 시간을 많이 투자할수록, 확실한 명확성을

확보하는 데 더 많은 노력을 기울일수록 업무 속도에 엄청나게 가속이 붙는다.

3. 업무가 어떻게 수행되어야 하는지 설명하라 담당자에게 내가 선호하는 접근법이나 작업법을 설명하라. 업무를 어떻게 처리해주었으면 좋겠는지, 과거에 나나 다른 사람이 그 일을 어떻게 성취했는지 설명해주어라.

4. 담당자에게 내가 설명한 것을 다시 말해보라고 하라 그에게 설명한 내용을 자신의 언어로 다시 말해보라고 요청하라. 그 사람에게 내가 이제 막 설명하고 동의한 내용을 설명해보라고 하라. 이렇게 하는 것이 그가 위임받은 일을 제대로 이해했는지 확인할 수 있는 거의 유일한 방법이다.

5. 마감시한을 정하라 업무의 마감시한과 일정을 정하라. 동시에 정기적인 보고와 주기적인 감사시스템을 마련하라. 지연이나 여타 문제가 발생하면 피드백 과정을 거친 다음에 다시 질문하라.

6. 예외관리법을 활용하라 예외관리는 다른 사람과 함께 일할 때 더욱 효율적으로 일하기 위해 활용할 수 있는 강력한 시간관리 도구다. 작업이 순조롭게 진행된다면 그 직원은 내게 보고할 필요가 없다는 것이 예외관리법이다. 내가 그에게서 아무 보고도 받지 못한다면 모든 것이 잘 되고 있다고 생각하면 된다. 직원은 문제가 발생하여 작업을 처음의 일정이나 수준대로 수행할 수 없을 때만 내게 보고하면 되는 것이다.

매일 / 더 / 많은 / 일을 / 성취하는 / 방법 / 여덟 / 가지

당신이 매일 더 많은 일을 할 수 있는 여덟 가지 방법이 있다. 모든 제안사항은 간단하고, 직접적이며 비용이 전혀 들지 않는다.

1. 더 열심히 일하라　지금 일하는 것보다 더 열심히 일하라. 당신은 업무에 더 큰 강도의 집중력을 발휘할 수 있다. 한 마음으로 집중하여 방해나 흐트러짐 없이 일하도록 훈련할 수 있다. 당신은 다른 사람보다 더 열심히 일할 수 있는데, 이것이 큰 성공의 비밀이다.

2. 더 빨리 일하라　당신은 오늘 했던 것보다 더 빨리 일할 수 있다. 속도를 높일 수 있다. 빠른 리듬감을 개발할 수 있다. 당신은 이동하거나 일할 때 더 빨리 움직일 수 있다. 당신이 더 열심히 일하면서 더 빨리 움직이면 보통 사람이 1주일 동안 하는 것보다 더 많은 것을 성취할 수 있다.

3. 업무를 묶어라　일을 묶을 수 있다. 비슷한 일들을 묶어 한꺼번에 하면 학습곡선 효과를 누릴 수 있다.

4. 더 중요한 일을 하라　당신은 더욱더 중요한 일을 할 수 있다. 당신은 더 높은 가치의 일을 할 수 있다. 당신은 잠재수익이 더 높은 일을 할 수 있다.

5. 더 잘할 수 있는 일을 하라　당신이 탁월한 일을 하라. 당신이 더 잘할 수 있는 일을 할수록 더 나은 품질의 더 많은 성과를 올릴 수 있다. 당신이 더

뛰어나게 업무를 처리할 수 있기 때문에 더 쉽고 더 적은 노력으로도 더 많은 것을 얻을 수 있다. 결과적으로 당신은 에너지를 절약할 수 있다.

6. 실수를 줄여라   더 큰 성취를 하기 위해서 실수를 줄여야 한다. 처음 할 때는 시간을 충분히 가져야 일을 제대로 해낼 수 있다. "일을 제대로 할 시간은 없지만, 그 일을 반복할 시간은 언제나 충분하다."는 말을 들어본 적이 있을 것이다. 가장 뛰어난 시간관리 기술은 비록 시간과 노력이 좀 더 들더라도 처음 할 때 일을 제대로 잘하는 것이다.

7. 작업을 단순화하라   업무를 달성하는 데 필요한 작업단계를 줄이면 일을 단순화할 수 있다. 이 작업은 업무를 더욱 단순하게 만들어 쉽게 완수해준다.

8. 관심을 가져라   삶이란 관심의 학문이다. 우리는 언제나 가장 가치 있다고 생각하는 것에 관심을 기울인다. 다른 사람을 소중하게 여긴다면 그가 말할 때 주의 깊게 들어라. 어떤 일의 성과를 소중하게 생각한다면 그 일의 성패를 결정짓는 세부사항에 깊은 관심을 두라. 효과적인 관리자는 자기 부서와 직원들의 성과물을 소중하게 생각하고 그들 주변에서 일어나는 모든 일에 세밀한 관심을 보인다.

성공을 / 보장하는 / 방법

당신이 일을 하거나 회사를 다니면서 가장 좋았던 시기는 상사와 아주 잘 지냈을 때일 것이다. 반면, 제일 나빴던 시기는 상사와 사이가 좋지 않던 때일 것이다. 직원과 상사 사이에 문제가 생기는 주요인은 앞으로 실행할 업무에 대한 명확성, 실행기준, 일의 우선순위 설정 등의 합의가 부족하기 때문일 것이다.

여기 이런 사람을 위한 훌륭한 훈련 기법이 있다. 다음의 질문에 대한 답변목록을 만들어라. "내가 채용된 이유는 무엇인가?" 자신이 어떤 일 때문에 고용되었는지 모두 적어라. 활동 자체보다는 성과에 초점을 맞춰라. 자신의 업무가 일련의 몇 가지 일로 구성되어 있다고 가정하라. 회사가 지불하는 임금을 기준으로 몇 가지 일로 업무를 구분하여 정의하라.

이제 그 목록을 들고 사장에게 가서 우선순위에 따라 조직해달라고 하라. 몇 분이면 할 수 있다. 인내력을 가져라. 사장과 목록에 대해 토의할 때 원하는 것을 분명히 알 수 있도록 자꾸 질문하라.

그런 다음에는 다른 일은 제쳐두고 사장이 가장 중요하게 생각하는 일에 초점을 맞춰라. 사장이 다른 일을 시킬 때마다 목록을 꺼내어 새로운 일이 목록에서 어느 정도의 중요도를 갖는지 물어보라.

지금 능력을 최대한 발휘하여 일하고 있는 거라면, 새로운 일을 하기 위해서는 지금 하는 일의 일부를 중단해야 한다는 얘기다. 많은 사장이 직원들의 판이 이미 꽉 차 있다는 것을 모른다. 사장이 새로운 일을 부여하면 지금 부여한 일을 하기 위해 기존 일을 그만둘지 물어봐야 한다. 이것은 오해를 줄이고 의사소통 능력을 향상시키는 탁월한 방법이다.

우리는 사장이 가장 중요하다고 생각하는 일을 할 때만 사장을 기쁘게 해줄 수 있고, 더 많은 보수를 받을 수 있고, 더 빨리 더 자주 승진할 수 있다. 목록에 있는 일을 훌륭하게 수행했지만 사장에게 별로 중요하지 않은 일이었다면 일을 방해한 거나 마찬가지다. 중요하지도 않는 일을 더 잘 수행할수록 중요한 일을 할 수 있는 시간을 낭비했고 그만큼 더 뒤떨어지는 것이다.

의사결정의 / 유형 / 세 / 가지

조직이든 가정이든 거기에는 세 가지 유형의 결정이 존재한다. 결정하는 데 다른 사람들이 관련되어 있다면 지금 고려하는 결정이 어떤 유형인지 명확하게 할 필요가 있다.

1. 명령형 의사결정　이 결정은 사장이나 담당자가 내려야 한다. 이 결정은 너무 중요한 것이어서 한 사람이 기대업무를 결정하기란 쉽지 않다.

중요한 직원을 고용하는 것, 일을 제대로 못하는 사람을 해고하는 것, 중요한 투자결정을 하는 것, 판매계약을 체결하는 것, 은행과 새로운 대출금에 관해 협상하는 것 등이 모두 명령형 결정이다. 이것들은 담당자가 결정해야 한다.

2. 조언형 의사결정　사장이나 나 자신이 다른 사람에게 조언을 구해서 내

리는 결정이다. 나는 다른 사람의 의견이나 생각, 자료 등을 내 것과 함께 고려하여 결정한다. 다른 사람의 참여나 조언이 필요하기는 하지만 결정이 그 조언에 근거하여 내려지는 것은 아니다. 새로운 직원을 고용하는 것, 어떤 사람에게 새로운 업무를 부여하는 것, 일정한 금액의 돈을 사업에 사용하는 것, 새로운 영업활동이나 홍보마케팅 활동에 착수하는 것 등이 예가 될 수 있다.

내가 최고의사결정권자라면 최종결론을 내리기 전에 모든 사람의 조언을 구할 것이다. 아이젠하워 장군은 연합군 최고사령관이었을 때 다양한 군사전문가의 조언을 듣고 공격개시일을 결정했다. 이 과정에 몇 달이 걸렸다. 하지만 영국해협에서 가장 평온한 날씨였던 1944년 6월 6일에 공격하겠다는 운명적인 결정은 결국 장군 혼자 내렸고, 10개월 뒤에 제2차 세계대전은 드디어 종결됐다.

3. 합의형 의사결정　이 유형의 결정은 합의에 근거해서 이루어지는 결정이다. 이것은 모든 사람이 참여해서 토의하여 임무를 결정하는 민주적인 결정이다. 모든 사람이 동의하는 경우도 있고 민주적인 절차에 따라 다수의 표로 결정이 내려지는 경우도 있다. 일단 결정이 내려지면 토론단계에서 어떻게 투표했든 간에 모든 사람은 그 결정을 성공적으로 수행하기 위해 헌신해야 한다.

결정의 유형을 분명하게 하라

다른 사람과 일할 때 발생하는 문제는 그 순간에 어떤 종류의 결정이 내려지는지 혼동하는 것이다. 의사결정권자가 조언이나 자료를 요구할 때가 있다. 직원들은 당연하게 합의형 결정이라고 생각하지만, 그는 상담형 결정으로 보는 것이다. 이때 의사결정권자가 표출한 소망과 다수의 직원 의견에서 서로 다른 결정이 내려지면 감정이 상하고 오해가 발생할 수 있다. 의사결정권자는 직원들에게 조언이나 자료는 훌륭하고 좋았지만 최종결정이 여기에 귀속되는 것은 아니라는 점을 설명하는 데 시간을 낭비해야 한다.

의사결정권자가 민주적이거나 합의에 따라 결정하고 직원들이 기대임무를 결정할 수 있다면, 집단이 어떤 결정을 내리든 모든 사람은 이 결정을 따를 수 있다. 모든 사람이 결정의 유형을 분명히 파악하고 있다면 갈등이나 시간낭비 없이 모든 일은 순조롭게 진행될 수 있다.

해법에／집중하라

세미나에서 가끔 "나는 이 자리에 있는 모든 사람의 직무를 잘 알고 있습니다."고 말한다. 이렇게 하면 모든 사람이 집중한다. 사람들은 미소를 띠며 내 말을 기다린다.

"당신의 명함을 가져다 이름 뒤에 어떤 직함이 붙어 있든 그것을 지우고 대신 문제해결가라고 써보십시오. 여기 있는 모든 사람은 문제해결가입니다. 이것이 당신이 하루 종일 하는 업무입니다."

우수한 사람의 특징은 문제해결 지향이고 거기에 열정적이라는 것이다. 그들은 누가 잘못했는가, 손실액이 얼마인가, 발생이유는 무엇인가 등의 문제를 계속적으로 생각하거나 이야기하지 않는다. 대신 해결책과 실천방안에 초점을 맞춘다.

어떤 직위에 있든 당신의 업무는 문제해결이다. 수입, 승진속도, 동료들의 존경, 인생에서 얻은 모든 성공이 매일, 매 순간 목표를 달성하려고 직면하는 문제와 어려움을 얼마나 효과적으로 해결할 수 있는가에 달려 있다.

리더십은 문제를 해결하는 능력이다. 성공 또한 문제를 해결하는 능력이다. 개인적인 효과성은 일상의 불가피한 문제를 해결하는 능력이다. 유일한 질문은 "당신은 문제해결에 얼마나 탁월한가?"다.

여기 놀라운 발견이 있다. 가능한 해결책을 더 많이 고민하고 이야기할수록 더 똑똑해진다. 문제의 해결방안을 더 많이 생각하고 이야기할수록 더 많은 아이디어를 갖게 되고, 더욱 창의적인 사람이 된다. 해결책을 더 많이 생각해낼수록 더 많은 해결책이 가지를 칠 수 있다.

인생에서 가장 큰 시간절약 방법은 올바른 문제를 올바른 방식으로 해결하는 것이다. 문제를 효율적으로 다루고, 극복하고, 성과나 목표를 달성하려고 나아가는 것 또한 능력이다.

반면, 삶과 일에서 가장 심각한 시간낭비는 문제를 해결하지 못하는 무능력이다. 핵심 문제를 해결하지 못하는 무능력은 저조한 성과, 좌절, 실패, 심지어는 조직 파산 등의 결과를 초래할 수 있다. 문제해결과 해결책이라는 측면에서 생각하고 말하는 것은 우리가 계발해야 할 가장 중요한 마음자세다.

문제를 효과적으로 해결하는 방법 일곱 가지

1. 문제를 명확하게 정의하라 "문제가 정확하게 무엇인가?"라는 질문으로 시작하라. 될 수 있는 한 종이에 적어 문제를 명확하게 정의하라. 정확한 진단이 치료의 절반이라는 사실을 기억하라. 때로는 문제를 겉그림이나 칠판에 써서 모든 이의 동의를 얻어 신속하게 해결하기도 한다.

문제가 무엇인지 정확하게 정의하여 종이에 쓰는 것을 훈련하면 논리적 해법이 도출되는 경우가 많다. 50퍼센트는 정의단계에서 해결될 수 있다.

문제를 명확하게 정의하고 난 다음에는 "또 다른 문제는 무엇인가?"라고 물어야 한다. 한 가지 문제정의에 만족하지 말고, 계속해서 연구하라. 한 문제에 여러 정의를 내릴 수 없는지 확인해보라.

큰 문제는 사실상 '문제의 덩어리'고, 그것은 여러 작은 문제로 구성되어 있다. 문제를 명확하게 정의하면 각 구성요소로 분석하게 되어 한 번에 구성요소 하나씩 해결할 수 있다.

복합적인 문제에는 다른 문제를 해결하기 전에 꼭 해결해야 할 문제가 있는 법이다. 해결되어야 할 이 문제는 분명하지 않은 경우가 많다. 이것을 발견하기 위해서는 그 분야를 파고들어야 한다.

속단은 인간의 본성이다. 문제를 보면 해결책을 얻으려고 뛰어든다. 그것이 설상가상으로 문제를 확대시키는 것은 아닌지 확인하지도 않고 급하게 문제에서 해결책으로 뛰어든다. 시간을 두고 느리게 진행하더라도 초기 단계에서 문제를 정확히 정의하는 것이 무엇보다 중요하다. 부적절하게 정의한 문제를 해결하면 상황은 처음보다 더 나빠진다.

2. 모든 원인을 확인하라 해결책을 찾기 전에 "이 문제가 어떻게 발생했는가?"라는 질문을 하라. 문제의 타당한 원인은 무엇인가? 문제가 발생한 근거는 무엇인가? 단순히 해결책을 찾는 것만으로는 충분하지 않다. 문제를 만들어낸 근본원인을 해결하는 것이 중요하다.

몇 해 전 회사를 시작했을 때, 회사는 바쁘게 돌아가는데도 항상 유동성 문제가 발생했다. 두 달에 한 번씩 은행잔고는 바닥났고, 직원들의 월급과 다른 비용을 지불할 자금을 마련하려고 부산하게 움직여야 했다.

결국 문제는 현금관리시스템이 없다는 것이었다. 시간이 좀 지나자 수지계산에 근거한 장기적인 월별 현금수요예측이 사업(또는 개인적인)상의 생존이나 성공에 얼마나 중요한 도구인지 깨달을 수 있었다.

일단 수입의 분기별 변동사항에 근거하여 1년 앞을 예상하는 데 시간을 투자하자 어느 정도 정확하게 수입이 얼마나 생길지, 지출이 얼마일지, 1년 중 어느 시기에 현금부족을 겪을지 등을 알 수 있었다. 현금계획이 자리를 잡자, 이번에는 현금위기가 다시 발생하지 않도록 신용거래와 금전 잔고 비율을 조절했다.

이처럼 문제의 원인을 확인하는 즉시 문제를 해결하고 재발을 막을 수 있는 명확한 해결책이 생기는 경우가 많다.

3. 모든 해결책을 확인하라 결론을 내리기 전에 "가능한 모든 해결책에는 어떤 것이 있는가?"라고 물어라. 특정한 문제를 해결하기 위해 할 수 있는 다른 일은 무엇인가? 이것은 진행 과정에서 아주 중요한 부분이다.

오직 한 가지 해답만 있다고 가정하기보다는 생각할 수 있는 가능한 많은 해결책을 적어보라. 해결책은 많을수록 좋다. 오직 한 가지 해결책만 있는 문제는 오히려 조심해야 한다.

눈에 띄는 해결책은 최선이 아닌 경우가 많다. 어떤 때는 애초 의도와 반대되는 것이 정확한 해결책일 수도 있다. 때로는 아무것도 하지 않는 것이 해결책인 것처럼 완전히 다른 것을 해야 할 때도 있다.

문제에 관한 여러 해결책을 마련할 때는 주변상황을 명확하게 정의해야 한다. 자신이 그 안에서 일해야만 하는 제약요인이 있고, 이 해결책이 달성해야 하는 목표도 있다. 시작하기 전에 해결책을 위한 상황의 최고치와 최저치를 정의하면 더 나은 해결책을 마련할 수 있는 경우도 있다.

이 해결책으로 무엇을 성취해야 하는가? 해법이 완벽하다면 어떤 결과를 성취하게 해주는가? 이것이 좋은 해결책이라는 것을 어떻게 알 수 있는가? 마음속에 목표를 갖고 시작하라. 해결책을 결정하기 전에 달성하려는 바를 명확하게 정하라.

4. 결정하라 모든 정보를 얻으면 결정하라. 사용할 수 있는 해결책 가운데 가장 좋아 보이는 것을 선택하라. 그러나 그렇게 하기 전에 "이것이 왜 최고의 해결책인가?"라고 자문하라. 이것이 왜 다른 것보다 탁월한가? 문제와 해결책을 더 많이 생각할수록 해결책은 더 나아지고 정확해진다.

문제와 해결책에 관해 몇 분 동안이라도 더욱 신중하게 분석하면 실행 단계에서 엄청난 시간을 절약할 수 있다.

5. 복안을 마련하라 "다른 해결책은 무엇인가?"라고 물어보라. 다시 말해, 일단 최고의 해결책을 결정하고 나면 이 해결책이 전혀 도움이 되지 않을 경우를 염두에 두라. 그럴 경우에 어떤 복안을 제시할 것인가? 의지할 만

한 것은 무엇인가? 처음의 해결책이 실패할 경우 대안은 무엇인가?

선택적인 대안을 생각해보는 과정은 강도 높은 정신훈련이다. 문제와 다른 가능성을 보는 시각을 넓혀준다. 비상수단을 강구하는 과정으로 원래의 해결책이 나아지는 경우도 많다. 대책을 아예 바꾸기도 한다.

잘 준비된 대안만큼만 자유롭다는 것을 기억해야 한다. 행동하기 전에 더 많은 대안을 준비할수록 실행단계에서 더 효과적이다. "이것이 작동하지 않으면 어떻게 할 것인가?" "이 해결책이 올바르지 않다고 판명될 경우 나의 대안은 무엇인가?" "이 행동 과정이 실패할 경우 나는 어떻게 대응할 것인가?"라고 계속해서 물어보라.

6. 최악의 결과를 상정하라　해결책을 실행하기 전에 "이 행동 과정에서 비롯될 수 있는 최악의 결과는 무엇인가?"라고 물어보라. 이 해결책을 진행시킬 경우 일어날 수 있는 최악의 결과는 무엇인가? 두 번째 대안이 첫 번째 대안보다 더 나은 경우가 많은데, 이는 두 번째 대안에서 가능한 최악의 상황이 첫 번째 대안에서 가능한 최악의 상황만큼 나쁘지는 않기 때문이다.

모든 의사결정 과정에는 일정한 위험요소가 있다. 결과에 대한 불확실성은 언제나 존재한다. 내가 감당할 수 있는 위험요소도 있고, 감당할 수 없는 위험요소도 있다.

예를 들어, 대규모 광고행사는 아주 많은 비용이 든다. 많은 회사가 은행에서 대출한 돈 전부를 슈퍼볼 경기에 쏟아 붓는 실수를 범한다. 그들은 경기를 보는 사람 가운데 일부라도 자사 제품을 사주기만 하면 투자한 돈은 모두 만회할 수 있다고 생각한다.

하지만 그들은 가능한 최악의 상황은 전혀 고려하지 않았다. 이런 최악의 상황은 여러 번 발생했고, 결국 많은 회사가 파산했다. 내가 감당할 수 없는 위험요소도 있다.

7. 구체적인 책임을 위임하라　일단 결정이 내려지고 나면 실행할 책임을 위임하거나 직접 책임져라. 일정과 마감시한을 정하라. 모든 사람에게 무엇이 어떤 일정을 따라 누가 진행할지 분명하게 알려라.

많은 회사가 문제를 정의하고 훌륭한 해결책을 마련하여 책임을 부여하고는 회의를 끝내는 실수를 범한다. 2주나 4주 뒤에 다시 모였을 때 아무 변화도 일어나지 않았다. 왜 그런가? 마감시한이 정해지지 않았기 때문이다. 임무를 맡은 사람은 다른 일 때문에 바빠서 주어진 일을 수행하지 못했는데도, 아무런 조치가 취해지지 않았다. 이런 단순한 실수가 엄청난 피해를 가져오는 경우도 있다. 따라서 일단 결정하고 나면 임무를 부여하고 마감시한을 정해서 그에 따라야 한다. 이것이 문제해결의 핵심이다.

기여에 / 집중하라

다른 사람과 함께 일할 때 핵심적인 시간관리 기술은 '기여에 대한 집중'이다. 어떤 조직에서 '기여에 대한 집중'은 훌륭한 의사소통과 협동심의 핵심적인 요소. 직장에서 훌륭한 인간관계는 사람들이 업무 중심적이어서 특정한 목표를 성취하는 일이나 특정한 문제를 해결하는 것을 지향할 경우 안정적으로 형성된다.

　업무에서 인간관계가 '업무 중심적'이지 않으면 '사람 중심적'이 되는 경향이 있다. 객관적이고 합리적이기보다는 주관적이고 개인적으로 변한다. 결국 사람들은 대부분의 시간에 다른 사람 이야기만 한다. 이렇게 되면 엄청난 시간낭비와 효율성이 떨어진다.

참여관리를 / 실행하라

참여관리는 사람들과 함께 일할 경우에 많은 시간을 절약해준다. 이것은 관리자가 개발할 수 있는 매우 훌륭한 도구다. 참여관리를 하려면 직원들을 최소한 1주일에 한 번씩 직원회의에 불러 모아야 한다. 이 모임에서 직원들은 무엇을 하고 있는지, 어떤 진전이 있는지, 어떤 문제가 있는지 등을 이야기한다. 사람들은 서로 질문하고, 결정을 내리고, 해결책을 합의한다.

　참여관리에서 흥미로운 점은 동료들 앞에서 일정한 마감시한까지 어떤 일을 마치겠노라고 선언하면 그는 업무를 완수할 수 있는 동기부여를 받게 된다는 것이다. 그뿐만 아니라 주기적으로 모이게 하면 아주 빨리 문제를 해결하고, 의사결정하고, 오해를 해소할 수 있다. 참여관리는 관리자나 감독자로서 평생 동안 사용할 수 있는 믿을 만한 도구다.

역위임을 피하라

일을 할 때 시간을 절약할 수 있는 가장 훌륭한 수단은 이른바 '역위임'과 관련 있다. 역위임은 내가 업무를 위임했던 직원이 그것을 내게 되넘기는 것을 말한다. 업무는 명령의 고리를 따라 내려가지 않고 올라온다. 상사에서 부하직원으로 가기보다는 부하직원에서 상사로 올라온다.

역위임을 막아야 하며, 직원들은 언제나 역위임하려고 한다는 것을 알고 있어야 한다. 조심하지 않으면 직원들이 사용하는 일련의 역위임 기법에 희생당할 것이다. 직원들이 업무를 역위임할 때 사용하는 방법은 문제를 가지고 와서 해결해달라고 부탁하는 것이다. "이 문제 좀 봐주시겠습니까, 또는 이 정보 좀 주십시오."라며 도움을 요청한다. 당신은 상사이고 그보다 유능하고 박식하므로 일단 문제를 봐주기로 하고 될 수 있는 한 빨리 되돌려줘야 한다. 그러나 방심하면 또 다른 일이 일 더미 속으로 들어와 당신이 해야 할 일이 된다.

법칙은 이렇다. 다음 단계에 관한 책임이 있는 사람은 지금 책임지는 사람이다. 직원이 내게 뭔가를 해달라고 요청하고, 요청한 문제를 해결한 결과가 그들의 업무방식을 결정한다. 원숭이는 지금 내 뒤에 있다. 머지않아 그 직원은 나를 감독할 것이며 일이 어떻게 진행되냐고 물어볼 것이다. 나는 이제 나를 위해 일했던 사람을 위해 일하게 될 것이다. 나는 그들의 일을 완수해서 될 수 있는 한 빨리 되돌려 보내겠다고 약속하고 다짐할 것이다.

역위임 거부 방법은 일단 내가 위임한 일은 다시 떠맡지 않는 것이다. 직원이 뭔가를 해달라고 요청하면, "자네는 우리가 무엇을 해야 한다고 생각하는가?"라고 질문하라. 그 답변이 어떻든 첨삭하거나 동의할 수 있다. 하지만 그것이 어떤 것이든 그들이 일을 계속할 수 있도록 되돌려줘야 한다.

자연적인 습성을 극복하라

우리는 관리에서 운영으로 돌아가고 싶은 습성이 있다. 그것은 자연스러운 것이다. 모든 관리자들은 모두 회사라는 사다리에서 열심히 일하여 오늘의 직위에 이르렀기 때문에 스트레스를 심하게 받을 때마다 자신이 과거에 아주 잘해냈던 일로 돌아가고 싶은 자연적인 습성이 발동한다. 이 회귀성향과 싸워야 한다. 그렇지 않으면 먹이 사슬의 맨 아래에서 여러 부하의 지시나 받고 있게 될 것이다.

훌륭한 관리자는 "다른 사람들을 통해서 일을 완수하는 사람"이다. 자신의 역할은 어떤 일을 직접 하기보다는 다른 사람들이 그 일을 잘할 수 있도록 도와주는 것이다. 다른 사람이 할 수 있는 모든 일을 그에게 넘겨주라. 일단 넘겨준 일은 되받지 말라.

다른 사람을 가르치고 훈련시켜라

시간을 갖고서 부하직원들을 (그리고 다른 사람들을) 훈련시키고 가르쳐라. 그들을 훈련시킬수록 그들에게 더 큰 자신감을 주어 더 많은 업무를 위임할 수 있다. 다른 사람들에게 일하는 법을 가르치는 일은 더 큰 힘이 되어 돌아온다. 일단 그 사람에게 어떤 일을 하는 방법을 가르치고 나면 언제든지 내 일을 위임할 수 있고, 나는 시간당 수익이 더 큰 일을 할 수 있다.

명확성에 초점을 맞춰라

다른 사람과 일할 때 의사소통에서 발생하는 중요한 문제와 시간낭비 요인은 바로 자의적인 해석과 이해다. 이에 대한 항체는 명확성이다. 명확성은 가장 중요한 시간관리 수단이다. 이것은 반복, 토의, 피드백, 동의 등의 과정에서만 확보할 수 있다. 시간을 투자하여 훌륭한 의사소통전문가가 되는 법을 배워라. 이것은 엄청난 시간절약 효과가 있고, 당신의 삶과 생활의 모든 부분에서 효과성을 증대시켜준다.

잠든 시간을 깨우는 시간관리법

1. 당신이 얻으려는 시간당 수입보다 더 저렴하게 일할 수 있는 사람이 있으면 그에게 모든 것을 위임하라.

2. 무엇을 해야 하고, 어떤 기준을 따라야 하고, 언제까지 해야 하는지 다른 사람에게 설명할 때는 아주 명확하게 하라.

3. 직원과 대면하여 고용 이유가 무엇이고, 업무 중 가장 중요한 것이 무엇인지 설명해주라.

4. 모든 사람이 알게 하라. 그들의 업무에 어떤 식으로든 영향을 미친다면 모든 것을 알려주라.

5. 업무를 위임할 때는 언제나 그 사람에게서 당신이 설명한 것에 관한 피드백을 받아내라. 이것은 많은 오해를 불식시킨다.

6. 직원들에게 참여관리를 실행하라. 매주 직원회의를 하고 모든 사람이 참여하여 질문하게 하라.

7. 직원들이 가장 소중한 자산이라는 것을 명심하라. 그들과 정확하게 의사소통할 수 있는 방법을 지속적으로 모색하라.

CHAPTER 11

Time Management Techniques
for Salespeople

영업사원을 위한
시간관리 기술

손에 잘 맞는 장갑이 편하듯이,
내 신념과 지금 내가 하고 있는 일이 잘 맞아야 한다.
최고의 업무성과를 올리는 첫걸음은 내 가치관에 근거하여
중요하다고 판단되는 목표와 업무를 결정하는 것이다.

성공적인 사람은 그렇지 못한 사람들이 하고 싶어 하지 않는 것을 습관으로 만든다. 성공적인 사람도 하고 싶지 않기는 마찬가지지만, 그것이 성공의 대가라는 것을 알고 있기 때문에 실행하는 것이다.
- 허버트 그레이

1928년에 〈세일즈 앤드 마케팅 매니지먼트〉지는 미국 기업의 영업사원들이 시간을 얼마나 효율적으로 사용하는지 설문조사한 적이 있다. 그 조사에 따르면 보통의 영업사원은 하루 평균 1~1시간 반 정도, 즉 영업시간의 20퍼센트만 일하는 데 보낸다는 것이다.

이 조사결과는 영업이 중심인 산업에 비상이 걸리게 했다. 각 회사는 교육과 훈련, 시간관리, 감독, 직원관리 등을 강화했다. 영업사원이 각자의 시간을 어떻게 쓰느냐에 따라 더 많은 책임을 지는 방향으로 해결책의 초점이 맞춰졌다.

1988년 그 잡지는 다시 지난 60년 동안의 영업사원 시간효율성 향상에 관한 교육훈련동향 기사를 실었다. 기사에 따르면, 미국의 보통 영업사원들이 일하는 시간은 여전히 하루 평균 90분이다. 지난 60년 동안 달라진 것이 전혀 없었다는 말이다.

컬럼비아 대학의 연구에서도 같은 결론이 내려졌다. 그 연구자는 영업사원 수천 명을 만나본 결과, 출근해서 영업을 위해 하는 첫 전화를 대개 오전 11시쯤에 하고 마지막 전화는 오후 3시 30분 정도에 한다는 것을 알게 되었다. 그 밖의 시간은 준비하고, 서류 정리하고, 이동하고, 식사하고, 커피를 마시고, 힘든 일에 대해 하소연하는 데 보냈다.

1990년대 맥그로힐 출판사에서 후속연구를 실시했는데, 영업사원이 영업에 쓰는 시간은 전체 시간의 37퍼센트라고 결론지었다. 그러나 이 보고서는 자기보고에 근거하여 작성되었음이 밝혀졌다. 자기보고란 영업사원이 수익률에 대한 기록도 없이 자신의 기억에 의지하여 보고하는 경우를 말한다. 안타깝게도 영업사원이 하루 평균 90분밖에 일하지 않는다는 결론을 다시 내릴 수밖에 없다.

영업실적을 / 배로 / 늘려라

세일즈 강좌를 진행할 때 나는 이른바 '1분 이론'을 가르친다. 간단한 질문에 근거한 이론이다. 당신이 영업사원이라면 실적률은 고객이나 잠재고객과 대면한 시간에 비례한다. 판매실적이나 수입을 올리고 싶다면 고객이나 잠재고객과 만나는 실제 영업활동시간을 늘려야 한다.

고객을 만나는 실질적인 영업활동시간을 배로 늘리면 다른 노력을 하지 않더라도 실적이 2배로 증가한다. 시간을 우수한 영업사원처럼 사용하여 고객과 함께 보내는 시간을 증가시킨다면 판매실적은 즉시 올라갈 것이다.

당신이 영업사원이라면 다음 쪽에서 시간효율성을 배가하여 영업실적을 배로 늘리는 방법을 배우게 될 것이다. 수천 명이 이미 이 장에서 소개된 방법을 써서 6개월 안에 영업실적을 2배, 3배, 심지어는 4배까지 증가시켰다.

수많은 내 수강생들이 이 방법을 사용하여 채 한 달도 안 되어 영업실적을 두세 배로 증가시켰다.

영업사원의 업무

우선 영업사원의 업무를 알아보자. 영업사원의 업무는 고객을 만들어서 관리하는 것이다. 영업사원의 효과성은 주어진 시간에 얼마나 많은 고객을 만들어내는지, 고객에게 얼마나 많은 판매성과를 올리는지에 따라 측정된다. 영업사원이 하는 다른 활동은 고객을 만들고 유지하는 데 필요한 부수적인 활동이다. 그래서 영업사원이 일하는 시간은 고객이나 잠재고객과 대면하고 있는 때라 할 수 있다.

영업사원은 미국에서 실업자인 채 아침잠에서 깨는 유일한 근로자다. 그들은 구매계약을 해줄 사람 앞에 서기 전까지는 여전히 실업상태다. 성공적인 영업을 위한 법칙은 "더욱 나은 잠재고객에게 더 많은 시간을 투자하라."이다.

영업실적은 자신이 새로운 만남을 이끌어 낼 수 있는 능력에 비례한다. 영업활동은 평균이라는 법칙에 근거한 숫자싸움이기 때문에 다른 조건이 동일하다면, 더 많은 사람을 만날수록 성공 확률은 더욱 높아진다. 더 많은 사람을 만날수록 판매활동을 할 확률도 더욱 높아진다.

3단계 영업공식

영업활동을 탁월하게 할 수 있는 간단한 공식이 하나 있다. 예상하고, 제시하고, 마무리하는 3단계 활동이다. 성공적인 영업사원은 그렇지 않은 영업사원에 비해 이런 활동을 더 많이 하는 사람이다.

평균적인 재능을 지닌 사람이라도 하루 종일 이 활동을 하면, 이런 활동을 하지 않는 천부적인 사람보다 실적이 월등히 좋아질 것이다. 영업사원이 원하는 수준의 영업실적이나 수입을 얻지 못한다면 실패요인은 가망고객 확보, 제안, 마무리(후속조치) 등 세 가지 핵심적인 업무 가운데 하나를 실패했기 때문이다.

자신의 모든 영업활동에 80/20 법칙을 적용하라. 영업활동에서 이 법칙은 업무가 너무 많아 가망고객을 확보하는 활동에 투자할 시간이 없을 때까지 80퍼센트를 투자하라는 뜻이다. 나머지 20퍼센트를 계획, 조직, 서류작업, 자료연구, 사교, 기타 활동에 투자하는 것이다.

가망고객을 확보하는 활동은 판매하는 제품이 필요하거나 구매할 수 있는 사람들을 직접 찾아서 만나려고 구체적인 조치를 취하는 것이다. 영업사원으로서 판매해야 하는 것은 시간이고, '그 시간'은 내가 판매하려는 것을 구입할 사람과 대면할 때만 가치가 있다.

명확한 수입목표와 판매목표

탁월한 영업활동이나 영업상의 시간관리는 수입액과 영업실적에 관해 명확한 목표를 설정하는 것에서 시작한다. 수입을 얼마큼 올리고 싶고 그것을 어떻게 달성할 것인지 기록해보면 그렇게 하지 않는 것보다 목표를 달성하기 훨씬 쉬워진다. 내가 여기서 공유하려는 이 목표설정 훈련 방법은 수많은 영업사원의 수입을 몇 배씩 증가시켰다. 이 방법은 간단하고 쉽기 때문에 오히려 강력한 효과를 발휘한다.

부동산 분야에서 일을 시작하려는 한 영업사원이 내 세미나에 참석한 적이 있다. 그녀는 첫 거래에서 집을 팔지 못했다. 그럼에도 첫 해에 5만 달러를 벌겠다는 목표를 세웠다. 그때 그녀는 주거용 부동산을 파는 사람 가운데 1년에 5만 달러를 버는 사람이 거의 없다는 사실을 몰랐다. 그러나 목표설정은 효과가 있었다. 그녀는 영업 10개월 만에 그 실적을 넘어섰다.

최고의 해를 기준으로 시작하라

목표는 최고 실적을 기록했던 해에 50퍼센트를 추가하여 설정한다. 다시 말해, 지금까지 내가 달성한 최고 실적이 4만 달러였다면 다음 해의 목표는 6만 달러나 그 이상으로 잡는다. 최고 실적이 10만 달러였다면 목표를 15만 달러로 설정한다. 이것을 실질적인 수치를 들어 설명해보겠다.

일단 다음 해에 올릴 수입을 6만 달러로 결정했다고 하자. 맨 처음 할 일은 이 수입을 올리기 위해서 얼마나 많은 물건을 팔아야 하는지 계산해보는 것이다. 예를 들어, 판매수당이 6퍼센트일 때 목표한 수입을 달성하려면 100만 달러어치 물건을 팔아야 한다. 그러면 100만 달러는 내 연간 매출목표가 된다.

다음은 월간목표를 설정하는 것이다. 6만 달러를 12로 나누면 매달 5000달러가 된다. 그리고 나서 월간목표를 달성하려면 매달 물건을 얼마나 팔아야 하는지 결정한다. 100만 달러를 12개월로 나누면 대략 8만 3333달러다. 이것이 내 월간 매출목표다.

월간 수입과 매출목표를 정하면 주간 수입과 매출목표를 정해야 한다. 휴가를 연간 2주로 계산하고, 남은 50주로 내 연간 수입목표를 나눈다. 6만 달러를 50으로 나누면 매주 1200달러다.

그리고 나서 연간 매출목표액을 50으로 나누어 매주 올려야 할 매출액을 계산한다. 연말까지 6만 달러를 벌려면 매주 2만 달러어치의 물건이나 서비스를 팔아야 한다는 계산이다.

이제 주간 수입을 매주 일하는 날 수로 나눈다. 1주일에 5일 일한다고 했을 때, 주당 1200달러를 5로 나누면 매일 240달러다.

매일의 매출목표를 계산하기 위해서 한 주에 판매하려는 수량을 매주 일하는 날 수로 나눈다. 이 경우에 주간 매출목표가 2만 달러였다면, 그것을 5로 나눈 4000달러가 하루 매출목표다.

마지막으로 240달러를 매일 일하고자 하는 시간으로 나누어라. 하루에 8시간을 일한다면 하루 매출목표인 240달러를 8로 나누어 30달러라는 시간당 매출목표를 얻을 수 있다.

시간당 매출목표에 집중하라

내가 원하는 시간당 매출목표를 정했다면 일할 준비가 된 것이다. 일을 시작하는 아침부터 마무리하는 저녁때까지 시간당 30달러 수입을 올리지 못하는 모든 활동을 거부하라. 내게 시간당 30달러의 수입을 가져다 줄 수 업무는 잠재고객을 확보하고, 제시하고, 후속조치하는 일뿐이다.

많은 영업사원은 간단하지만 중요한 이 기본원리를 대체로 이해하지 못하는 실정이다. 1년에 6만 달러를 벌고 싶다면 업무시간에 세탁소에 가거나 장을 보거나 세차하거나 동료와 잡담하는 등의 행동을 해서는 안 된다. 이런 행동은 시간당 30달러 수익을 올려주지 못한다. 업무시간에 이런 행동을 하는 것은 그야말로 시간낭비임에도 실제 그렇게 하고 있는 것이다.

이것은 일반적인 법칙이다. 투자한 것만큼 얻을 수 있다. 이 뿌린 대로 거두는 법칙에 따라 시간당 30달러의 일을, 하루에 8시간씩, 1년에 250일 동안 한다면 그 어떤 것도 앞으로 1년 동안 6만 달러를 버는 것을 막을 수 없다.

당신이 시간당 60달러 비율로 일한다면 한 해에 12만 달러를 벌 것이다. 수입을 매시간 단위로 정할 수 있다. 가장 훌륭한 시간활용은 잠재고객을 확보하고, 제시하고, 후속조치하는 일에 시간을 소비하는 것이다.

내가 / 해야 / 할 / 일

일단 목표수입과 매출액을 나누어 월간, 주간, 일간 달성목표를 결정한 다음에는 그것들을 이루는 데 필요한 활동이 무엇인지 결정해야 한다. 이 계산에 핵심적인 요소는 통제다.

당신은 하루의 목표로 설정된 수입이나 매출액을 통제할 수는 없다. 그것은 여러 요인에 따라 좌우되기 때문이다. 그러나 당신 활동을 통제할 수는 있다. 아침부터 저녁까지 무엇을 할 것인지 통제할 수 있는데, 이렇게 하면 간접적으로 수입을 통제할 수 있다. 당신이 영업에 도움이 되는 일을 하고 있다면 반드시 영업목표를 달성할 수 있다.

영업에서의 성공은 숫자싸움이라는 것을 강조하고 싶다. 그것은 확률의 문제다. 영업 전략이나 기법을 더 명확하게 기술할수록 원하는 만큼의 돈을 벌 확률은 높아진다. 영업은 알아서 잘될 것이다.

영업작업을 세부적으로 계획하라

자신의 평균적인 영업규모와 판매수당을 정하라. 이것으로 원하는 매출목표와 수입목표를 나누어라. 예를 들어, 개당 판매수당이 500달러고 1년 목표수입이 6만 달러라면, 매년 120건의 판매실적을 올려야 하고 매달 10건의 실적을 올려야 한다.

그러고 나서 그 수량의 판매실적을 올리기 위해서는 현재의 경험과 기술수준에 근거했을 때 제품설명을 몇 차례 해야 하는지 결정한다. 그렇게 거꾸로 계산하여 필요한 잠재고객을 확보하려면 과연 전화를 몇 통 걸어야 하는지 결정할 수 있다. 이렇게 하면 자신이 원하는 매출실적과 목표수입을 달성할 수 있다.

5건의 약속을 정하려면 전화를 20통이나 해야 하고, 하나의 판매실적을 올리기 위해 5건의 약속이 필요하다는 결론을 내렸다면, 이제 구체적인 목표가 생긴 것이다. 매일 실천해야 할 구체적인 활동목표가 생긴 것이다. 매일 아침 일을 시작할 때 특정한 목표의 통화량을 달성하는 데 구체적으로 초점을 맞추게 된다. 스스로를 독려하여 필요한 일을 하고, 설정한 목표를 달성하게 되는 것이다.

업무를 / 더 / 잘하라

영업활동의 목표를 정하고, 일별 활동계획을 수립하면 즉시 자신의 핵심 업무영역에 필요한 기술을 향상시켜야 한다.

내가 하는 일 가운데 가장 중요한 것을 가장 잘하는 것이 최선의 시간활용이다. 우리는 짧은 기간 동안 더 나은 결과를 얻기 위해 기량을 향상시키는 것을 목표로 삼아야 한다.

예를 들어, 내가 만들어내는 약속이 전화통화 능력에 달렸다면 지금 바로 텔레마케팅전문가가 되기로 결심해야 한다. 성공이 제품설명 능력에 달렸다면 훈련을 거쳐 프레젠테이션전문가가 되어야 한다. 나의 성공이 대상을 취급하는 능력과 업무를 마무리하는 능력에 따라 결정된다면 그 분야의 전문가가 되어야 한다.

초기 단계에서는 상담한 예상고객 20명당 한 건 정도의 실적을 올릴 것이다. 업무기량을 점점 향상시키면 그 비율은 점점 더 높아질 것이다. 곧 15명마다 한 건씩 올릴 것이고, 그 다음에는 10명마다 한 건씩 올리면서 실적을 올리는 비율이 점점 높아진다.

영업전문가 중에는 업무기술을 지속적으로 향상시켜서 통화당 판매비율을 5대 1, 심지어 3대 1까지 낮춘 이도 있다. 전화하는 세 사람마다 한 건의 실적을 올린다면 수입에 어떤 변화가 생길지 생각하라.

현재/수준을/분석하라

판매에는 7개의 핵심 성과영역이 있다. 영업사원으로서 잠재력을 발휘하고 싶다면 각 영역마다 7점 또는 그 이상을 수행해야 한다.

1. 잠재고객 확보하기 : 적당한 시기 안에 구매할 수 있는 사람과 약속 정하기

2. 신뢰와 친밀감 형성하기 : 질문하기, 듣기, 판매에 필수적인 신뢰와 친분 형성하기

3. 요구사항 파악하기 : 고객이 원하는 것이 무엇이고, 어떻게 하면 고객이 가장 만족스럽게 잘 공급할 수 있는지 확인하는 질문하기

4. 해결책 제시하기 : 고객에게 지금 모든 것을 감안할 때 자신의 상품이나 서비스가 가장 이상적인 선택임을 확인시키기

5. 이의제기에 답변하기 : 고객이 제품에 가질 수 있는 의문이나 걱정 해결해주기

6. 영업을 마감하기 : 고객에게 자신의 제안대로 행동에 옮길 것을 요청하기

7. 다른 판매건수와 추천받기 : 자신에게 다시 물건을 사고, 친구나 동료에게 자신을 추천할 수 있는 '평생 고객'으로 만들기

자신에게 이 핵심 성과영역의 질문을 던진 뒤 1~10점 사이의 점수를 주라.

가장 취약한 핵심 기술부터 시작하라

핵심 성과영역을 다루면서 한 가지 중요한 사실을 발견할 수 있다. 7개 핵심 성과영역 가운데 자신이 가장 취약한 핵심성과 영역이 영업실적과 수입을 좌우한다는 사실이다. 핵심 성과영역 7개 중에서 가장 약한 영역 하나가 있을 것이고, 그것이 관건이다.

모든 영업기술은 학습 가능하다. 우리는 설정목표를 달성하는 데 필요한 기술을 배울 수 있다. 나의 영업성과를 가장 빠른 속도로 향상시켜줄 수 있는 방법은 가장 취약한 핵심 기술영역을 찾아내 그 능력이 숙달될 때까지 집중적으로 노력하는 것이다.

"내가 계발하여 멋지게 실행했을 때 영업실적과 수입에 가장 큰 효과를 낼 수 있는 기술은 무엇인가?"를 자문하라.

이 질문에 어떤 답변을 하든 기량 향상을 목표로 설정하고, 계획을 수

립하고, 우선순위에 따라 계획을 조직하며, 그 분야의 기량을 향상시키기 위해 매일 노력하라. 매일 아침 그 분야에 관한 자료를 읽어라. 차에서 오디오 프로그램을 들어라. 세미나와 회의에 참여하여 기술을 습득하는 방법을 배워라. 이렇게 하려는 결심은 우리가 할 수 있는 일 가운데 가장 수입에 크고 빠르게 영향을 미칠 것이다.

업무를/미리/계획하라

영업, 수입, 활동 등에 관한 목표를 수립하고 나면 연간, 월간, 주간, 특히 일간 계획을 미리미리 수립할 수 있다. 주말에 다음 주의 계획을 세워라. 저녁에 다음 날의 계획을 세워라. 언제나 작성한 활동계획에 따라 일하라.

성공적인 영업사원 가운데 주말에 한두 시간을 투자하여 다음 주의 계획을 미리 수립하는 사람이 많다. 그중 일부는 금요일에 다음 주의 계획을 수립한다. 계획을 수립하면 자신의 활동에 엄청난 통제력이 생긴다. 이 통제력은 힘을 준다. 사전계획은 자부심과 자신감을 높여준다. 계획에서 1분은 실행단계에서 10분을 절약해 계획을 수립하지 않은 사람보다 훨씬 더 많은 일을 성취할 수 있다.

가망고객을 확보하는 활동을 철저히 측정하라

내가 잠재고객을 확보하는 활동을 얼마나 잘하는지 제대로 측정하면, 앞으로 얼마나 많은 약속과 제품설명을 해야 하는지 예측하여 결정할 수 있다. 훌륭한 영업사원은 전 주 금요일 안에 다음 주 약속계획을 수립한다. 그에게 다음 주에는 어디에 있을 것인지 물어보면 한 시간 안에 월요일부터 금요일까지 어디에 있을지 알려준다.

부실한 영업사원은 다음 주 자기가 어디에 있을지 모른다. 약속도 계획도 없다. 그런 영업사원에게는 매일이 모험의 연속이다. 자신의 일임에도 앞으로 일이 어떻게 돌아갈지 알지 못한다. 결과적으로 하루에 90분도 안 되는 시간 동안 일하며 사무실을 돌아다니고 동료들과 커피를 마시거나 점심을 먹는 데 사용한다.

이제부터 매일의 계획을 전날 마지막 시간이나 저녁에 세워라. 다음 날 해야 할 모든 일의 목록을 작성하고 불을 끄기 전에 시간과 우선순위에 따라 조직하라.

자신의 하루를 30~60분 단위의 약속으로 조직하라. 강제된 효율성 법칙The Law of Forced Efficiency에 따르면 모든 약속에 빡빡한 시간제약을 설정하면 할당된 시간에 영업과 관련된 중요한 모든 것을 할 수 있다.

지역별로 / 통화계획을 / 세워라

영업사원들에게 가장 중요한 시간관리 기술은 구체적인 지역 단위로 통화를 묶는 것이다. 이렇게 하면 이동시간을 줄일 수 있고, 더 많은 전화를 할 수 있다. 우리는 잠재고객이나 고객과 대면할 시간 외에는 팔 것이 없으며, 시간을 사용하는 방법이 수입을 결정한다는 사실을 기억해야 한다.

첫 약속은 도시의 최북단에, 다음 약속은 최남단으로 해서 하루 대부분을 운전에 허비하는 실수를 범하지 말라. 많은 부실한 영업사원이 시간을 이런 식으로 조직한다. 어쩌면 약속장소 사이의 장거리를 운전하는 것이 실질적인 업무라고 믿고 있는지도 모른다.

바로 / 팔아라

탁월한 시간관리 기술은 제품설명 뒤에 구매를 성사시켜 가망고객에게 반복해서 찾아가는 일을 막는 것이다. 대화의 끝마다 잠재고객이 구매할 수 있는 기회를 주라. 여러 방법을 사용하여 주문을 요청하라. 판매통화의 50퍼센트가 고객에게 주문할 수 있는 기회 한 번 주지 않고 끝난다.

최악의 시간활용은 고생해서 잠재고객을 확보하고, 약속을 잡고, 제품을 설명하고, 고객의 질문에 설명까지 해놓고 판매까지 이어지지 못하는 것이다. 본인이 마무리를 잘 못해 팔지 못한다면 지금까지 투자한 모든 시간을 날려버리는 것이다.

연구를 거듭하여 다양한 마무리 기술과 의사결정의 질문에 숙달하도록 하라. 마무리 기술은 잠재고객이 어떤 결정을 하도록 만들거나 제품을 다른 사람에게 어떤 방식으로든 소개하게 만드는 것이다. 예를 들어, 잠재고객에게서 피드백을 이끌어 내거나 지금 영업을 얼마나 잘하고 있는지 말하게 하려고 다음 질문을 할 수 있다.

지금까지의 내용이 이해되십니까?

제가 설명한 것에 질문이나 관심이 있으십니까?

제가 지금까지 고객님께 보여드린 것이 마음에 드십니까?

이것이 지금까지 찾던 것 맞습니까?

가망고객이 설명을 좋아하고 제품에 관심이 있는 것 같아 보이면 "마음에 드시면 한 번 사용해 보시죠?" 하고 제안 질문을 던져볼 수 있다. 그리고 "더 궁금한 게 없으시다면, 다음 단계는……" 같은 직접적인 마무리 방법을 사용할 수 있다. 계속해서 행동계획을 설명하면 영업활동을 마무리할 수 있다.

사람들이 구매결정하도록 요청하는 방법을 숙달할 경우에는 엄청난 시간이 절약된다. 여러 후속면담에서 많은 사람이 영업사원이 구매를 권하거나 요청했다면 제품을 샀을 것이라고 말했다.

영업사원이 구매를 요구하지 않아 하루에 성사될 수 있었던 많은 건수가 무의미하게 사라진다고 한다. 잘 준비하여 정중하게 구매를 요청하는 습관은 효율성과 생산성을 향상시킬 수 있는 대단한 기법이다.

시간낭비 / 요인 / 제거하기

영업에는 여러 가지 시간낭비 요인이 있다. 수천 명의 영업사원과 영업관리자를 면담해보면, 시간을 낭비하고 영업과 수익에 관한 잠재력을 완전히 깨닫지 못하는 데는 다음과 같은 주요 원인이 있다.

거절에 따른 두려움이 야기하는 지연

미루기는 시간도둑이다. 온갖 변명을 하면서 나가지 못하겠다는 지연전술이 뒤를 따른다. 지연은 대개 거절이나 실패에 대한 두려움에 기인한다. 이를 통화거부감이라 한다.

지연과 연기를 야기하는 이런 거절에 대한 두려움을 극복하는 길은 이같은 두려움에 매일매일 직면하는 것밖에 없다. 놀라운 사실은 이런 두려움과 실제로 맞닥뜨리면 오히려 두려움이 감소한다는 것이다. 그러나 뒤로 물러나거나 상황을 피하려 하면 두려움은 모든 생산적인 활동을 마비시킬 정도로 증폭된다.

영업을 시작했을 때, 나는 잠재고객의 냉담한 반응을 매우 두려워했다. 그러나 곧 내 인생을 변화시킨 중요한 사실, 즉 '그 거절이 나 자신에 관한 것이 아니다'는 점을 깨달았다. 내가 파는 물건에 관심이 없다고 해서 나라는 인간에게 관심이 없고 냉담한 것은 아니다. 이것은 단지 경쟁 사회에서 상업적인 제안에 대한 반사적인 반응일 뿐이다. 그 사람은 나라는 개인을 거부할 만큼 나에 관해 알지 못한다. 그 사실을 깨닫고 난 다음부터 나는 전화로 또는 직접 집집마다, 사무실마다 방문했고, 그러다 보니 자연히 거절에 따른 모든 두려움도 사라졌다. 결국 내 영업활동에 보이는 고객의 부정적인 반응이 내 활동에 전혀 영향을 미치지 않는 수준까지 이르렀다. 이는 모든 영업사원의 목표이기도 하다.

영업활동의 미완성 상태

보완을 요하는 불완전한 영업활동 역시 상당히 많은 시간을 낭비하게 한다. 이런 사태는 영업사원이 필요한 것을 제대로 갖추지 않아서 발생하는 경우가 대부분이다. 해당 가격목록, 소책자, 정확한 재고상품, 필요한 정보 등을 제대로 갖추지 않은 준비 부족상태에서 영업했거나 고객의 이의제기에 대응하는 능력 부족이나 주문요청 능력 부족이라고 할 수 있다. 영업활동을 잘 마무리 지을 준비도 하지 않은 채 우수한 잠재고객에게 전화하는 것은 엄청난 시간낭비다. 다시 전화했을 때는 모든 흥미를 잃어버린 다음인 경우가 많다.

부실한 준비

부정확한 정보나 서툰 제품설명은 분명히 준비 소홀 때문이다. 판촉전화를 하기 전의 준비는 잠재고객을 직접 만나기 전에 해야 하는 준비의 양과 비슷하다. 잠재고객은 영업사원 자신도 잘 모르는 것을 팔려고 덤벼들 때 아주 불쾌해진다.

팔려는 상품의 정보 부족

영업사원은 제품에 대한 정보 부족으로 무지를 드러내곤 한다. 그 영업사원은 자기가 팔려고 하는 상품에 관해 시간을 들여 철저하게 공부하지 않았음에 틀림없다. 고객이 상품이나 서비스에 관해 물어보면 당황하면서 더듬거리고 또 대답을 꾸며내려고 애쓴다. 이것은 영업사원이나 회사의 신뢰를 감소시킬 뿐만 아니라 영업사원의 자신감까지 감소시킨다.

몇 해 전에 나는 아내와 함께 샌디에이고에 있는 고가의 주택을 보러 갔다. 팔려고 내놓은 집을 보기 위해 여러 명의 중개인을 만났다. 한때 부동산 중개인이었기 때문에 나는 부동산 거래에 관해 많은 것을 알고 있었다. 수십만 달러에 나온 집을 보러 가는 동안 중개인에게 이것저것 여러 가지 질문을 했다. 나는 팔 집에 관한 세부사항을 확인하기 위해 시간을 들여 정보를 읽어보는 중개인이 거의 없다는 사실에 늘 놀랐다. 그들은 팔 집의 모델하우스에도 가보지 않았다. 그들은 수천 달러의 수수료를 받고 팔아줄 집의 크기나 편의시설에 관해 무지했다. 그들은 팔 상품을 이해하는 시간조차 투자하지 않기 때문에 상품을 팔 자격도 없다.

확정되지 않은 약속

약속을 재확인하지 않은 채 영업사원이 전화로 정한 약속장소에 도착하면 잠재고객은 가고 없는 상황이 발생한다. 이 경우 영업사원은 전화판촉, 준비, 이동 등의 시간을 허비하는 것이다. 왜 이런 일이 자주 발생하는가? 주된 이유는 거절에 대한 두려움이다. 그 영업사원은 잠재고객이 약속을 취소하는 것이 두려워 확인전화를 하지 않은 것이다.

나와 다른 영업사원이 오랜 시간 동안 아주 효과적으로 사용해온 방법이 하나 있다. 출발하기 전에 잠재고객의 사무실에 전화를 한다. 전화를 받은 사람에게 잠재고객이 있는지 물어본다. 그가 있다고 하면 "감사합니다. 그분께 브라이언 트레이시라는 사람이 약속한 대로 그곳으로 가고 있다고 전해주십시오."라고 말하고는 전화를 끊어라.

이 방식은 잠재고객에게 자신이 가고 있다는 사실을 일깨워주고, 영업사원이 도착할 때 만나야 한다는 의무감을 심어준다. 확실하지 않게 약속한 사람을 만나러 가느라 시간을 허비하는 일은 없어진다.

대면을 지리적으로 부실하게 계획한 경우

영업하면서 가장 시간을 낭비하는 경우는 일정한 시기 안에 내 물건을 사줄 수 있는 사람과 대면해서 만나기보다는 판매한답시고 여기저기를 계획 없이 돌아다니느라 시간을 다 보내는 경우다.

전화통화를 지역적으로 구분하는 가장 단순한 방법은 지역을 크게 네 부분으로 나누는 것이다. 하루나 반나절 동안 그 1/4의 영역에서 일하는 훈련을 지속하라. 고객에게 전화해서 약속을 잡는 경우라면 그에게 다음 주 언제쯤에 거기에 갈 것인지 말해주라.

시간을 잘 조직해서 일정을 잡을수록 고객이 나를 더 존중한다는 것은 흥미로운 일이다. 내 일정이 아주 빡빡하다고 느낄수록 고객은 나와의 만남을 더 원한다.

불필요한 완벽주의

이 쓸데없는 완벽주의는 영업을 하러 나가기 전에 모든 것이 완벽하게 준비되어야 한다는 생각에서 비롯된다. 이것은 또 다른 종류의 우유부단함이고 통화거부감이라 할 수 있다. 거절과 실패에 대한 두려움에서 기인한다.

    자료를 연구하고 연구해서 전화기를 들어 통화하기 전에 모든 것을 다 알고 있다고 주장할 때마다 자신이 두려움을 느낀다는 것을 정직하게 인정해야 한다.

    에머슨이 말했듯이, "당신이 두려워하는 것을 하라, 그러면 두려움의 사망은 확실하다." 두려움에 맞서면 그것은 사라진다. 두려움과 염려를 이겨내는 유일한 방법은 의도적으로 행동하는 것이다. 일단 시작하라 그러면 두려움은 없어진다.

산만함이나 잡생각

이것들은 사소한 시간낭비 요인이긴 하지만 아주 흔하게 발생하는 요인이기도 하다. 제품설명에 집중하지 못하거나 잠재고객의 말을 제대로 듣지 않거나 아니면 고객이 하는 말의 진정한 의미를 파악하지 못하거나 하는 것이다. 많은 영업사원이 딴 생각을 한다. 이미 자신들의 생각으로 가득 차 있어서 집중하지 못한다. 불행하게도 잠재고객은 이런 상황을 아주 빨리 알아채는데, 그렇게 되면 고객의 흥미는 뚝 떨어진다.

    이런 산만함을 극복할 수 있는 방법은 잠재고객을 똑바로 쳐다본 채 몸을 앞쪽으로 약간 기울이고, 고객이 말하는 동안 주의 깊게 그를 바라보는 것이다. 눈에서 햇볕이 나와서 고객의 얼굴을 그을린다고 상상하는 것이다. 이런 접근법은 잠재고객에게 더 집중할 수 있도록 해주어 산만해지려는 성향을 없애준다.

피로와 과로

이것은 모든 영역에서 가장 무서운 적으로, 특히 영업에서는 더욱 그렇다. 오늘날 영업사원의 50퍼센트는 몽롱한 상태에서 일한다. 그들은 너무 늦게 잠자리에 들기 때문에 충분한 수면을 취하지 못한다. 결국 지친 채 하루를 보내고 일에 집중할 힘이 없다.

주 5일 영업한다면 1주일에 5일 동안은 잠자리에 일찍 들어야 한다는 게 내 원칙이다. 영업은 힘든 직업이다. 영업을 효과적으로 하려면 육체적·정신적 에너지가 엄청나게 필요하다. 다음 날 맑은 정신으로 일하려면 밤늦게까지 텔레비전을 보거나 사람들과 어울릴 여유는 없다.

너무 적게 자고 지나치게 열심히 일하는 경향은 매일 밤 10시에 잠자리에 드는 훈련으로 극복할 수 있다. 텔레비전을 끄고 충분한 휴식을 취하겠다고 결심하라. 이 훈련을 하면 영업활동을 더욱 잘할 수 있어 더 많은 수익, 더 많은 휴가를 잘 보낼 수 있는 돈을 벌 수 있다.

야심이나 열망 부족

직장에서 그저 수동적으로 움직이는 사람이 많다. 이런 태도는 목표가 없거나 부족하기 때문이다. 때로는 판매해야 할 상품이 부적절하여 야심이나 열망이 부족해서 그렇기도 하다. 자기들이 좋아하지 않거나 신뢰하지 않는 것을 팔려고 하기 때문이기도 하고, 사장이나 회사에 애정을 못 느끼거나 동료들과 잘 지내지 못하기 때문에 그런 태도를 취하기도 한다.

어떤 이유든 자신이 팔아야 할 제품이나 서비스에 부정적이고 영업에 열정도 없다면 그 일을 접고 다른 일을 해야 한다는 뜻이다. 내가 고객을 좋아하지 않는다면 직업을 잘못 선택한 것이다.

자기가 좋아하지 않는 것을 남에게 억지로 팔 수는 없다(오랫동안 그 일을 할 수는 없다). 그것은 사람을 지치게 하고 의기소침하게 할 것이며, 결코 그 일로 성공할 수 없다.

시간을 잘 사용하여 영업 효과성을 증대시키는 방법

시간을 잘 활용하여 영업의 효과성을 증대시킬 수 있는 몇 가지 귀한 아이디어가 있다.

일찍 잠자리에 들라

일찍 자고 일찍 일어나는 것은 영업 성공의 비법이다. 잠자리에 들어 아침 6시까지 자라. 충분한 수면을 취하라. 때로는 일찍 잠자리에 들어 9시간, 10시간, 12시간의 숙면을 취하고서 다음 날 또렷한 눈빛과 밝은 표정을 띨 수 있는 것이 가장 훌륭한 시간활용이다. 충분한 수면을 취하지 못하면 제품이나 고객에 대한 에너지도, 열의도, 열정도 생기기 힘들다.

하루를 모범적으로 시작하라

영업, 동기부여 등에 관련된 자료를 30~60분 동안 읽는 것으로 하루를 시작하라. 이것은 우리가 계발할 수 있는 가장 중요한 습관이다. 많은 사람이 이렇게 해서 자기의 사업방향 전체가 바뀌었다고 말한다.

매일 아침에 영업에 관한 책을 1시간씩 읽는다면 1주일 뒤에는 한 권 전부를 읽을 것이다. 1주일에 1권을 읽는다면, 주말이나 휴일에 읽지 않더라도 다음 12달 동안 영업에 관한 책 50권을 읽는 것이다. 이것을 앞으로 10년 동안 하면 500권을 읽게 된다. 영업사원 대부분은 평생 동안 영업에 관한 책을 한 권도 읽지 않는다. 그렇다면 앞으로 10년 동안 500권을 읽는 당신의 수입에는 어떤 영향이 있을 것인가.

아침에 30~60분 정도 영업에 관한 서적을 읽는 것만으로 가장 박식하고, 탁월하고, 고수익을 내는 영업사원이 될 것이다. 매일 아침 학습한 것을 현장에서 적용할 수 있다. 배우고 성장하는 일을 게을리 하지 말라.

일찍 일을 시작하라

첫 번째 약속을 일찍 잡아라. 일어나고 나가서 일하라. 처음 약속을 아침 7시 반이나 8시에 잡도록 노력하라. 낮 시간에는 만나기 힘든 잠재고객도 자투리 시간에는 만날 수 있는 경우가 많다. 아주 이른 시간이나 늦은 시간, 또는 이 시간 전체를 통틀어 일하는 사람도 있다. 그들에게 아침 식사 시간이나 오전 7시 30분에 만나자고 제안하면 의외로 만날 수 있는 경우가 많다.

가망고객 확보에 초점을 맞춰라

당신의 효과성을 증대시켜줄 수 있는 아주 탁월한 방법은 전체 시간의 80퍼센트를 가망고객 확보에 투자하는 것이다. 영업 성공은 새로운 만남을 만드는 능력과 정비례한다는 사실을 명심하라. 영업 성공은 고객에게 열정적으로 접촉하는 데 있다.

사무공간을 임대해주는 회사의 영업사원이었을 때, 나는 엘리베이터를 타고 건물 꼭대기까지 올라갔다 한 층씩 내려오면서 건물에 있는 모든 사무실을 방문하곤 했다. 한 달 동안 이렇게 하니 수백 번의 방문을 할 수 있었다.

시간이 날 때면 자리에 앉아 20~30통의 전화를 걸어라. 놀라운 성과를 얻을 것이고 결과적으로 더 행복해질 것이다.

근무시간 전체를 일하는 데 써라

근무시간을 전부 일하는 데 써라. 짧은 시간도 잘 활용하라. 전체 업무시간 동안 일하라. 보통의 영업사원은 업무시간의 20퍼센트만 일하는 데 보낸다는 조사결과를 기억하라. 업무시간의 80퍼센트 동안 일한다면 당신은 극소수 성공한 영업사원의 계층으로 편입될 것이고, 수입은 4배가 늘어날 것이다.

시간을 허비하지 말라. 커피를 마시거나 신문을 보면서 빈둥거리지 말라. 마셔야 한다면 잠재고객과 마시거나 이동 중에 마셔라. 하루에 20분짜리 커피타임을 두 번 갖는 영업사원은 하루 평균 40분을 비생산적으로 보낸다. 하루 40분, 거기에 5를 곱하면 1주일에는 200분이 된다. 1주일에 200분이면, 거기에 1년에 해당하는 50주를 곱하면 1만 분이 되는데, 이것은 1년에 166시간 동안이나 커피를 마시거나 신문을 보면서 빈둥거린다는 의미이다.

166시간은 40시간 동안 일하는 1주일 4번과 맞먹는데, 이것은 한 달 수입과 비슷하다. 수입을 늘리는 가장 빠른 길은 커피타임을 정리하는 것이다.

점심시간 역시 낭비하기 쉬운 시간이다. 그런 만큼 점심시간을 활용하여 오후의 약속을 준비하거나 운동을 하는 등 생산성과 업무수행을 향상시키는 무엇인가를 하라.

한 시간의 점심시간을 잘 활용하면 1주일에 5시간, 1년에 250시간이라는 여분의 시간이 생긴다. 1년에 250시간은 한 주에 40시간씩 일하는 6주보다 많은 시간이다. 수입으로 바꿔 말하면, 1달 반 분량의 수입에 해당한다. 커피타임과 점심시간을 생산적인 활동을 위해 사용한다면 영업실적과 수입은 즉시 20퍼센트 향상될 것이다.

듣고 배워라

차 안에서 교육용 오디오 프로그램을 들어라. 운전시간을 학습시간으로 바꾸어라. 차를 바퀴 달린 대학으로 변신시켜라.

차에 올라탄 순간부터 내릴 때까지 오디오가 작동되어야 한다. 보통 영업사원이 매년 500~1000시간 또는 그 이상의 시간을 운전대 앞에서 보낸다는 사실을 기억해야 한다. 그 시간을 학습하는 데 사용한다면 가장 박식하고 고수익을 올리는 영업사원이 될 것이다. 단지 오디오 프로그램을 듣기만 해도 말이다.

시간계획표를 사용하라

시간계획표를 활용하여 모든 약속과 활동을 기록하라. 시간계획표를 영업활동의 통제본부로 삼아라. 이 시간계획표를 이용하여 잠재고객에 관한 내용을 참조하라. 약속과 계획을 1달, 1년씩 미리 잡을 수 있는 계획표를 구입하라.

시간계획표가 생기면 정성스럽게 애용하라. 모든 것을 기록하라. 모든 사소한 활동까지도 미리 계획하라. 모든 전화통화와 제품설명을 정확하게 기록하라. 힘은 언제나 훌륭한 기록을 가진 사람에게 실리게 마련이다.

시간계획표에 적어둔 정보를 확인하는 것으로 하루를 시작하고 마무리하라. 시간계획표를 이용하여 영업활동을 진행하라. 시간계획표를 이동사무실로 삼아라.

영업사원이 팔아야 할 것은 시간이라는 점을 기억하라. 그리고 내가 일한다고 말할 수 있는 시간은 잠재고객을 대면하고 있는 때뿐임을 기억하라. 이 시간관리 기술을 반복적으로 배우고 실행해서 제2의 천성으로 만들어라. 훌륭한 시간관리 기술은 지금 있는 곳에서 자신이 원하는 곳으로 데려다 주는 완벽한 수단이다. 훌륭한 시간관리 기술은 다른 무엇보다 영업의 성공을 보장한다.

잠든 시간을 깨우는 시간관리법

1. 오늘 자신의 영업경력을 책임저라. 가망고객과 고객을 직접 대면하여 만나는 시간을 배로 늘리기로 결심하라.

2. 영업실적목표와 수입목표를 명확하게 설정하여 연간, 월간, 주간, 일별, 시간별로 세분하라.

3. 매시간 자신이 원하는 만큼의 수입을 보장하는 일만 하라. 다른 모든 것은 위임하거나 미루거나 제거하라.

4. 자신의 영업실적목표와 수입목표를 달성하려면 수행해야 하는 가망고객을 확보하는 활동, 제품설명, 판매로 마무리 등 활동에 관한 세부계획을 수립하라. 훈련으로써 매일, 하루 종일 일하도록 하라.

5. 통화를 철저하게 준비하라. 성공적인 영업을 위해 잠재고객에 관해 연구하고 필요한 모든 것을 준비하라.

6. 영업지역을 미리 조직하여 이동시간을 줄여라. 사람들을 만나려고 전 도시를 운전하고 다니는 데 시간을 낭비하지 말라.

7. 업무시간 전체를 일하는 데 써라. 커피타임이나 점심시간에 시간을 낭비하지 말라. 대신 그 시간을 일하는 데 사용하라.

CHAPTER 12

The Philosophy
of Time Management

시간관리의 철학

시간관리는 평생 동안 매일, 매시간 실행해야 할 삶의 방식이다.
이것은 단순한 습관이 아니라 우리가 성취하고 싶은 모든 것의 핵심 원리다.
탁월한 시간관리 기술을 실행하면 한계란 없다.

돈과 돈으로 살 수 있는 것이 있다는 것은 좋다. 그러나 돈으로 살 수 없는
것을 잃어버리지 않았는지 챙기는 것 또한 중요하다.

– 조지 호레이스 로리머

종합적이고 균형 잡힌 사고를 하려면 시간관리의 철학이 필요하다. 시간이 성공적이고, 행복하고, 매우 생산적인 삶을 사는 데 아주 소중하고, 필수적이고, 대체할 수 없는 요소라는 것을 아는 넓은 시야가 필요하다. 시간이 시계나 달력 이상의 중요한 무엇이라는 시각이 필요하다.

시간관리의 철학을 어떻게 계발할 것인가? 우선 장기적인 시야를 가져야 한다. 미래를 가능한 한 멀리 내다봐야 한다. 크게 성공한 사람들은 장기적으로 시야를 튼다.

사회학자인 하버드 대학의 에드워드 밴필드 박사Dr. Edward Banfield는 1965년 『The Unheavenly City』라는 놀라운 책을 썼다. 거기서 그는 몇 년 동안 연구했던 우리 사회와 다른 사회의 사회적·경제적 유동성 증가 이유를 설명했다.

최고의/성공/지표

밴필드의 연구는 재정적 성공과 사회계층과 연관되는 행동양식을 밝히는 데 집중되었다. 밴필드는 한 세대에서 다음 세대로 넘어가는 과정에서 어떤 행동이 부를 증가시키는지 알고 싶었다. 이 연구의 일환으로 교육, 지능, 가족배경, 인종, 직업, 개인적인 특성 등을 연구했고, 그 결과 이 요인 중 어떤 것도 사회적 지위를 향상시키는 정확한 행동양식은 아님을 밝혀냈다.

이 요인 가운데 한 가지 이상의 부문에서 상위를 차지하는 사람은 많이 있었다. 하지만 그들이 가장 왕성하게 활동하던 때는 오히려 사회적으로 지위 상승을 하는 데 실패했다. 오히려 그들 가운데 많은 사람이 실제로는 하향변동을 겪었다. 그들의 수입은 비슷한 나이대의 수입보다 적었으며, 어떤 경우는 부모의 젊었을 때 수입보다 훨씬 더 적었다.

밴필드는 결국 사람들이 재정적·사회적으로 상향 이동 또는 유지의 여부를 정확하게 예측할 수 있는 오직 한 가지 요인은 '시간관time perspective'이라고 결론지었다. 그는 시간관을 매일의 의사결정과 인생을 설계할 때 들이는 시간이라고 정의했다.

미래지향적으로 사고하라

밴필드는 성공하는 사람에게는 장기적인 시간관이 있음을 알아냈다. 그들은 인생을 향후 5년, 10년, 심지어 20년 단위로 설계했다. 그들은 현재의 선택과 행동을 장래에 대한 영향력과 발생 가능한 결과라는 관점에서 평가하고 결정했다.

아이가 태어나자마자 옥스퍼드나 케임브리지 대학에 등록하는 것은 영국 상류층의 전통이다. 그들은 아이가 마치 다음 학기를 다닐 것처럼 지원서를 작성하고 등록절차를 거친다. 이것은 장기적인 시간관의 예다.

미국에서는 많은 부모가 아이가 태어나자마자 대학 등록금 적금계좌를 개설한다. 장성한 아이가 가능한 한 최고의 교육을 받을 수 있도록 계좌에 정기적으로 적금한다. 이것 또한 장기적인 시간관의 예다.

성공하는 사람들의 공통적 태도

장기적인 시야를 갖는 태도는 인생에서 큰 성과를 낸 사람들의 공통점이다. 시간관의 개념이 장기적일수록, 단기적으로는 희생이 되지만 장기적으로 봤을 때 크게 성공하는 데 도움이 되는 일을 할 확률이 높다. 오늘 자신의 시간을 되돌아보는 일은 장래의 수입과 사회적 지위를 증가시키고 향상시킬 것이다.

반대의 경우도 마찬가지로 성립되는데, 사회·경제적 사다리에서 아래로 내려갈수록 각 수준의 시간관은 더 짧아진다. 당신이 희망 없는 알코올 중독자나 마약중독자 같은 사회 피라미드의 바닥에 도달하면 한 시간도 안 되는 시간관(술 한 잔 마시거나 마약 한 번 맞는 시간)을 보게 될 것이다. 사회계층의 최저층에 있는 사람의 시간관은 단 몇 분인 경우도 많다. 그들은 그 순간을 넘어 생각하지 않는다.

장기적인 시간관으로 사회계층을 예상할 수 있다

많은 이민자가 돈과 언어 능력 없이 미국으로 들어온다. 그들은 생계를 꾸리기 위해 하찮은 직업이라도 구해 무엇이든 한다. 그러나 수입은 낮지만 그들은 자녀들이 좋은 교육을 받아 아메리칸 드림에 참여할 수 있도록 저축한다. 비록 지금은 가난하지만 이들은 장기적인 시간관을 가졌다.

어떤 면에서는 밑바닥에서 시작한 이 사람들이 미국 교육의 모든 혜택을 받았지만 미래에 대한 생각 없이 자신에게 있는 모든 돈을 써버리는 사람들에 비해 더 나은 인격을 갖추고 있다. 더 나은 미래를 누리기 위해 단기간의 희생을 감수하는 그들의 의지가 비전, 용기, 절제, 인내 등의 예로 볼 수 있다.

누구든지 인생에서 장기적인 시야를 트면 바로 그 순간 사회에서 높은 지위를 향해 이동하기 시작한다. 수입의 10퍼센트를 꾸준히 저축하여 재정적인 독립을 준비하는 사람은 실질적으로 자신과 자녀를 위해 더 높은 삶의 질을 보장하고 있는 것이다.

인생을 / 장기적으로 / 계획하라

"목표를 설정하고 인생의 중요한 결정을 할 때 나는 어느 정도의 기간을 염두에 두는가?"라고 자문해보자. 이 질문에 대한 답변이 전적으로 자신의 장래를 결정한다.

시간과 자원을 할당하는 방법을 결정할 때 나는 어느 정도 앞을 내다보는가? "장기적인 시간관은 단기적인 의사결정을 향상시킨다."는 법칙이 있다. 현재의 결정에 대해 숙고할 때 앞날을 내다보면 더 나은 결정을 할 수 있다. 장기적인 성공은 단기 의사결정의 질에 따라 결정된다. 훌륭한 결정의 누적된 결과물이 장기적인 목표를 계획대로 구체화하는 것을 보장한다.

오래 전에 나는 아무것도 없이 시작해서 5억 달러가 넘는 부동산을 소유한 사람을 위해 일했다. 그는 나에게 어떤 재산을 구입할 때는 향후 20년 동안 소유할 것이라는 생각을 하고 구입하라고 가르쳐주었다. 내가 무엇인가를 향후 20년 동안 소유한다고 생각하면 당시 투자의 강점과 약점을 좀 더 잘 알 수 있다는 것이다.

항상 정상을 바라보라

장기적인 시야는 단기적인 시야를 예리하게 한다. 이것은 내가 들은 조언 가운데 가장 값진 것이다. 우리의 인생이 산을 오르는 긴 여정이라고 생각하라. 정기적으로 멈추어 서서 자신의 궁극적인 목표인 정상을 올려다봐라. 그리고 나서 모든 발걸음이 그리 향하도록 조정하라.

단기적인 우선순위를 결정하는 방법에는 현재 내린 결정의 장래영향분석법이 있다. 중요한 선택이나 활동은 우리 삶의 한 부분에 잠재적으로 장기적인 영향을 미친다. 중요하지 않은 결정은 삶이나 미래에 거의 영향이 없는 것들이다.

독서, 교육용 테이프 듣기, 중요 강좌 수강하기 등은 우리의 경력에 잠재적으로 높은 미래영향이 있는 활동이다. 반면 텔레비전 시청, 스포츠신문 구독, 커피타임 등은 얼마나 잘하거나 자주 하는가에 관계없이 미래에 영향력을 미치지 못하는 활동이다. 기억하라, 당신은 언제나 자유롭게 결정할 수 있다.

선택이 미래를 결정한다

우리는 도처에서 이런 시간관의 혼동을 목격한다. 같은 동네의 비슷한 수준의 집에 살면서 시간관이 다른 두 집은 향후 다른 상황에 처하게 될 것이다. 예를 들어, 수입이 비슷한 두 가정이 있는데, 한 집은 시간관이 20년이고, 다른 집은 시간관이 적거나 아예 없다고 가정해보자.

몇 년이 흐른 다음 장기적인 시간관이 있는 가정은 신중하게 저축하고 투자하여 후일 편안하게 은퇴할 수 있는 재산을 모을 것이다. 반면, 다른 가정은 유사한 일을 하여 비슷한 수입이 있어도 시간관이 부족해서 그들이 번 것 이상을 소비할 것이다. 그들은 퇴직할 때가 되면 모아둔 돈이 없을 것이다.

당신이 지금의 수입지출방식을 크게 바꾸지 않는다면 한 푼도 없이 정년을 맞을 것이라는 이야기를 듣는다면, 돈에 대한 태도에 어떤 영향을 미칠 것인가? 당신의 목을 조일 가능성이 있는 지금의 업무와 재정생활에서 무엇을 변화시킬 수 있을 것인가? 당신이 지금 돈에 대한 태도를 바꾸지 않는다면 말년은 뻔할 것이다. 제한된 시간관 때문에 지금 일하고 있는 사람들의 95퍼센트가 파산하여 연금에 의지하는 생활을 하거나 65세에 이르도록 여전히 일하고 있을 것이다. 이런 일이 당신에게 생기지 않도록 하라.

인격을 계발하라

장기적인 시간관을 가지고 사고하는 훈련은 인격을 요구할 뿐만 아니라 이를 실천하는 사람의 인격을 계발하기도 한다. 훌륭한 인격은 언제나 절제의 결과이다. 건강, 부, 인간관계, 명성 등에 관한 결정을 장기적인 시야를 가지고 하는 습관을 계발하는 것은 높은 수준의 절제를 요구한다.

인격은 미래에 관하여 당신이 내리는 모든 결정에 대한 지속적인 사고에서 비롯된다. 경제학자와 사회학자는 경제적인 실패와 미성취의 주요 원인이 지연 만족을 참지 못하는 데서 기인한다는 사실에 동의한다. 이는 장래에 대한 고려 없이 버는 것 이상을 써버리는 경향을 가리킨다. 이는 돈에 대한 시간관의 결핍이다. 지연되는 행복을 참지 못한다면 당신은 평생 동안 경제적 문제를 안고 살 것이고, 65세가 되어서도 편안히 은퇴하지 못할 것이 뻔하다.

미래를 위해 계획하고 행동하기로 오늘 바로 결정하라. 장기적인 이득을 위해 단기적인 고통을 감수하라. 노고, 희생, 만족의 보류 등으로 미리 그리고 기꺼이 성공 대가를 지불하라. 수확하기 전에 파종할 준비를 하라.

수확하기 전에 오랜 시간 동안 파종해야 하는 경우도 있다. 재정 문제가 가장 그러하다. 21~65세까지 수입의 10퍼센트를 저축하고 투자한다면 근무시기를 거치는 동안 백만장자가 될 것이다. 자수성가한 부자들은 대부분 수입의 15~20퍼센트를 저축하고 나머지로 편안하게 사는 법을 배운다. 장기적으로 생각하라. 경제적인 독립을 위해 감수했던 절제의 결과로 형성된 인격 덕분에 당신은 진정으로 뛰어난 사람이 될 것이다.

단기적으로도 / 생각하라

시간관리 철학을 발전시키는 첫 번째 분야가 장기적 시야를 갖는 것이라면, 두 번째 분야는 단기적 시야를 갖는 것이다. 시간을 목숨처럼 여겨라. 시간을 시간 또는 일 단위가 아닌 분 단위로 측정하라.

높은 급여를 받는 가장 성공한 경영자 몇 명의 시간에 대한 태도와 자세를 인터뷰한 기사가 〈포춘〉에 실린 적이 있다. 그들의 평균수입은 138만 달러고, 모두 말단부터 시작해 자수성가했다.

최고의 급여를 받고 훌륭한 실적을 거두었던 그들은 모두 시간을 희소자원으로 다루고 있음이 밝혀졌다. 그들은 시간을 성공의 필수불가결한 요소로 보았고, 성취의 필수적인 도구로 여겼다. 또한 시간을 매우 신중하게 배분했다.

그들은 시간을 매우 소중히 여겨 낭비하거나 무의미하게 사용하지 않았다. 보통 노동자들과 하급 관리자들이 일과 주 단위로 생각했던 반면, 그들은 시간을 세분하고 분 단위로 계획했다.

하루를 계획할 때 생각하는 시간 단위가 작으면 작을수록 성공할 확률이 점점 더 커진다는 사실이 밝혀졌다. 성공하지 못한 사람들은 일별, 오전이나 오후 단위로 생각한다. 변호사나 회계사처럼 성공한 사람들은 10분 간격의 시간 단위로 생각한다. 그들은 모든 분分 단위로 계산한다.

시간은 가장 가치 있는 자원

시간은 우리가 지닌 가장 희소한 자원이기 때문에 지혜롭게 가능한 한 효율적으로 활용해야 하며, 할 수 있을 때마다 더 많은 시간을 확보해야 한다. 가능할 때마다 돈을 시간과 바꿔야 한다. 돈은 대체될 수 있지만 시간은 그렇지 못하다.

10장에서 논의했던 리카도의 비교우위의 법칙을 적용하면, 가능한 한 당신 자신, 가족, 그리고 일하는 시간을 벌기 위해서 사람을 고용해 낮은 수준의 업무를 맡겨야 한다.

당신이 1년에 5만 달러, 즉 시간당 25달러를 벌기를 희망한다면, 시간당 25달러가 되지 않는 일을 해서는 안 된다. 집을 청소하거나 잔디를 깎게 하기 위해 시급 5~6달러로 사람을 고용할 수 있다면, 더 높은 수준의 활동을 하는 시간을 확보하려고 기꺼이 돈을 지불해야 한다.

이 원칙을 배우자에게도 똑같이 적용하라. 우리의 탁월한 코칭 과정 및 교육 프로그램을 거친 많은 성공한 경영자와 사업가들은 수업에서 배운 내용을 집에서도 적용하여 배우자의 라이프스타일을 바꾼다. 그들은 배우자에게 청소부, 정원사, 심부름하거나 쇼핑을 해줄 보조원을 두도록 격려한다. 그들은 더 높은 수준의 삶을 즐기거나 개인적인 목적, 가족과 함께 하는 시간을 더 많이 보낼 수 있도록 자유시간을 산다. 자유를 산 결과는 자유시간을 사는 사람과 시간을 제공하는 사람 모두에게 특별한 경험이 될 수 있다.

사용하는 시간을 따져보라

시간을 얼마나 효율적으로 사용하는지 따져보라. 자신의 매분과 매시간을 어떻게 사용하는지 더 많이 생각할수록 시간관리에 더 능숙해지고 정확해질 것이다. 대부분의 사람들이 시간 사용에 주의를 기울이지 않기 때문에 버려지는 시간의 양을 잘 알지 못한다.

15분마다 울리는 알람 손목시계를 착용하라. 알람 소리가 울릴 때마다 멈추고 자신을 돌아보라. 그 순간 무엇을 하고 있는지 보라. 가능하다면 시간 일지를 기록하고 알람이 울릴 때마다 무엇을 하고 있었는지 기록하라. 규칙적으로, "내가 지금 하는 일이 내 시간을 가장 잘 활용하는 것인가?"라고 자문하라.

인생의 모든 것은 주의를 어디에 기울여야 하는지 결정하는 데 힘써야 하는 과정이다. 시간 사용법에 주의를 기울일수록 더 효율적이고 생산적이 될 것이다. 쏜살같은 시간의 본질을 더 많이 알고 있을수록 시간을 더 잘 활용할 것이다.

시간을 돈처럼 관리하라

단기적 관점에서 다른 사람의 요청에 자신의 시간을 써가며 일하는 것은 자신에게 남아 있는 시간을 뺏기는 것으로 생각할 수 있다. "나는 이 특별한 사람, 상황, 활동에 내 삶을 얼마나 투자할 것인가?"를 지속적으로 자문하라.

당신의 시간은 적어도 당신의 시급과 같다. 당신의 시간당 급여가 25달러라면 그는 당신의 1시간에 25달러의 선물을 요구하는 것이다. 누군가가 시간을 특별한 일이나 활동에 투자하라고 요청한다면, "그 일이나 활동이 내게 얼마나 중요한가, 그 일에 내 시간과 돈을 얼마나 투자하기를 원하는가?"를 자신에게 대답해야 한다.

어떤 사람이나 일이 당신의 지갑을 열어 20달러짜리 지폐를 지불할 만큼 충분히 중요하지 않다면 그 사람을 만나지 않고, 그 일을 하지 않도록 훈련해야 한다. 그냥 '아니오'라고 하라.

잘못된 / 직업이 / 시간낭비의 / 주범

7장에서 개인적인 방해와 전화방해, 예상하지 못한 긴급상황, 우연한 방문자, 두서없는 모임이 업무 세계에서 주요한 시간낭비 요인임을 언급했다. 하지만 자신에게 맞지 않는 일을 하는 것은 이 모든 것을 합한 것보다도 더 큰 시간낭비 요인이다.

많은 사람이 자신에게 어울리지 않는 일을 하고 있다. 그들은 다른 기술과 재능을 사용하여 다른 곳에서 다른 일을 하는 것이 더 나을 것이다. 대다수의 근로자들이 인정하듯, 현재의 일에 완전하게 만족하지 못하고 있다. 어울리지 않는 일을 시작하거나 계속하는 것은 인생에서 가장 큰 시간낭비다. 이것은 당신의 가장 생산적인 몇 년을 앗아간다.

당신에게 세금이 공제된 현금 100만 달러가 생긴다면 현재의 일을 계속할 것인지 자문해보자.

이를 다르게 적용해보면, 당신이 엄청난 부자라면 직업, 업무, 경력 등을 어떻게 변화시킬 것인가? 충분한 돈이 생기면 직업을 그만두거나 변경할 것이라면 지금 부적당한 일을 하고 있다는 것을 잘 나타낸다. 당신은 경제적 여건과 매달의 계산서와 비용 때문에 현재의 일을 하고 있는 것이다.

좋아하는 일을 하라

다른 질문이 있다. 지금 내가 하는 일을 좋아하는가? 아주 소수의 사람만이 자신의 일을 사랑하며, 이들은 언제나 모든 분야에서 가장 행복하고 만족하며 대개 최고의 보수를 받는 사람이다.

직업과 미래에 대한 태도를 조사해보면 시간과 인생을 올바른 일에 투자하고 있는지 알 수 있다. 현재 하는 일에서 최고가 되고 싶을 만큼 일을 좋아하는가? 그 일이 당신에게 적합하다면, 그 일을 더 잘하고 싶어 할 뿐만 아니라 그 분야에서 최고인 사람을 존경할 것이다. 당신이 그 분야에서 탁월해지고 싶은 마음이 없다면 그 일이 당신에게 적합하지 않다는 표시가 될 것이다.

내가 하는 일을 향후 20년 동안 계속 하고 싶은가? 내 직업이 도전적이고 유망하다고 생각하는가? 일하고 싶어서 월요일 아침까지 도저히 기다릴 수 없고, 금요일 저녁에 일터를 떠나는 것이 싫은가? 모든 성공적인 사람은 '그렇다'고 대답한다. 성공적이지 못한 사람은 언제나 '아니오'라고 대답한다.

한계는 없다

오늘날 우리 경제에는 종사 가능한 직업이 10만 개가 있다. 우리가 성공적으로 수행하여 생계를 꾸릴 수 있는 수많은 직업이 있는 것이다. 구태여 특정한 직위, 회사, 산업을 고집할 필요가 없다.

내가 해야 할 중요한 일은 내가 좋아하고 내게 잘 어울리는 직업을 선택하는 것이다. 자신의 천부적인 재능과 능력을 고도로 발휘할 수 있는 직업을 찾는 것이다. 스스로에게 기쁨과 만족을 주는 분야에서 일할 수 있도록 해야 한다. 자신의 재능을 이끌어 내고, 그 재능으로 탁월해지고 싶게 하는 직업을 발견해야 한다.

과거는 '매몰원가'

회계에서 매몰원가 sunk cost란 과거에 사용되어 현재는 더 가치가 없는 비용이다. 고장 나서 고칠 수 없게 되어 무용해진 장비나 작년에 쓰인 광고비도 예가 될 것이다. 이 항목에 사용된 돈은 영원히 사라진 것이다. 이것은 결코 만회할 수 없다.

매몰원가에 관한 첫 번째 원칙은 그것을 만회하거나 어떤 가치를 얻어 내기 위해 추가투자를 하지 말라는 것이다. 매몰원가는 그저 손실이라 생각하고 미래에 초점을 맞춰라. 우리는 남은 인생을 살아야 한다.

직장생활에도 매몰원가가 있을 수 있다. 이는 오랜 시일을 투자하여 상당한 경험을 얻었지만 더 이상 가치가 없는 것들이다. 지금은 더 필요 없는 지식이나 기술을 배우기 위해 대학, 교육 강좌에 투자한 시간도 매몰원가다. 과거에 했던 일 가운데 많은 부분이 경력에서 매몰원가다. 그것의 현재나 미래 가치는 없다.

여기서 범할 수 있는 가장 심각한 시간낭비는 매몰원가의 만회를 시도하는 일이다. 많은 사람이 대학을 졸업하면서 시장에서는 무가치한 학사 학위를 취득한다. 이들은 시장 가치 없는 지식을 갖고 취업하기 위해 직장 문을 두드리며 몇 달, 몇 년을 허비한다. 그들은 곧 부적당한 강의를 들었거나 기술을 배웠다는 사실을 깨닫는다. 이제 그들에게는 시장에서 필요한 기술을 배우는 것밖에는 선택의 여지가 없다.

손실을 줄이는 준비를 하라

엄청난 시간낭비와 인생실패의 주요 원인은 손실을 줄이지 못하는 무능력과 비자발성이다. 이런 무능력과 비자발성을 버려라. 내가 어디에서 왔는지는 중요하지 않다. 정말 중요한 것은 내가 어디로 가고 있는지 지속적으로 상기하는 것이다.

투자에서 주요한 시간낭비 요소는 바로 당신 자신이다. 우리의 실수는 성공적이지 못한 결정을 하고 중요하지 않은 곳에 시간, 돈, 감정 등을 투자하는 것이다. 자존심 때문에 자신의 결정이 올바르지 못하다는 것을 인정하지 못하는 것이다. 그러고 난 다음에 올바르지 못한 결정을 만회하려고 엄청난 시간과 돈, 열정을 쏟아 붓는다. 때때로 사실을 직면하지 않고 정당화하여 병이 나기도 한다.

자존심에 통제당하기보다는 자존심을 통제하는 법을 배워라. 당신이 완벽하지 않다는 사실을 받아들여라. 어떤 경우에서든 처음으로 시작하는 일은 성공하지 못한다. 그냥 '잘못했습니다'고 말하라. 잘못된 선택을 했다는 것을 인정하라. 그 일을 다시 해야 한다면 아주 다른 방식으로 해야 한다는 것을 인정하라. 실수를 인정하지 않는 고집은 사람들을 여러 해 동안 불행하고 불만만 가득한 사람으로 만든다.

실수를 인정하고 나면, 더 이상 변명하거나 정당화할 필요가 없다. 그저 나머지 인생을 살면 된다. 다시 결정하고 새로운 방향을 찾으면 된다. 당신에게 훌륭한 미래를 제공하는 재능에 초점을 맞추면 된다.

인생 / 전체를 / 고려하라

현재의 삶, 과거의 투자, 교육과 경력의 매몰원가 등을 고려하라. 얼마나 오래 살고 싶은지 자문해보라. 이 질문을 신속하게 묻고 답하는 것이 당신의 시간관을 늘려준다.

대부분의 사람들은 얼마나 오래 살고 싶은지 정확하게 결정하지 않는다. 그들은 "나는 백 살까지 살고 싶어요."라고 말하지만 나이에 관한 명확한 계획이 없기 때문에 진지한 대답이 아니다.

보험회사가 예상수명을 알아내는 방법은 지금의 나이와 100세 사이에서 2/3를 취한 다음 당신의 나이를 더하는 것이다. 이것은 예상수명을 실질적으로 예측하는 방법이다. 당신이 40세라면 기대수명은 80세다. 대기업은 이 공식에 근거하여 보험정책을 작성하는데, 이는 틀린 법이 없다.

당신의 인생에 10년을 더하라

많은 사람이 아직도 65세 정년이라는 20세기 패러다임을 고수하고 있다. 이 은퇴연령은 사회보장과 노후연금이 처음 소개되었던 1935년 결정되었다. 당시 보통의 미국 근로자 수명은 62세였고, 대다수의 사람들은 육체적인 힘을 사용하여 물건을 옮기는 일을 했다. 그들이 62나 65세에 이르면 낡은 기계 같았고, 기대수명은 정년 후 2.7년이었다.

하지만 오늘날에는 모든 것이 변했다. 대부분의 사람들이 지식노동자다. 근육이 아니라 정신으로 일한다. 나이를 먹을수록 예리하고 똑똑해진다. 늙어가면서 더 나아지는 것이다. 동시에 의학 분야의 폭발적인 발명, 혁신, 발견은 사람들의 수명을 지난 한 세기 산업사회 동안에만 거의 30년을 연장시켰다.

이것이 의미하는 바를 간단하게 말하면, 1935년에 정년연령 65세는 21세기에서는 75세라는 것이다. 60세나 65세가 되면 아직 한창이다. 예리하고 의식이 있으며 모든 역량을 갖추고 있을 것이다. 여전히 총명하고 창의적이며 높은 수준의 육체적·정신적·감정적 에너지를 즐길 것이다. 절대로 은퇴하여 흔들의자에 앉아 20~25년을 보내고 싶어 하지는 않을 것이다.

오늘부터는 75세까지 생산적으로 일할 수 있다고 생각하라. 일단 경제적 독립을 확보한 상황이 된다면 어쩔 수 없이 일하는 것이 아니고 원해서 일할 것이다. 그러면 여러 직업에서 정말 좋아하는 여러 일을 하며 전문가가 될 것이다. 그렇다면 은퇴할 가능성은 줄어든다. 은퇴하더라도 일을 그만두기 전에 활동적으로 일할 수 있는 여분의 10년이 더 있다.

삶은 앞으로 나아가는 방향에 있다

지금 하는 일과 과거의 매몰원가라는 견지에서 앞으로 나는 어떤 일을 진정으로 하고 싶은가? 앞날을 전망하면서 앞으로 생산적으로 일할 수 있는 수십 년이 있다고 상상하라. 어떤 직업이든 원하는 직업을 얻을 수 있다. 이 나라의 어떤 곳에서 어떤 기능으로 어떤 일이든 할 수 있고 자신이 자유롭게 선택할 수 있다면 무엇을 선택할 것인가? 이 모든 선택이 오늘 당신에게 열려 있다.

여기 최근에 신문에서 본 놀라운 이야기가 있다. 가난한 가정에서 태어나 고등학교밖에 나오지 못한 여자에 관한 이야기다. 그녀의 직업은 간호보조였다. 그녀는 야심이 있고 의지가 강했다. 열심히 일하면서 저녁과 주말에 공부하여 정식 간호사가 되었다. 특별 강좌를 들어 승진했고 마침내 수간호사가 되었고 결혼해서 두 아이를 두었다.

그녀가 40세가 되었을 때 마음먹으면 의사도 될 수 있겠다는 생각이 들었다. 의사들을 만나본 결과 자신보다 똑똑하지 못하다는 것을 알게 되었다. 그녀는 가족에게 자기의 꿈을 이야기했다. 남편과 10대 자녀들은 그녀의 꿈을 완벽하게 지원했다. 그날부터 가족들은 그녀가 학교로 돌아가 필요한 과정을 이수하여 의사가 될 수 있도록 모든 집안일을 맡았다.

그녀는 48세에 소아과 학위를 취득하여 50세에 소아과 전문의로 개업하여 활동하고 있었다. 그녀는 삶과 일에서 생각한 것 이상의 기쁨과 만족을 얻고 있었다.

미래를 생각하라

오늘날에는 40대나 50대에 대학으로 되돌아가는 사람을 흔히 볼 수 있다. 그들은 몇 년을 투자하여 더 나은 학위를 받고 돌아와서 다음 10년이나 20년 동안 전문성을 발휘하여 일한다. 이것은 당신도 가능하다.

과거에 무엇을 해내고 무엇을 실패했든 당신의 미래는 무제한적이다. 원하는 종류의 일을 지금 바로 결정하여 할 수 있다. 자신에게 큰 기쁨과 만족을 주는 일을 할 수 있다. 그렇다면 목표를 설정하고, 계획을 수립하고, 거기에 매진하라. 자신이 이상적으로 생각하는 분야에서 일하는 데 필요한 지식을 늘리고 기술을 높일 수 있는 일을 매일 하라.

사람들은 원하는 것을 할 수 있게 해주는 지식과 기술을 배우는 데 몇 년이 걸린다고 불평한다. 그러나 내가 이전에도 이야기했듯이 "어찌 됐건 시간은 흘러간다!" 지금부터 5년 뒤에 5년 더 늙어 있을 것이다. 10년 뒤에는 10년 더 늙어 있을 것이다. 준비하는 데 몇 년이 걸리든 당신이 정말 하고 싶은 일이 있다면, 그 일을 시작하기에 가장 적당한 시간은 바로 지금이다. 시간은 어차피 흘러간다.

직업시장의 역동성 때문에 보통 2년 이상 지속할 수 있는 직업은 10개 정도이고, 노동 가능한 기간 동안 4~5개의 경력을 쌓을 것이다. 현재의 직업을 보고 그것이 여생 동안 하고 싶은 일인지 자문해보라. 그렇지 않다면 하고 싶은 일이 무엇인지 곰곰이 생각해본 다음 그 일을 하려면 무엇을 해야 하는지 결정하라.

부적절한 일을 하는 것은 시간뿐만 아니라 인생을 낭비한다. 자신에게 적합한 일을 하는 것은 행복하고 만족한 삶을 사는 가장 좋은 방법이다.

이것은 당신의 시간과 삶에서 최고의 가치를 얻어내는 확실한 방법이다.

가장/큰/시간낭비/요인

인생에서 가장 큰 시간낭비 요인은 잘못된 인간관계를 형성하여 유지하는 일일 것이다. 이른 시기에 결혼하여 20대에 누군가와 함께 사는 삶을 시작하여 불행한 상태로 매해를 살아가는 사람이 의외로 많다. 그들은 이 세월이 영원히 사라졌다고 생각한다. 이 시간은 다시 얻을 수 없다.

  인간관계를 맺는 목적은 무엇인가? 가장 간단한 답변은 더욱더 행복해지기 위해서다. 이것은 너무나 당연해서 많은 사람이 간과하는 사실이다.

  인간의 모든 행동은 어떤 방식으로든 삶을 개선하고, 행동이나 결정을 하지 않았을 때보다 더 높은 행복수준을 얻으려는 목표가 있다. 그래서 인간관계 선택은 인생에서 가장 중요하다. 올바른 인간관계 선택은 당신의 결정 가운데 그 어떤 것보다 행복에 더 큰 영향을 미친다. 잘못된 인간관계 선택은 그 어떤 선택보다도 당신의 소망과 꿈을 파괴할 수 있다.

자신에게 정직하라

제로베이스 사고 질문을 적용하라. 지금 알고 있는 것들을 알면서 이 인간관계나 결혼생활을 선택할 수 있는 기회가 다시 주어진다면, 나는 이 관계를 선택할 것인가? 이 질문과 답은 가장 어렵지만 가장 중요한 질문이다.

인간관계 안에 있을 때보다 바깥에 있을 때 더 행복하다면 심각하게 변화를 생각할 필요가 있다. 자신이 얼마나 오래 살 것인지 생각해보라. 내가 오늘 이 인간관계에서 행복하지 않다면, 여생을 불행하고 불만족스럽게 살 준비가 되어 있는가?

선택을 평가하라

내가 맺고 있는 인간관계를 다시 형성하지 않겠다고 결정했다면, 어떻게 이 상황에서 벗어날 것인가를 자문해야 한다.

기억하라. 생의 주요 목표는 행복을 성취하고 인간으로서의 잠재력을 실현하는 것이다. 당신이 최고의 사람이 되는 것을 방해하는 모든 것을 검토해야 하고, 필요하다면 변경해야 한다.

에드몽 로스탕Edmond Rostand의 희곡 『시라노Cyrano de Bergerac』를 보면, 극의 후반에 시라노는 전 생애 동안 다른 사람의 의견이나 비판은 관심도 없이 왜 그렇게 개인주의적으로 사느냐는 질문에 "이른 나이에 인생에서 저항이 작은 쪽으로 살면서 모든 일에서 최소한 나 자신이라도 기쁘게 하면서 살기로 결정했다."고 답한다.

이는 심오한 통찰이다. 우리의 전 생애 동안, 동의 욕구와 거절 두려움 때문에 개성을 꺾고 행동을 조정하여 다른 사람들이 좋아하고 인정해주기 바라면서 산다. 우리는 인정받고 용납받기 위해 무엇을 해야 하는지 계속해서 생각한다. 주의하지 않으면 자신의 개성을 잃고 다른 사람을 기쁘게 하는 데 집착한다.

적어도 자신을 기쁘게 하라

그러나 이런 종류의 행동은 막다른 골목이다. 다른 사람의 선호는 늘 변하고 순간적인 경우가 많다. 모든 사람이 나를 좋아하고 존경하고 수용하도록 하는 데 필요한 모든 일을 하는 것은 불가능하다. 아무리 열심히 그들의 요구에 맞추려고 해도 언제든 실수할 수 있고, 거부당할 수 있으며, 낭패감을 느낀다.

행복의 열쇠는 "모든 일에서 적어도 나 자신이라도 만족시키는 것"이다. 이렇게 하면 나의 행동과 그 결과로 최소한 한 사람은 행복하게 할 수 있다. 무엇이 다른 사람을 기쁘게 할지 예언할 수 없기 때문에 최소한 자기 자신이라도 기쁘게 하라.

심리학자인 칼 로저스Carl Rogers에 따르면 "완전하게 기능하는 사람"의 특징은 그가 다른 사람의 의견에 부당한 영향을 받지 않는다는 것이다. 성숙하여 제 기능을 하는 사람은 다른 이의 선호와 의견을 고려하지만 자신의 결정을 하고 자신의 길을 간다. 다른 사람들이 그의 행동을 좋아하지 않거나 인정하지 않는다면 이를 무시하고 자기의 길을 간다.

핵심은 다른 사람의 의견을 두려워하지 않아야 한다는 것이다. 사실 다른 사람들은 당신에게 관심이 없다. 대부분은 자신의 문제에 골몰하여 다른 사람의 삶이나 행동에 관심을 가질 시간이 없다. 자신의 항로를 정하라. 자신의 게임을 하라. 자신의 운명을 결정하라. 그 순간에 자신이 옳다고 생각하는 것을 하라. 자신을 만족시키고, 나머지는 무시하라.

내 / 시간과 / 인생은 / 소중하다

시간에서 이기적이 되어라. 기억하라. 내가 가진 시간은 내 인생이고, 이 인생은 다른 무엇을 위한 연습이 아니다. 자신의 목표와 열망을 성취하는 데 도움이 되지 않는 것에는 '아니오'라고 하라. 그렇게 대답할 때마다 사람들은 자주 실망의 빛을 띨 것이고 심지어 당신이 잘못했다고 주장할 것이다. 그래도 당신의 입장을 고수해야 한다. 그들의 가벼운 부정은 단 몇 초 지속될 뿐이고, 시간을 할애해 줄 다른 사람을 찾아 곧 떠날 것이다. 그러면 당신은 그들로부터 자유로워질 것이다.

시간관리 철학을 개발함에 내가 가진 시간을 돈처럼 취급하라. 시간을 매시간 단위로 분배하라. 이 시간비율을 자신이 하는 모든 일의 측정도구로 사용하라.

당신의 노력을 당신이 얻고 싶은 것을 이루어주는 고가치의 업무에 집중시켜라. 시간당 25달러를 벌고 싶으면 계속해서 "지금 내가 하려는 일이 시간당 25달러 이상의 수입을 얻을 수 있는 것인가."라고 자문하라. 그렇지 않다면 하는 일을 멈추도록 훈련하라. 자신이 진정으로 갖고 싶은 것을 얻을 수 있는 데 도움이 되는 일만 하도록 관리하라.

나를 특별하게 만들어 주는 것

나는 가장 소중한 자산이다. 타인과 구별되고 고유하게 만들어주는 부분은 내 정신이다. 이것은 생각하고 행동하는 능력이다. 일생 동안 나는 사고력을 향상시키고, 업무와 삶에서 가장 중요한 일을 하는 데 필요한 기술을 개량해야 한다.

　자기계발과 개인적·직업적 발전에 정기적으로 투자하라. 당신에게 의지하는 사람에게 더 많이 기여할 수 있는 방법을 모색하라. 평생교육에 헌신하라. 노력과 연구로 얻은 전문성과 기술 계발은 다른 어떤 것보다도 자신의 가치와 수입 능력을 더 증가시킬 수 있다.

　개인적 또는 전문적인 자기역량 계발은 아주 높은 가치의 시간활용이다. 자기계발의 미래효과는 엄청나게 크다. 적당한 시기에 추가적인 기술을 계발하면 경력을 높은 수준으로 끌어올릴 수 있다. 그 시기에 요구되는 핵심 기술을 통달하면 5년을 앞서 나갈 수 있다.

자신을 역할모델로 간주하라

시간과 인생을 관리하는 철학을 계발함에 자신을 다른 사람의 역할모델로 간주하라. 직원, 동료, 사장, 가족, 자녀에게 능률이 높은 사람으로서 긍정적인 예가 될 수 있도록 훈련하라.

　다른 사람이 나를 효율적으로 시간을 사용하는 개인능률성의 모델로 존경한다는 상상을 하라. 내가 그 조직에서 시간관리와 개인능률성 기준을 세우는 유일한 사람이라고 상상하라. 모든 일에서 다른 사람이 나를 관찰하고 있는 것처럼 행동하라. 그렇게 하면 매일의 삶에서 훨씬 더 통제할 수 있다.

삶을 균형 있게 유지하라

시간관리의 심리학과 철학에서 가장 중요한 부분은 인생을 균형 있게 유지할 수 있는 의지와 능력이다. 당신이 가장 소중하게 여기는 사람들과 함께할 수 있는 시간을 내기 위해서 효율성을 증대시키고 생산성을 잘 발휘하라.

인생의 기쁨을 느낄 수 있는 주요한 원천은 다른 사람과의 소중한 인간관계이다. 이 책『Time Power 잠들어 있는 시간을 깨워라』의 주요 목표는 가장 소중하게 생각하는 사람과의 관계에서 더 많은 행복과 기쁨을 누리게 하는 것이다. 자신의 삶을 균형 있게 유지하기 위해서 "살 수 있는 날이 6개월밖에 남지 않았다면 나는 이 시간을 어떻게 보낼 것인가?"를 주기적으로 자문하라.

이 질문에 답했다면 "살 수 있는 날이 6주밖에 남지 않았다면 나는 이 시간을 어떻게 보낼 것인가?"라는 질문을 하라.

6일밖에 살 수 없다면 나는 시간을 어떻게 보낼 것인가? 또는 6시간밖에 살 수 없다면? 마지막으로, 살 수 있는 시간이 60분밖에 남지 않았다면 나는 무엇을 할 것이며, 누구와 이야기할 것이며, 무슨 말을 할 것인가?

내게 살 수 있는 시간이 얼마 없다면, 내가 생각할 수 있는 유일한 것은 내 인생에서 가장 중요한 사람이다. 내게 살 수 있는 시간이 얼마 남지 않았다면 그들에게 다가가서 어떤 식으로든 의사소통하는 것보다 더 중요한 것은 없다. 시간이 얼마 남지 않았을 때 자신이 무엇을 하든 이 말과 행동을 매일의 삶에 포함시켜라. 앞날이 어떻게 될지 결코 알지 못한다.

자신의 가치를 생각하라

인생을 균형 있게 유지하기 위해 지속적으로 당신의 가치와 당신에게 가장 중요한 것을 확인하라. 목표와 일상의 활동이 당신의 가치와 일치할 때만 가장 행복하고 가장 높은 수준의 자부심을 느낄 수 있다. 당신의 외부에서 하는 일들이 당신의 내부에서 생각하는 가장 좋은 사람의 모습과 일치할 때 그 어느 때보다 더 행복하다.

자신의 이상적인 삶의 형태를 규정하고 결정하라. 재정적으로 여유가 있어서 삶을 원하는 대로 조직할 수 있다면 오늘과 다른 무엇을 하고 싶은가? 주별, 월별로 완벽한 달력을 상상해보라. 1월 1일부터 12월 31일까지 시간을 디자인할 수 있다면 매주, 매일을 어떻게 사용하고 싶은가? 어느 곳에 가고 싶은가? 가족과 함께 어떤 휴가를 떠나고 싶은가? 삶이 이상적이라면 몇 시에 잠자리에 들어서 몇 시에 일어나고 싶은가? 자유롭게 선택할 수 있다면 오늘부터 당신 삶의 방식에 어떤 변화를 주고 싶은가?

이상적인 삶의 형태에 관해 더 명확하게 알수록 당신은 단기결정을 더 쉽게 할 수 있는데, 이는 미래 어느 시점에 그런 삶의 형태를 형성할 수 있게 해준다. 명확성이 모든 것이다.

삶을 / 변화시키는 / 방법 / 네 / 가지

삶을 변화시킬 수 있는 네 가지 방법이 있다.

첫째, 내게 도움이 되는 일을 좀 더 많이 하는 것
둘째, 내 업무와 개인적인 삶에서 별 도움이 안 되는 일은 더 적게 하는 것
셋째, 지금 하고 있지 않은 일을 시작하는 것
넷째, 어떤 일을 완전히 중단할 것

삶을 더 균형 있게 만드는 데 해야 할 첫 번째 질문은 "내 삶의 질을 향상시키려면 무엇을 더 하거나 덜 해야 하는가?" 언제나 가장 소중한 사람들과 대면하는 시간을 더 많이 갖기 위해서 더 효율적으로 일해야 한다.

그리고 "내 삶의 질을 향상시키려면 지금 하고 있지 않은 무엇을 시작해야 하는가?" 마지막으로 "내 인생과 목표에 가장 중요한 일을 더 할 수 있는 시간을 확보하고 싶다면, 내가 완전히 중단해야 할 일은 무엇인가?"를 자문하라.

배우자와 자녀들과 함께 앉아서 "내가 더 해야 할 일, 덜 해야 할 일은 무엇인가? 내가 시작하거나 그만두어야 할 일은 무엇인가?"라고 물어보라. 그들은 나와 가족관계의 질에 큰 영향을 줄 수 있는 생각과 의견을 제시할 것이다.

삶을 두 부분으로 나누어라

삶을 주요 부분인 일과 가족으로 나누어라. 다른 모든 활동은 이 두 가지 주요 관심사의 하위항목으로 우선순위를 정하라. 모든 일과 기타 활동까

지 다 한 다음 나머지 시간을 가족에게 할애하지 말고, 가족과의 인간관계를 삶의 중심에 두라. 업무와 다른 활동은 주변에 조직화하라.

일을 할 때는 일하는 모든 시간에 일하라. 시간을 낭비하지 말라. 동료들과 잡담하면서 커피를 마시거나 신문을 보는 행동을 하지 말라. 웹 서핑을 하지 말라. 점심시간이나 커피타임을 길게 쓰지 말라. 늦게 시작하여 일찍 끝마치지 말라. 일을 할 때는 일하라! 자신에게 반복해서 말하라. "일로 돌아가라! 일로 돌아가라! 일로 돌아가라!"고 말이다.

가족과 함께 있을 때는 100퍼센트 함께 있어라. 신문을 읽거나 텔레비전 채널을 돌리거나 전화통화를 하거나 컴퓨터 게임을 하지 말라. 대신 인생에서 가장 중요한 사람들과 대면하는 시간을 더 많이 가져라.

시간은 / 가치의 / 척도

인간관계의 질은 대개 투자하는 시간의 양에 따라 결정된다. 나는 그 사람과 더 많은 시간을 보냄으로써 인간관계를 당신에게 더 소중한 것으로, 또는 당신을 그 인간관계에 더 소중한 사람으로 만들 수 있다. 이것은 업무 때 고객관계에서나 배우자나 자녀와의 관계에서도 마찬가지다. 내가 인간관계에 더 많은 시간을 투자할수록 관계는 더 깊어지고 풍부해진다. 시간의 대체물은 없다.

나의 최고목표

마음의 평화는 인간 최고의 선이요, 모든 인간활동의 목표다. 우리는 마음의 평화를 최고의 목표로 선택하여야 하며, 온 삶은 이를 위해 영위해야 한다. 이것은 내 삶이 완벽하게 균형을 이룰 때만 가능하다. 내가 원하는 사람들과 함께 본래 의도했던 일을 할 때 마음의 평화를 누린다. 삶 전체가 내 통제하에 있으면 이것이 내면의 가치나 목표와 일치한다고 생각할 때 마음의 평화를 느낀다.

더 큰 마음의 평화를 얻기 위해서는 직관에 귀 기울여라. 내면의 소리를 믿어라. 내면의 조용하고 작은 소리에 귀를 더 기울일수록 더 정확하고 훌륭한 안내를 받는다. 이 내면의 소리와 그 큰 힘을 따를 때 적당한 시간에 적절한 방법으로 필요한 일을 하게 된다. 사람은 자기 내면의 소리에 귀를 기울일 때 위대해진다.

두 유형의 시간

업무와 가족은 두 가지 다른 형태의 시간이 필요하다. 업무에는 질적인 시간을 요구한다. 여기에서는 우선순위를 정하고 가장 가치 있는 시간활용에 초점을 맞추어야 한다. 업무는 나와 다른 사람을 위해 구체적이고 계량적인 성취를 지향한다.

하지만 인간관계는 양적인 시간을 요구한다. 여기서는 중단 없는 긴 시간 단위를 요구하는데, 인간관계를 펼치고 발전시킬 시간적 공간이 필요하기 때문이다. 우리는 중요한 인간관계를 서둘러 처리할 수 없다. 효율적인 가족생활 같은 것은 없다.

업무에서 최고의 성과를 얻으려면 명확한 목표와 대상을 정해야 하고, 명확한 우선순위를 정해야 하고, 지연요인을 극복하고, 가장 가치 있는 일을 해야 하며, 완성과 마감에 박차를 가해야 한다.

가족과 인간관계에서 가장 소중한 것을 누리려면 여유로운 시간을 보내야 하는데, 이때야말로 방해받지 않고 예상하지 못한 가장 즐거운 시간을 보낼 수 있다.

자신을 돌봐라

걷기, 달리기, 수영, 골프 같은 육체적인 운동에 시간을 투자하여 삶에 균형을 유지하라. 우리 몸의 모든 마디는 매일 운동하고 사용해야 한다. 모든 근육은 매일 이완되어야 한다. 최고의 몸 상태를 유지하여 탁월하게 업무를 수행하려면 1주일에 3회 정도 에어로빅을 해야 한다.

너무 바빠서 운동할 시간이 없다면 삶의 균형이 흐트러졌다는 의미다. 할 일이 너무 많아서 도저히 벗어날 수 없는 반복적인 일상에 갇혀 있다고 느낄 때마다 자신의 한계에 접근하는 것이다. 멈출 수 없다고 느낄 때마다 하는 일을 될 수 있는 한 멈추어야 한다.

주중에 자주 휴식시간을 내서 스트레칭을 하고, 산책을 하고, 자세를 바꿔라. 낮에 산책을 하면 다른 어떤 활동을 하는 것보다 오후에 머리가 맑아지고 생산성이 향상된다.

높은 수준의 정신적 에너지를 유지하라

텍사스에는 "싸우는 개의 크기가 아니라, 개 안에 있는 투지의 크기다."는 말이 있다. 우리 삶의 균형을 유지함에 이 말은 "내가 투입하는 시간의 숫자가 아니라, 이 시간에 투입하는 사고와 의식의 질이다."고 전환할 수 있다.

일찍 잠자리에 들고 숙면하기로 하는 결정은 하루의 질에 엄청난 영향을 미친다. 충분한 휴식을 취하면, 잘 자지 못해서 피곤할 때보다 더 높은 수준의 생산성을 달성할 수 있다. 충분히 휴식했을 때 더 나은 결정을 하여 더 나은 결과를 얻을 수 있다. 지쳤을 때 부실한 결정으로 실수와 오해를 하게 되는데, 이는 다음에 수정하거나 엄청난 비용을 요구한다. 피로는 엄청난 시간낭비 요인이다.

잘 먹어라

음식과 식사시간은 에너지 수준에 큰 영향력을 미친다. 고품질의 아침과 점심을 먹는다면 하루 종일 정신이 더 맑아지고 더 똑똑해질 것이다. 더 예리해지고 기운이 더 날 것이다. 더 창의적이고 자신감 있는 사람이 될 것이다. 더 나은 결정을 하여 더 나은 결과물을 얻을 것이다. 가볍게 먹고, 설탕, 소금, 기름진 음식 등을 피하면 특히 안 좋은 음식을 먹는 것보다 더 큰 두뇌에너지를 얻어 더 효과적인 사람이 될 수 있다.

자녀에게 시간의 위력을 가르쳐라

훌륭한 시간관리를 가족생활의 일부로 만들어라. 자녀에게 다른 일을 하기 전에 숙제부터 끝마치도록 지도하여 훌륭한 작업 습관을 가르쳐라. 인생의 초기에 탁월한 성취를 한 사람들에 관한 8000개 이상의 연구에 따르면 이들의 공통적인 특징은 어린 시절에 부모가 숙제에 관심을 갖고 도와주었다는 것이다. 부모가 제시간에 숙제를 끝마치는 것에 관심을 더 가질수록 자녀들은 더 탁월한 학업성적을 나타냈다. 일을 잘해내고 신속하게 끝마치는 습관은 성인이 되어서도 지속된다.

시간을 갖고 쉬어라

삶을 균형 있게 유지하는 데에는 휴식이 가장 가치 있는 시간활용인 경우가 많다. 가끔은 아무것도 하지 말라. 1주일에 하루나 이틀을 정하여 이 날에는 업무와 관련된 것은 어떤 것도 하지 말라. 인생을 즐기는 시간을 가져라.

배우자, 자녀, 친구 등과 산책을 하라. 시간을 갖고 물러나서 묵상하면서 자신의 목표와 우선순위를 조정하라. 일상의 활동이 나의 가장 깊은 곳의 확신과 일치하도록 하라. 목표와 우선순위가 자신의 가치와 일치하도록 하라.

규칙적으로 시간을 내어 내게 정말 중요한 것이 무엇인지 생각하여 삶의 외면이 내면과 조화를 이루도록 하라.

오직 자신만 관리할 수 있다

마지막으로 시간관리에서 중요한 것은 시간이 아니라 바로 나 자신이라는 사실을 주지하라. 시간관리는 인생관리다. 시간관리는 자기통제, 자기숙달, 자기훈련 등이 필요하다. 시간관리의 행동양식과 원칙은 훈련과 반복으로 배울 수 있는 기술이다. 훈련과 반복으로 결국 나와 내 인생을 관리하는 능력은 습관이 되고 한결 쉬워진다.

시간관리는 평생 동안 매일, 매시간 실행해야 할 삶의 방식이다. 이것은 단순한 습관이 아니라 우리가 성취하고 싶은 다른 모든 것의 핵심 원리다. 탁월한 시간관리 기술을 실행하면 결코 한계란 없다.

잠든 시간을 깨우는 시간관리법

1. 장기적으로 생각하라. 5년, 10년 앞을 내다보라. 그리고 모든 부분의 완벽한 삶을 설계하라. 어떠한 모습이 그려지는가?

2. 미래의 특정 시간까지 경제적인 독립을 달성하는 세부계획을 작성하라. 경제적 독립을 이루려면 얼마나 필요한가?

3. 자신이 정말 하고 싶은 것을 하라. 나를 가장 행복하게 해주는 일의 종류를 결정하고, 탁월한 방식으로 그것을 할 수 있도록 삶을 설계하라. 그것은 무엇인가?

4. 인간관계를 점검하라. 자신이 여생 동안 어디에 있을 때 행복할지 확인하라. 그렇지 않다면, 무엇을 변화시켜야 하는가?

5. 육체적 건강을 아주 잘 관리하라. 90세 또는 그 이상까지 살 수 있도록 먹고, 운동하고, 쉬어라. 내 삶의 방식을 어떻게 변화시켜야 하는가?

6. 성과를 향상시키고 전체적인 만족을 증가시키려면 어떤 것을 더 하거나 덜 하고, 시작하거나 중단하여 삶을 변화시켜라. 나는 지금 즉시 어떤 변화를 시도할 것인가?

7. 가족을 의사결정의 중심에 두고 모든 것을 가족을 위해 조정하여 삶의 균형을 유지하라. 가족생활의 질을 향상시키려면 나는 무엇을 할 수 있으며, 지금 당장 무엇을 중단해야 하는가?

피닉스 리더십 세미나

최고의 성과! 진정한 성공을 원하십니까?
피닉스 리더십 세미나가 그 해답을 드립니다

피닉스리더십센터는 동기부여, 리더십, 세일즈 등의 분야에서 세계적으로 인정받고 있는 브라이언 트레이시 인터내셔널의 한국 독점 파트너로서 고객의 성공과 행복을 돕기 위해 실제적이고 성과지향적인 전문 리더십 교육 프로그램을 제공하고 있습니다.   '성공학의 대가' 브라이언 트레이시

피닉스 챌린지코스	- 직장 및 개인 생활에서 리더십이 필요하신 분 - 성취 동기 부여와 명확한 목표 달성을 원하시는 분 - 인생의 진정한 행복을 찾고 원하시는 분 - 긍정적인 사고와 혁신을 통해 자기변화를 추구하시는 분
최고경영자 과정	- 각 분야의 CEO 및 임원 - 각계 전문 분야의 대표(의사, 변호사, 회계사 등) - 지역 단체장 및 기관장
청소년 피닉스 리더십코스	- 자신감과 리더십이 필요한 청소년 - 강인한 정신력과 의욕이 필요한 청소년 - 분명한 목표 설정과 성취가 필요한 청소년 - 원만한 인간관계가 필요한 청소년
기업의 단체 과정	- 임직원의 동기부여를 통해 회사의 성과 극대화를 추구하는 기업

(주)피닉스리더십센터 | 교육문의 : 010-2274-0511
서울시 서초구 서초동 1626-3 제일빌딩 1층 B-02호   T.02) 598-5114 / F.02) 598-5330 / www.christopher.co.kr

한국 크리스토퍼 리더십센터

교육목표	■ **리더로서 개인의 잠재능력 개발** 세상에서 유일무이한 존재로서 남과의 경쟁을 중시하기 보다 자기와의 경쟁을 통해 용기와 자신감을 스스로 개발하고 회복시킴 ■ **사람과 조직을 움직이는 전문가로서 의사소통 능력 향상** 조직의 성과를 극대화 하기 위해 적극적 경청을 중요시하고 나아가 조직의 원활한 의사소통의 중요성을 인식하며 대중 앞에서 발표력을 향상시킴 ■ **더불어 사는 삶과 지혜의 공유** 타인을 배려하고 사랑과 나눔의 기쁨을 누리며 공동체 의식을 함양시킴
교육방법	■ 사전 준비 프로그램 학습과 적극적인 참여식 방법으로 진행됨 ■ 강사가 팀(4~5명)으로 구성되며 전원 자원봉사로 활동함 ■ 1주일에 3시간씩 11주간 진행되며 단계적이고 점진적으로 구성됨 ■ 이론과 주입식 교육을 탈피하고 참여식 교육으로 진행하여 개인이 갖고 있는 잠재 능력을 최대한 이끌어냄 ■ 재충전의 기회를 통해 교육 후 삶에 있어 용기와 자신감을 회복하고 자신의 일과 주변상황에 열정적으로 대처함

서울시 서초구 서초동 1626-3 제일빌딩 1층 B-02호   T.02) 598-5114 / F.02) 598-5330 / www.christopher.co.kr

코난미디어 셀프 프로그램

당신도 자신의 분야에서 최고가 되고, 성공한 부자가 될 수 있습니다.
– 읽고, 보고, 듣고, 쓰고, 배우는 것이 그 해답입니다.

피닉스 리더십 세미나 / 잠들어 있는 성공시스템을 깨워라
진정한 성공과 행복한 마음의 평화를 얻기 위한 구체적인 실천방법 – 브라이언 트레이시
(CD 6개 / 33,000원)

시간을 마스터하는 방법 / 잠들어 있는 시간을 깨워라
사업과 인생에서 승리를 위한 효율적인 시간관리 기술 – 브라이언 트레이시
(CD 6개 / 33,000원)

성공한 부자들의 백만불짜리 습관 / 잠들어 있는 잠재능력을 깨워라
자수성가한 백만장자의 성공비법과 강력한 12가지 실천방법 – 브라이언 트레이시
(CD 6개 / 33,000원)

성공의 잠재력을 키워주는 씨앗
당신의 무한한 잠재력을 열어주는 성공의 10가지 방법 – 데니스 웨이틀리
(CD 6개 / 33,000원)

세일즈맨과 비즈니스맨을 위한
마케팅 필독서! (22,000원)
당신의 판매인생을 획기적으로
변화시켜줄
세일즈법칙과
실천전략

1+1

브라이언 트레이시의 9단계 목표 설정 기법

❶ A4 용지에 자신이 꼭 이루어야 한다고 생각하는 것들을 적어 리스트를 만든다.

❷ 중요하지 않다고 생각하는 것부터 차례차례 지워 나간다.

❸ 마지막으로 남은 것을 자신의 넘버원(No.1) 목표로 정하고, 이를 다시 A4 종이에 베껴 쓴다.

❹ 목표가 실현 가능한 것인지 생각해 본 후 언제부터 목표달성을 위해 뛸 것인지 출발점을 정한다.

❺ 현실적이고 명확한 데드라인(deadline)을 설정한다.

❻ 목표를 이루는 데 장애요소(obstacles)가 될 만한 것들을 적어보고, 지금까지 내가 왜 이 목표를 달성하지 못했는지 구체적으로 써 본다.

❼ 목표를 이루기 위해 나를 도와야만 하는 사람들의 리스트를 작성한다. 그 사람들에게 어떻게 협조를 구할 것인지도 적는다.

❽ 목표를 달성하기 위해 내게 필요한 기술(skill)을 적는다. 이 중 현실적으로 당신이 개발할 수 있는 게 무엇인지 우선순위를 적어본다.

❾ 목표 달성을 위한 세부적인 스케줄표를 작성한다. 이때 작성하는 플랜은 구체적이면 구체적일 수록 좋다.

서울시 서초구 방배동 444-3 SK리더스뷰 B18   T.02) 597-2588   /   F.02) 597-2558   /   www.conant.co.kr

TIME POWER
잠들어 있는 시간을 깨워라

2013년 10월 2일 개정2판 1쇄 발행
2023년 1월 25일 개정2판 6쇄 발행

지은이 | 브라이언 트레이시
옮긴이 | 이성엽
감　수 | 김동수
펴낸이 | 이종춘
펴낸곳 | ㈜첨단

주소 | 서울시 마포구 양화로 127 (서교동) 첨단빌딩 3층
전화 | 02-338-9151
팩스 | 02-338-9155
인터넷 홈페이지 | www.goldenowl.co.kr
출판등록 | 2000년 2월 15일 제 2000-000035호

전략마케팅 | 구본철, 차정욱, 오영일, 나진호, 강호묵
제작 | 김유석
경영지원 | 윤정희, 이금선, 최미숙

ISBN 978-89-6030-361-4 13320

BM 황금부엉이는 ㈜첨단의 단행본 출판 브랜드입니다.

- 값은 뒤표지에 있습니다.
- 잘못된 책은 구입하신 서점에서 바꾸어 드립니다.
- 이 책은 신저작권법에 의거해 한국 내에서 보호를 받는 저작물이므로 무단 전재 및 복제를 금합니다.

황금부엉이에서 출간하고 싶은 원고가 있으신가요? 생각해보신 책의 제목(가제), 내용에 대한 소개, 간단한 자기소개, 연락처를 book@goldenowl.co.kr 메일로 보내주세요. 집필하신 원고가 있다면 원고의 일부 또는 전체를 함께 보내주시면 더욱 좋습니다.
책의 집필이 아닌 기획안을 제안해주셔도 좋습니다. 보내주신 분이 저 자신이라는 마음으로 정성을 다해 검토하겠습니다.